Werner Trutwin

WELTRELIGIONEN
ARBEITSBÜCHER SEKUNDARSTUFE II
RELIGION – ETHIK – PHILOSOPHIE

HINDUISMUS

Patmos

Inhalt

Zum Mantra »OM«:
→ *S. 8 und 69.*

Vorwort 4
   Anregungen für die Arbeit 6

Ein erster Blick 8

Annäherungen 10
   1. Probleme des Zugangs 10
   2. Der Name 11
   3. Religiöser Pluralismus 12
   4. Momente der Einheit 14
   5. Lebenskraft 15
   6. Daten der Geschichte 16
   7. Heutige Verbreitung 19
   8. Im Blick des Westens 20
   9. Hinduistisches Selbstverständnis 22

Heilige Schriften und Lehren 24
   1. Die Veden – Die älteste Offenbarung 24
   2. Die Upanishaden – Mystische Weisheit .. 26
   3. Ramayana und Mahabharata – Beliebte Erzählungen 28
   4. Bhagavadgita – Religiöser Klassiker 30
   5. Darshanas – Philosophische Lehrsysteme .. 32
   6. Yoga – Ein Weg zur Erlösung 33

Ewiges Werden und Vergehen 34
   1. Samsara – Der unendliche Kreislauf 34
   2. Karma – Lohn der Taten 37
   3. Punarajati – Wiedergeburt 38

Wege zur Erlösung 40
   1. Moksha – Befreiung 40
   2. Jnana-Marga – Erlösung durch Erkenntnis .. 41
   3. Karma-Marga – Erlösung durch Handeln .. 42
   4. Bhakti-Marga – Erlösung durch Liebe 43

Göttliche Vielfalt 44
   1. Das große Pantheon 44
   2. Indra, Agni und die vedischen Götter 46
   3. Das Brahman – Absoluter Urgrund 48
   4. Trimurti – Eine göttliche Dreigestalt 49
   5. Vishnu – Der Gott und seine Avataras 50
   6. Shiva – Der Gott der Extreme 52
   7. Krishna – Der persönliche Gott 54
   8. Shakti, Kali und Parvati – Die Göttinnen .. 56

Die Allgegenwart der Religion 58
   1. Alltag 58
   2. Bilder 60
   3. Tempel 62
   4. Feste 64
   5. Benares und Mutter Ganga 66
   6. Der Schutz der Kuh 68
   7. »OM« und die Mantras 69

8. Der Guru 70
9. Götter, Geister und Gestirne 71
10. Tantra – Kontakt mit der göttlichen Welt 72

Die moralische Ordnung des Lebens 74
1. Dharma – Das oberste Gesetz 74
2. Die vier Lebensstadien 76
3. Ethos der Laien und Asketen 77
4. Ehe und Familie 78
5. Witwenverbrennung 81
6. Die neue Rolle der Frau 82
7. Sarojini Naidu – Eine aktive Politikerin 84
8. Worte indischer Weiser 85

Das Kastenwesen 86
1. Ein religiöses Gesellschaftssystem 86
2. Der Dharma der Kasten 88
3. Die Ursprünge 89
4. Die vier Hauptkasten 90
5. Die Unberührbaren 92
6. Reformversuche 94

Ursprung neuer Religionen 96
1. Der Buddha und der Buddhismus 96
2. Mahavira und der Jainismus 98
3. Nanak und der Sikhismus 100

Denker, Mystiker und Reformer 102
1. Shankara – Lehrer der Einheit 102
2. Ramanuja – Philosoph der Nicht-Einheit 104
3. Reformer des Neohinduismus 106
4. Rabindranath Tagore – Dichter in neuer Zeit 107
5. Ramakrishna – Mystiker der Gottesliebe 108
6. Vivekananda – Reformator der Religion 110
7. Mahatma Gandhi – Politiker der Gewaltlosigkeit 111

Herausforderungen in einer globalisierten Welt 114
1. Indien – Zwischen Tradition und Moderne 114
2. Kulturelle Vielfalt 118
3. Hindu-Fundamentalismus 120
4. Glück und Heil im Angebot 122
5. Hindus in Deutschland 124

Hinduismus – Christentum – Islam 126
1. Das Christentum in Indien 126
2. Im Gespräch mit dem Hinduismus 130
3. Fragen an das Christentum 132
4. Der Islam in Indien 134
5. Ein schwieriger Dialog 138
6. Auf dem Weg zu einem Weltethos 139

Glossar – Von Advaita bis Yuga 140

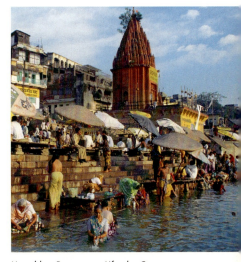

Umschlag: Benares am Ufer des Ganges

❖ In der Gegend, wo heute **Benares** (→ S. 66f) liegt, wurde schon vor 2500 Jahren den Göttern geopfert. Seit langem ist Benares für alle Hindus die wichtigste Stadt Indiens, weil sie am heiligen Fluss Ganges liegt, den die Inder liebevoll »Mutter Ganga« nennen. Hier fühlen sie sich der göttlichen Welt nahe. Eine mythologische Überlieferung weiß, dass ihre gewaltigen Wassermassen vor undenklichen Zeiten vom Himmel geschüttet und vom Gott Shiva in gute Bahnen gelenkt wurden. Die Stadt wird von den Hindus auch »die Leuchtende« genannt.

❖ **Heute** wohnen hier etwa 1,5 Millionen Menschen. Wer durch die **Straßen der Stadt** geht, kommt an prunkvollen Tempeln, bescheidenen Heiligtümern, Andenkengeschäften, Kneipen und Herbergen vorbei. Man trifft auf bunt gekleidete Asketen, Mönche und Nonnen, Frauen und Männer, Kinder und Greise, aber auch auf viele ausländische Touristen sowie kleine und große Gauner.

❖ Benares ist einer der **größten Wallfahrtsorte der Welt**. Jährlich kommen viele Millionen Pilger hierhin. Sie steigen schon vor Sonnenaufgang in den Fluss, legen Blumen in das Wasser, tauchen unter, erheben ihre Hände zum Himmel und schauen voll Verehrung zur aufgehenden Sonne. Ein Bad im Ganges ist ein Werk, das von aller Schuld reinigt und der Erlösung nahe bringt.

❖ Ein besonderes **Glück** ist es, in **Benares zu sterben**. Viele Inder lassen sich auch an den Ufern **verbrennen**. Beides bewirkt eine gute Wiedergeburt.

Vorwort

> Der **Hinduismus** ist die Religion Indiens. Er bestimmt heute als drittgrößte Religion der Welt – nur das Christentum und der Islam haben mehr Anhänger – das Leben, Fühlen und Denken von ca. 930 Millionen Hindus vor allem auf dem indischen Subkontinent. Seine Bedeutung wird im 21. Jahrhundert weiter wachsen.

An die Schülerinnen und Schüler

❖ Wer einen Zugang zum Hinduismus sucht, gleicht einem Reisenden, der aus seiner Heimat in eine **fremde Welt** aufbricht. Große Erwartungen, aber auch manche Enttäuschungen werden ihn begleiten. Vor Anstrengungen darf er sich nicht fürchten. Er wird die Lust der Entdeckung, aber auch das Elend des Nichtankommens kennenlernen. Unterwegs stößt er auf einiges, das ihm vertraut ist und anderes, das ihm unverständlich bleibt. Zu manchen Menschen findet er leicht Kontakt, während er zu anderen schon deshalb keinen Zugang bekommt, weil er ihre Sprache nicht spricht. Immer wieder sieht er sich vor Herausforderungen gestellt, die es für ihn in der eigenen Lebenswelt nicht gibt. Von manchen liebgewordenen Gewohnheiten muss er Abschied nehmen. Wenn er alles nur durch die eigene Brille betrachtet, wird er dem Fremden nicht nahekommen. Aber wenn er sich bemüht, die Fremde so zu verstehen, wie sie sich selbst versteht, kann er neue Erfahrungen machen, die er zu Hause nicht machen kann. Je länger er verweilen kann, umso größer wird der Gewinn, vielleicht aber auch das Heimweh.

❖ Ähnliche Schwierigkeiten erwarten auch den, der sich auf eine geistige Reise zu der Religion macht, die man meist pauschal »Hinduismus« nennt, wobei eine solche Reise eher in einen riesigen Kontinent als in eine einzelne Region führt. Viele Dinge werden dort anders gesehen, viele Begriffe anders gebraucht, viele Erscheinungen des Lebens anders bewertet. Überall stößt man stärker auf spirituelle, meditative und mystische Momente als hierzulande.

❖ Vielleicht fragen sich einige von Ihnen, warum Sie sich mit den Hinduismus beschäftigen sollen, also mit einer Religion, die uns schon aus räumlichen Gründen **fern** steht. Die Frage verliert sofort an Gewicht, wenn wir uns klar machen, dass uns im Zeitalter der Globalisierung kaum mehr etwas von dem, was auf anderen Kontinenten geschieht, fern steht. Es erreicht uns durch die heutige Informationstechnologie in kürzester Zeit.

❖ Aus dem Hinduismus kommen zahlreiche **Begriffe**, die auch bei uns hohe Konjunktur haben, aber immer dann einseitig oder falsch verstanden werden, wenn man sie aus ihrem indischen Zusammenhang löst. Dafür nur einige Beispiele: Meditation, Wiedergeburt, Karma, Yoga, Guru, Ashram, Ayurveda, Kastenwesen, Unberührbare, heilige Kühe, Mantra u. a. Alle diese Begriffe verdienen eine eingehende Darstellung.

❖ Im neueren Hinduismus sind **Ideen** lebendig, die für die **Zukunft** der Menschheit große Bedeutung haben, z. B. Toleranz, Gewaltlosigkeit, Achtung vor allem Leben, Wahrhaftigkeit, Ablehnung von Absolutheitsansprüchen. Die Ausstrahlungskraft wichtiger religiöser **Lehrer** Indiens reicht in alle Welt. Die **Mythen** Indiens, die **Spiritualität**, die das Leben bestimmende **Ehrfurcht vor der Welt** und

der **Harmonie mit der Natur** können in uns **emotionale Kräfte** freisetzen, die unsere eher rationale Sicht der Dinge ergänzen.

❖ Wenn Sie sich mit dem Hinduismus befassen, werden sie rasch merken, dass Sie mit einer der bedeutenden Religionen der Menschheit zu tun bekommen. Aus dieser Beschäftigung mit dem Fremden kann Ihnen ein beträchtlicher **Zugewinn für Ihr Wissen, Ihre Urteilsfähigkeit und Wahrnehmung, für Ihr Werten und Fragen** erwachsen. Dabei werden Sie unerwartete Anregungen in den Bereichen finden, die wir in Europa Religion und Politik, Philosophie und Ethik nennen. Letztlich lernen **Sie sich selber** durch die Erkenntnis des Anderen bzw. durch den Perspektivenwechsel besser kennen und verstehen.

❖ Der Autor dieses Arbeitsbuches ist kein Hindu, sondern Christ. Um die indische Religion nicht nur in der Außenperspektive darzustellen, hat er hier viele Texte und Bilder aus der Welt des Hinduismus aufgenommen sowie seine persönlichen Erinnerungen an Gespräche mit Hindus in Indien, Nepal und Deutschland befragt. Er hat die Fachliteratur zu Rate gezogen und seine Stellungnahmen mit den Urteilen solcher Betrachter verglichen, die Indien seit vielen Jahren gut kennen.

Ich wünsche Ihnen für Ihre Arbeit mit dem Hinduismus nicht nur neue Erkenntnisse, sondern vor allem auch Hinweise zur Orientierung für Ihr Leben und viel Freude.

Bonn, 27. 7. 2011

1 Die Begegnung mit der Fremde und mit Fremden – welche Chancen und Schwierigkeiten können sich dabei ergeben? **Reisen in ein fremdes Land** – Beschäftigung mit einer fremden Religion: Welche **Parallelen** sehen Sie?

2 Tragen Sie zusammen, was Sie schon bisher vom Hinduismus gehört haben. Wie war er früher Thema des (Religions-)Unterrichts? Was haben die Medien in letzter Zeit aus dem Bereich des Hinduismus berichtet? Können Sie von Hindus erzählen, die Sie selbst kennen?

3 Denken Sie über einige **Faktoren nach, die sich auf Ihre Beschäftigung mit dem Hinduismus auswirken** können, z. B. die eigene Einstellung zur Religion – der persönliche Werthorizont – die Fülle des Stoffs – die historische und gesellschaftliche Situation – die Fähigkeit zu Perspektivenwechsel und sachlicher Auseinandersetzung …

Anregungen für die Arbeit

❖ Das Thema »**Weltreligionen**« hat in der Schule vor allem im Religions-, Ethik- und Philosophieunterricht seinen Platz. Hier ist eine intensive Arbeit mit den Religionen unerlässlich, wenn diese Fächer die **Lernziele** und **Kompetenzen**, die in den Lehrplänen und Richtlinien vorgesehen sind, erreichen sollen. Dabei sind der Zugang und die Arbeitsweisen fächerspezifisch unterschiedlich.

❖ Ziel aller Arbeit muss es sein, folgende **Kompetenzen** bei den Schülerinnen und Schülern zu ermöglichen: (1) verlässliche und hinreichende **Information** aufzunehmen und zu verarbeiten, (2) die Fähigkeit zum **Perspektivenwechsel zu entwickeln**, (3) eine begründete **Würdigung** des Gesamtkomplexes und der Details vorzunehmen, (4) kritische **Toleranz** einzuüben.

Religionen im Fächerkanon der Schule

Religionsunterricht

Hier stellen sich die Fragen vor allem auf dem Boden des katholischen oder evangelischen Glaubens. Von hier aus kommen die anderen Religionen in den Blick, von hier aus werden sie gewürdigt. Verwandtschaften, Ähnlichkeiten, Verschiedenheiten zwischen dem christlichen Glauben und den anderen Religionen werden thematisiert. Die Begegnung mit nichtchristlichen Religionen soll für die Schüler/innen zu einer soliden Kenntnis der anderen Religion, einem besseren Verständnis des eigenen Glaubens und zu einer Bereicherung ihrer persönlichen religiösen Erfahrungen führen.

Ethik bzw. Praktische Philosophie

Hier verbietet sich methodisch ein religiöser Glaube als Ausgangspunkt. Doch ist auch dieser Unterricht nicht voraussetzungslos und und hat seine eigenen Prämissen. Es ist ein Unterschied, ob er sich eher idealistisch oder naturalistisch, eher existentialistisch oder gesellschaftsorientiert, eher klassisch oder postmodern versteht. Auf jeden Fall muss er die Grundwerte des Grundgesetzes als Maßstab haben. Thematisch steht vor allem die Lebenspraxis und die Auffassung vom Menschen in den Weltreligionen im Vordergrund des Interesses, wenn das jeweilige Ethos und die Anthropologie auch nicht ohne die religiösen Grundannahmen verstanden werden können. Hier wird man exemplarisch lernen, auf welche Ziele die Religionen die Menschen lenken, was sie von Menschen, vom Leben und Sterben denken und welches Handeln sie anstreben. Dabei kommen auch die Gefahren, die von den Religionen ausgehen können, in den Blick.
Weltweit gibt es keine Institution, die so stark wie die Religionen konkretes Ethos einfordert und das Verhalten der Menschen bestimmt. Kein einzelnes Buch der philosophischen Ethik, und mag es noch so bedeutsam sein, übt den Einfluss auf das Handeln der Menschen aus, den die Religionen auch heute haben.

Philosophie

Der Philosophieunterricht behandelt dieselben Fragen wie der Ethikunterricht, weil die Ethik ein Teilbereich der Philosophie ist, führt aber noch darüber hinaus. Er wird deutlich machen, dass in den Religionen viele Themen eine wichtige Rolle spielen, die in der Philosophie immer bedacht worden sind und auch heute zum Grundbestand philosophischer Fragen gehören. Das gilt für die Grundfragen nach Gott, Welt und Mensch, nach der Stellung des Menschen in Natur und Geschichte oder nach dem Verhältnis von Glaube und Vernunft. Der Philosophieunterricht wird diese Themenfelder vor dem Forum der Vernunft befragen, die Vernunft aber auch von den Religionen befragen lassen. Seine Arbeit wird von den Methoden bestimmt sein, die in der Philosophie üblich sind: Information, Analyse, Reflexion und Kritik. Auch er muss sich seine eigene Standortgebundenheit bewusst machen.

Andere Fächer

❖ In Fächern wie **Geschichte, Politik, Sozialwissenschaft** und **Kunst** sollten Aspekte der Weltreligionen einbezogen werden.

❖ Weil sich die Themen der Religion oft nicht in klare Fachabgrenzungen einzwängen lassen, sind die Grenzlinien zwischen den Fächern nicht immer scharf zu trennen. Darum können die Weltreligionen zum idealen Thema für einen fächerverbindenden **Projektunterricht** werden.

Der Hinduismus im Kursunterricht

Anregungen für die Arbeit

Da es mehrere **Zugängen** zum Hinduismus gibt, kann die schulische Arbeit mit dieser Religion in unterschiedlicher Weise Gestalt gewinnen.

❖ Wenn man dem Aufbau dieses Arbeitsbuches folgt, kann man einen eher **systematischen Überblick** über den Hinduismus, über seine Entstehung und seine Geschichte, über seine Theologie und Philosophie, über seine Anthropologie und Ethik, über seine Gruppierungen und Gegenwartsprobleme gewinnen.

❖ Das Arbeitsbuch ermöglicht auch den Einstieg von konkreten **Problembereichen** aus. Interessiert sich eine Kursgruppe vorrangig z. B. für Gegenwartsprobleme wie Welt-, Menschen- oder Gottesbild, Kastenwesen, Hinduismus in der modernen Welt, Frauen oder Fundamentalis-

Veda-Schule in Kerala

mus, wird der Unterricht hier einsetzen. Er kann von da aus nach den religiösen, anthropologischen und historischen Voraussetzungen des heutigen Hinduismus fragen.
❖ **Mögliche Arbeitsweisen:** freies Unterrichtsgespräch, Text- und Bildinterpretation, Meditation zu einem Bild oder Text, Internetrecherche, Partner- und Gruppenarbeit, Einladung von Fachleuten, Lehrervortrag, Stillbeschäftigung, Einzelreferat, Streitgespräch zwischen Pro et Contra, Projektunterricht u. a.

Medien

❖ Das Arbeitsheft bietet als Quellen weithin **Originaltexte** aus der Welt des Hinduismus. Man findet hier Passagen aus den heiligen Schriften, Worte der Weisen, Gebete, Texte der Mystik, Ideen der Philosophie, Äußerungen heutiger Hindus u. a. Oft handelt es sich um Auszüge aus umfangreichen Werken. Kürzungen innerhalb der Texte sind durch drei Punkte (…) markiert. Die Überschriften stammen fast immer vom Herausgeber. Der Umgang mit diesen Quellen kann nicht anders sein als die Textarbeit etwa im Sprach- oder Geschichtsunterricht.
❖ Die **Bilder** des Arbeitsbuches dienen nicht in erster Linie der Dekoration oder Illustration, sondern wollen über die Anschauung einen anderen Zugang zum Hinduismus ebnen, als es Wort und Text können. Soweit es sich nicht um Personen- oder Landschaftsaufnahmen handelt, sondern um künstlerische Werke, sind sie Elemente, die eine vergleichbare Bedeutung wie die Texte haben. Für die Arbeit mit den Bildern gelten die gleichen Prinzipien wie im Kunst- oder Geschichtsunterricht.
❖ Auf fast jeder Doppelseite findet sich ein violett markiertes **Lexikon**, in dem kurz eine Auskunft über einen Begriff oder ein Thema gegeben wird. Dieser Text sollte in Grundzügen verstanden und sinngemäß dem Gedächtnis eingeprägt werden.
❖ Ein **Glossar** im Schlussteil definiert in aller Kürze wichtige Fachbegriffe aus der Welt des Hinduismus.
❖ Aus den **Arbeitsanregungen** ist eine sinnvolle Auswahl zu treffen. Sie sollen weder vollständig noch immer in der vorgegebenen Reihenfolge bedacht werden. Manche Arbeitsvorschläge, die Schülern/innen zunächst überfordern, müssen gemeinsam mit den Lehrer/innen angegangen werden. Zusätzliche Aufgaben, die aus dem Unterricht erwachsen, sind sehr erwünscht.

Andere Materialien und weitere Impulse

❖ Informationen über den Hinduismus aus den **Medien** sammeln. Dabei kritisch auf die Auswahl und Wertung achten.
❖ **Bilder** aus der Hindu-Welt suchen und zu einer Ausstellung zusammenstellen. Diareihen, DVD´s und Folienmappen sind meist leicht zu beschaffen.
❖ **Weitere Materialien:** Internet (Vorsicht!), Lexika, Schulbücher, Sachbücher. Man kann sich auch in der Schülerbücherei, in einer Buchhandlung oder in einer Bibliothek orientieren.

> 1 Welche unterschiedlichen Perspektiven zum Thema Hinduismus sind im **Religions-, Ethik- oder Philosophie-, Geschichts- oder Politikunterricht** zu erwarten? Was könnte diesen Fächern gemeinsam sein?
> 2 Welche **Methoden** halten Sie bei der Arbeit zum Thema Hinduismus für hilfreich?

Ein erster Blick

❖ Die **Sonne** ist im Hinduismus das wichtigste **Symbol Gottes**. Als der größte leuchtende Körper am Himmel, den man sehen kann, nimmt sie im Leben, in den Gebeten und den religiösen Riten der Hindus eine herausragende Stelle ein. In der Sonne sehen sie das Licht, das die Dunkelheit unserer Welt immer wieder aufs Neue besiegt.

❖ Die Sonne ist auch ein **Symbol für das Licht im Inneren des Menschen**, das sein Dunkel zerstreut, ihn erleuchtet und ihm den Weg zum Glück und zum Heil zeigt.

Das Bild
Die farbige Miniatur stammt aus einer ca. 35 Meter langen **Handschrift aus Thonburi**, einer thailändischen Stadt in der Nähe von Bangkok, wo es **1775** entstand. Auf dem Bild lassen sich schon manche **wichtige Motive des Hinduismus** entdecken. Es hat mit Himmel und Erde, mit Göttern und Menschen zu tun, die alle einem wechselhaften Geschick unterliegen, sich in der Zeit beständig ändern und immer wiedergeboren werden. Mit der Leuchtkraft der Farben und mit der feinen architektonischen Ausführung des Sonnenwagens kann das Bild einen ersten Eindruck von der Einstellung der Hindus zum göttlichen Bereich, zur Natur und zum menschlichen Leben vermitteln.

Der Sonnengott
In dem leuchtenden Rot der Sonne fährt **Surya**, der Sonnengott, mit zwei Ehefrauen in einem prachtvollen Sonnenwagen, der von seiner Wagenlenkerin **Aruna**, der Morgenröte, geführt wird. Surya gehört zu den Göttern, die schon in den Veden, den ältesten Schriften Indiens, erwähnt werden. In einem alten vedischen Hymnus heißt es von ihm:
Himmel und Erde und Luft erfüllt Surya, der Sonnengott, des Weltalls Seele. Wie ein Bräutigam seiner Braut nachfolgt, so Surya seiner Göttin Morgenröte. Staunenswerte Schönheit schafft Surya hoch am Himmel. Unendlich hell ist eine Tageshälfte, unendlich schwarz die andre, kraft seines Rundlaufs. O Götter, heute beim Sonnenaufgang bewahrt uns vor Bedrängnis und Schmach!

Seine Frauen und Kinder
Surya war mit mehreren Frauen verheiratet, ohne dass die Ehen glücklich waren. Seine Zwillingskinder **Yama** und **Yami** waren die ersten Menschen. Aus ihnen wurde später der Todesgott und eine Flussgöttin. Surya selbst ist heute für die Hindus nur noch ein Sternengott.

OM
Der Miniatur beigegeben ist das **Mantra »OM«** (sprich: »AUM«), die heiligste Silbe, die ein Hindu sprechen kann (→ S. 69) In dem mystischen Wort »OM« sind wie in einer Kurzformel die zentralen Themen des Hinduismus zusammengefasst. Es bezeichnet den Atem der Menschen und die Strahlkraft der Sonne, also die Lebensmächte des Universums. In »OM« fallen Vergangenheit, Gegenwart und Zukunft zusammen. Mit »OM« werden die vielen Götter und der eine Gott angerufen und mit »OM« kann der Hindu befreiende Erlösung finden. Wem ein erstes Verständnis für »OM« aufgegangen ist, hat einen wichtigen Schritt zum Verständnis des Hinduismus getan.

Der Anfang und das Ende
Von allem, was ist, war und sein wird, was sich bewegt oder unbeweglich bleibt, ist einzig die Sonne (»Surya«) der Anfang und das Ende.

Bhrad devata, 1, 61

1 Welche Rolle spielen die **Sonne** und das **Licht im Christentum** und in **anderen Religionen**?
2 Kennen Sie andere **Mantras**?

Annäherungen

1. Probleme des Zugangs

> Nicht nur für einen Außenstehenden ist es kaum möglich, den Hinduismus in seiner ganzen Vielfalt deutlich in den Blick zu nehmen. Selbst viele Hindus werden kein annähernd vollständiges Bild dieser **komplexen und widersprüchlichen Religion** haben. Alle Beschäftigung mit ihr kann nur **zu einer Annäherung** führen.

Unausräumbare Schwierigkeiten

❖ Wir verstehen die **Sprachen** der Hindus nicht und kennen uns in ihrem Land nicht aus. Unsere **Kultur** ist völlig anders geprägt und unsere **Geschichte** anders verlaufen. Wir leben in anderen **gesellschaftlichen Strukturen**.

❖ Viele Dinge, die für Hindus im **Alltag** selbstverständlich sind, bleiben für uns kaum verständlich. Wir verstehen die Symbole ihrer Bilder nicht unmittelbar und leben aus anderen Erzählungen und Erinnerungen. Unser Verständnis von **Welt, Natur und Mensch,** von **Ethos und Geschichte** ist vor allem von der europäischen Philosophie geprägt. Mögen diese Begriffe in Europa auch keineswegs einheitlich interpretiert werden, so gibt es unter den unterschiedlichen Verständnismöglichkeiten doch nur wenige, die den grundlegenden Vorstellungen der Hindus nahe kommen.

❖ Erst recht sind die Differenzen auf **religiösem Gebiet** beträchtlich. Bei uns ist der Platz der Religion vor allem durch das Christentum besetzt, für das der Monotheismus als Glaube, die Bibel als Buch, Jesus als Begründer, das Liebesgebot und der Dekalog als ethisches Fundament und die Kirchen als fortwirkende Institutionen maßgeblich sind. Allerdings ist das Christentum bei uns durch den Prozess der Aufklärung und durch die neuzeitlichen Wissenschaften wie nie zuvor herausgefordert und durch das moderne Lebensgefühl (z. B. Autonomie, Subjektivismus, Hedonismus) in Frage gestellt, so dass man in Europa weithin von einer Krise des Christentums und der Kirchen sprechen kann. Das alles gilt nicht in derselben Weise für den Hinduismus. Er hat andere religiöse Strukturen als das Christentum und die anderen monotheistischen Religionen und er sieht sich auch vor den Herausforderungen der Neuzeit in einer anderen Krise als die christliche Welt.

---

1 Was macht es für einen Unterschied, ob man (1) als **Hindu**, (2) als **Christ**, (3) als **Agnostiker/Atheist**, (4) als **Philosoph** oder (5) als **Religionswissenschaftler** den Hinduismus betrachtet?

2 Machen Sie sich die **religiösen, ethischen, geistigen, historischen, politischen, sprachlichen und emotionalen Voraussetzungen** klar, mit denen Sie selbst auf den Hinduismus zugehen. Wie können diese Ihre Arbeit beeinflussen?

3 Wie sehen Sie die **Krise der Religion** in unserer Welt? Wo liegen die Ursachen dieser Krise?

Zu den Sprachen → S. 116.

Englisch

Malayalam

Tamil

Hindi

Marathi

Kannara (oder Kanaresisch)

Telugu

Urdu

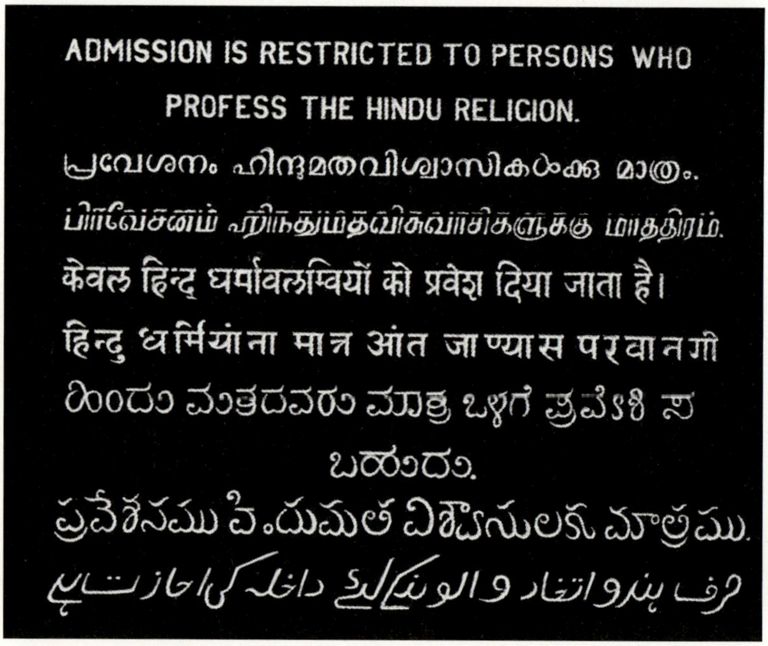

2. Der Name

> Wenn im Kontext der Weltreligionen vom »**Hinduismus**« gesprochen wird, entsteht leicht der Eindruck, man spreche von einer einheitlichen Religion, die hauptsächlich in Indien verbreitet sei. Dabei ist das, was wir »Hinduismus« nennen, ein **Komplex von Religionen**, die zu unterschiedlichen Zeiten und in unterschiedlichen Landschaften Indiens entstanden sind. Sie alle werden erst seit dem 19. Jahrhundert mit dem Begriff »Hinduismus« zusammengefasst.

Hinduismus

❖ Die Worte »**Hindu**« und »**Hinduismus**« sind sprachlich mit dem Flussnamen »Sindhu« (Sanskrit) bzw. »Hindu« (persisch) verwandt, den man seit der Antike auch »Indos« (»Indus«) nennt. Nach ihm heißt später erst die Landschaft um den Fluss und dann allmählich der ganze Subkontinent »Indien«. Als sich seit dem 12. Jahrhundert der Islam im Land ausbreitete, nannten die Muslime alle Bewohner, die nicht Christen oder Juden waren, »Hindus«, d.h. Indus-Leute. Sie wollten damit die indischen Religionen vom Islam, Christentum und Judentum abgrenzen. Erstmals befindet sich auf einer Inschrift aus dem Jahr 1352 der Name »Hindu« als Selbstbezeichnung.

❖ Seit dem 16. Jahrhundert nannten christliche Missionare und europäische Reisende die Inder abschätzig »**Heiden**«. Erst als diese Bezeichnung seit der englischen Kolonialzeit im 19. Jahrhundert nicht mehr tragbar war, setzte sich der in England geprägte Begriff »Hinduismus« weitgehend durch. Auch die Inder selbst übernahmen ihn, seitdem er ohne Abwertung von Land und Leuten gebraucht wurde.

Brahmanismus und Vedismus

Manchmal grenzt man den Begriff »Hinduismus« ein und unterscheidet ihn von der alten Form indischer Religion, die mit der Einwanderung der Arier im 2. vorchristlichen Jahrtausend beginnt. Viele Religionswissenschaftler nennen diese frühe Zeit auch »**Brahmanismus**« (nach den Brahmanen: → S. 90) oder »**Vedismus**« (nach den Veden: → S. 24f). »Hinduismus« ist im Unterschied dazu dann die Religion Indiens seit dem 10.–11. Jahrhundert nC, jener Zeit also, in der die heiligen Schriften Indiens zum Abschluss gekommen sind.

Dharma und Sanatana-Dharma

❖ Wenn die Hindus ihre Religion bezeichnen, greifen sie auf den alten, traditionsreichen Begriff »**Dharma**« (→ S. 74f) zurück. Der Dharma, zugleich Natur- und Sittengesetz, ist das oberste Gesetz der Welt und die Ordnung der Gesellschaft. Er umschließt alle Naturerscheinungen, alle ethischen Pflichten sowie die Rechte des Einzelnen und der Gesellschaft.

❖ Ein ähnlicher, aber noch gesteigerter Begriff der Hindus für ihre »Religion« ist der »**Sanatana Dharma**«, d.h. »**ewiges Gesetz**«, »**ewige Ordnung**«, »**ewige Wahrheit**«. Der Begriff bezeichnet in erster Linie die Ewigkeit und Transzendenz des Dharma und damit der Religion.

Der Indus

> 1 Vergleichen Sie den Begriff »Hinduismus« mit den Begriffen »**Judentum**«, »**Christentum**«, »**Islam**« und »**Buddhismus**«? Gehen Sie dabei auf die jeweilige Herleitung der Begriffe ein.
>
> 2 Keine der bedeutenden Weltreligionen nennt sich ursprünglich selbst »**Religion**« (von lat. »religio«). Diese Bezeichnung haben die neuzeitlichen Religionswissenschaften erstmals verwandt. Der Jude spricht eher vom »**Befolgen der Tora**«, der Christ von »**Glaube**«, der Muslim von »**Islam**« (d.h. »**Ergebenheit in Gottes Wille**«), der Buddhist von »**Weg**« oder »**Pfad**«. Vergleichen Sie diese Selbstbezeichnungen mit dem »Dharma« bzw. »Sanatana Dharma« des Hinduismus.

3. Religiöser Pluralismus

❖ Wie alle anderen Weltreligionen ist auch der Hinduismus kein monolithischer Block. Er existiert nur in einer Vielfalt von Lebenswelten, Lehren, Praktiken und Gruppen. Doch in keiner Religion ist die **Pluralität** so groß wie im Hinduismus. Darum ist es schwer, ein auch nur annähernd zutreffendes Bild von ihm zu zeichnen. Zu unterschiedlich sind die religiösen Erfahrungen einer mehr als dreitausendjährigen Geschichte, in der sich verschiedenartige Lebensstile und Kulturen entwickeln konnten. Historische, kulturelle, soziale und geographische Besonderheiten haben im Hinduismus ihren Niederschlag gefunden. Im Grund ist der Hinduismus ein **Kollektiv aus vielen indischen Religionen**.

❖ Im Lauf der Jahrhunderte entwickelten sich der **Shivaismus, Vishnuismus und Shaktismus** zu den größten Richtungen im gegenwärtigen Hinduismus (→ S. 50 f, 52 f, 56 f).

Integrierte Elemente

Im heutige Hinduismus sind viele Elemente indischer Religionen und neuerdings auch westlicher Einflüsse integriert. Das Profil der einzelnen indischen Religionen ist oft ausgeprägter und klarer als das des Hinduismus im Ganzen. Zu diesen Einflüssen zählen:
❖ die alte **matriarchalische Religion** aus der Zeit vor dem Eindringen der aus Europa und Vorderasien kommenden Arier (ab 3000 vC; → S. 56 f)
❖ die **vedische Götterwelt** der patriarchalischen Arier (ab 1500 vC; → S. 24; 46 f)
❖ das transzendente **Brahman** der Upanishaden und der Vedanta-Schule (→ S. 32 und 48)
❖ die göttlichen Avataras des **Vishnu** (→ S. 50)
❖ die extremen Gottesvorstellungen der **Shiva-Verehrer** (→ S. 52 f)
❖ die Idee des **persönlichen Gottes** der Krishna-Leute (→ S. 54 f)
❖ der **Shakti-Kult**, in dessen Mitte weibliche Gottheiten stehen (→ S. 56 f)
❖ eine tiefsinnige **Mystik**, eine spekulative **Philosophie** und eine bunte **Volksfrömmigkeit**, aber auch **Zauber, Magie und Esoterik** (→ S. 71).
❖ **Ideen**, wie sie auch in **der westlichen Welt** seit der Aufklärung für Religion, Politik, Wissenschaft und Philosophie entwickelt wurden (→ S. 106 ff).

Ein lebendiges Museum der Religion

Am Hinduismus kann man fast **alle Phänomene** studieren, die in der Religion überhaupt vorkommen. Hier gibt es Götter und Göttinnen, heilige Bilder und altehrwürdige Texte, Magier und Esoteriker, Mönche und Priester, Eingeweihte und Ausgestoßene, heilige Tiere und Pflanzen, göttliche Flüsse und Berge, blutige Opfer und vergeistigte Gebete, Tempel und Altäre, Wallfahrten und Feste.

Der Hinduismus ist **wie ein großes lebendiges Museum**, in dem sich alte und junge, elementare und komplexe, schreckliche und faszinierende Züge von Religion finden. Alles, was im Museum einmal Eingang gefunden hat, wird aufbewahrt. Manches ist nicht immer offen zu sehen, weil es in den Magazinen lagert. Aber irgendwann kann es wieder ausgestellt werden.

Auffällige Besonderheiten

Im Hinduismus fehlen wichtige Elemente, die im Christentum und in den anderen Religionen vorkommen.

(1) Im Hinduismus gibt es **keinen Stifter.** Der Ursprung der indischen Religion liegt im Dunkel der Geschichte. An ihrem Anfang steht keine für uns erkennbare Person, und wir brauchen auch nicht anzunehmen, dass es eine solche je gegeben hat. Judentum und Christentum, Islam und Buddhismus verdanken ihr Dasein bedeutenden religiösen Gestalten. Von Mose und Jesus, Mohammed und dem Buddha haben diese Religionen ein unverwechselbares Profil erhalten, das sich über den langen Zeitraum ihrer Geschichte erhalten hat. Wenn der Hinduismus keinen Stifter hat, kann er auch nicht die einheitliche Struktur haben, die von einer solchen Person ausgeht. Darin liegt ein Grund für sein überaus plurales Erscheinungsbild.

(2) Im Hinduismus gibt es **kein** für alle gültiges **Glaubensbekenntnis** und **keine** allgemein verbindliche **Lehre.** Unterschiedliche und widersprüchliche Lehren haben hier Platz.

---

1 Welchen Charakter gewinnt der **Hinduismus** durch seine **Pluralität**?
2 Welche Gruppen und Richtungen gibt es im **Judentum, Christentum, Islam und Buddhismus**? Warum sind sie meist mit den Richtungen im Hinduismus kaum vergleichbar?

Man kann den Hinduismus mit dem indischen **Banianbaum** vergleichen, der von seinen schweren Zweigen Luftwurzeln zum Boden schickt, wo sie in die Erde eindringen und Wurzeln schlagen. Von dort aus entwickeln sie sich zu neuen Stämmen, die dem alten Baum helfen, seine Last zu tragen. Sie geben ihm frische Nahrung und neuen Halt. Auf diese Weise kann der Banianbaum ein hohes Alter erreichen. Mit seinem breiten Wuchs ähnelt er eher einem kleinen Hain als einem einzelnen Baum. Auch der Hinduismus hat viele Zweige und Wurzeln, von denen er lebt. Während ein Ast sich neu entwickelt, stirbt ein anderer ab. Ganz alte und ganz junge Teile gehören zu seinem Bestand. Immer entfaltet diese Religion neue Kraft, ohne dabei ihr Alter zu verleugnen.

(3) Der Hinduismus hat **keine einheitliche Gottesvorstellung**. Im Alltagsleben der frommen Hindus und in den religiösen Schulen haben ganz unterschiedliche Formen der Religion Platz. Viele Hindus sehen die Welt von zahllosen Göttern beeinflusst. Bunte Formen des Polytheismus bestimmen die religiöse Szene Indiens bis auf den heutigen Tag. Andere Inder verehren von den vielen Gottheiten nur die, denen sie besonders vertrauen. Nicht wenige sind auch davon überzeugt, dass es nur einen Gott gibt, der entweder als lebendige Person oder als unpersönlicher Urgrund der Dinge verehrt wird. Einige orthodoxe Richtungen bestreiten sogar die Existenz Gottes oder der Götter und sind atheistisch, ohne areligiös zu sein, weil sie andere wichtige Komponenten der Hindu-Religion akzeptieren. Der Hinduismus kann dies alles verkraften. Er scheint aus dieser Vielfalt geradezu seine Lebensenergie zu gewinnen.

(4) Im Hinduismus gibt es **kaum ein Zusammengehörigkeitsgefühl**. Die Hindus fühlen sich eher ihrer eigenen religiösen Gruppe als dem übergreifenden Hinduismus verbunden. In ihrer religiösen Gruppe vollzieht sich ihre religiöse Lebenspraxis, ohne dass ihnen der Gedanke an die Einheit der Hindu-Religion viel bedeutet. Das Bewusstsein, einer großen Religion anzugehören, ist kaum verbreitet. Es beginnt sich erst seit dem vorigen Jahrhundert stärker zu entfalten, als engagierte Hindus den Schatz der religiösen Traditionen und Werte Indiens neu entdeckten.

(5) Der Hinduismus kennt **keine Institution**, in der religiöse, juristische oder organisatorische Probleme verhandelt und einheitlich gelöst werden. Auch Mission betreibt der Hinduismus nicht, wenn man von Ausnahmen in der Neuzeit absieht. Seine Wahrheit kann nicht missionarisch verbreitet werden. Hindu kann man nach orthodoxer Auffassung nur sein, wenn man aus einem der vielen Völker Indiens stammt und einer Kaste angehört. Eine Institution, die zur Erlösung nötig wäre, kann es nicht geben, weil jeder Hindu sich selbst auf die Suche nach einem Lehrer (»Guru«) aufmachen und dann allein einen Weg zur Erlösung finden muss. Von daher kommt ein starker Zug zum religiösen Individualismus in den Hinduismus.

(6) Die genannten religiösen Phänomene gibt es zwar nicht für den Hinduismus **im Ganzen**. Doch finden sie sich durchaus **in einzelnen Richtungen** des Hinduismus. Da gibt es Stiftergestalten und Lehrinhalte, klare Gottesvorstellungen und Gemeinschaftsgefühl.

Unterschiedliche Bewertung der Pluralität

❖ Viele Hindus schätzen diese Pluralität nicht und sehen in den vielen Religionen nur **konkurrierende Parteien**. Immer noch kommt es zu **Streitigkeiten** und Auseinandersetzungen rivalisierender Richtungen.

❖ Nicht wenige Hindus betrachten jedoch diese Vielfalt als etwas **Positives**. Sie soll nicht zugunsten einer größeren Einheit aufgehoben und überwunden werden. Für viele Hindu-Lehrer ist die eine **Wahrheit nur auf verschiedenen Wegen zugänglich**. Sie lehren, dass das letzte Geheimnis der Welt sich nur in unterschiedlichen Bildern und Formen zeigt und die verschiedenen religiösen Erfahrungen der Menschen ihr eigenes Recht haben.

4. Momente der Einheit

Man hat oft gefragt, ob es hinter der Vielfalt der Hindu-Gruppen eine letzte Einheit gibt, die allen Richtungen zugrunde liegt. Eine allseits befriedigende Antwort wurde nicht gefunden, weil keine Antwort für alle Hindu-Richtungen zutrifft. Darum meinen manche resigniert, ein Hindu sei ein Mensch, der Hindu sein will. Eine Definition sei wegen der Vielfalt der religiösen Gruppierungen Indiens nicht möglich. Indien sei nun einmal **multireligiös, multikulturell und multi-ethnisch**. Immerhin gibt es **mehrere Versuche** einer Definition, die auf verbindende Praktiken oder Ideen hinweisen.

Gebote und Rituale

❖ Für die Hindu-Orthodoxie ist der Hinduismus vor allem **religiöse Praxis und Ritual**. Alle Kasten haben ihre je eigenen Pflichten. Wo sie erfüllt werden, ist der Hinduismus mit seinem ewigen Gesetz (»**Sanatana Dharma**«; → S. 11) gegenwärtig. Dazu gehört z. B. für die Brahmanen täglich ein reinigendes Bad und die Rezitation eines Textes aus den Veden am Morgen, Mittag und Abend (→ S. 96). In den anderen Kasten gibt es andere Pflichten (**Dharma**), die alle zusammen das Gesicht des Hinduismus bestimmen.

❖ Dagegen wird gesagt, dass sich der Hinduismus nicht auf Riten und ethische Praktiken eingrenzen lasse.

Die großen Ideen

❖ Andere sehen das Wesen des Hinduismus in großen **Ideen**: Würde des Lebens – Harmonie mit der Natur – Einheit der Menschheit – Geist der Versöhnung – Wert des Verzichts – Suche der Wahrheit – Toleranz der Religionen. Viele Hindus bekennen sich stolz zu diesen Prinzipien, die in den heiligen Texten und in den Lehren der modernen Reformer entwickelt werden (→ S. 22 f).

❖ Diese Beschreibung ist allerdings nicht durchgängig zutreffend. Bei den Hindus gibt es nicht nur den Geist der Versöhnung, sondern auch den Ungeist der Gewalt und des Hasses. Die Einheit der Menschheit lässt sich nur schwer mit indischem Kastengeist und sozialer Ungerechtigkeit vereinbaren. Das Schicksal der indischen Frau entspricht weithin nicht der Würde des Menschen. Die anderen Religionen werden nicht in allen Richtungen des Hinduismus als gleichwertig anerkannt, sondern brutal verfolgt. Neben geistiger Lebendigkeit herrscht weithin unangenehme Unbeweglichkeit. Auch Intoleranz ist in der Geschichte und Gegenwart des Hinduismus nicht selten anzutreffen.

❖ Im Übrigen sehen sich heute auch andere Religionen diesen Ideen verpflichtet, ohne sie schon hinreichend zu realisieren. Sie umreißen eher das Programm einer modernen humanen Religion und eines in die Zukunft weisenden Weltethos der Religionen (→ S. 139).

Familienschrein aus Poona, 18. Jh.

Gandhi – Ein Glaubensbekenntnis

*Mahatma Gandhi (→ S. 111 ff), der bedeutende indischer Politiker und Reformer, arbeitet das Profil des Hinduismus in einer besonderen Variante heraus. Vielleicht in Anlehnung an christliche Vorbilder hat er seinem Versuch die für Hindus ungewöhnliche Form eines **Glaubensbekenntnisses** gegeben. In dieser **Kurzformel des Glaubens** nennt Gandhi sechs wichtige Merkmale des Hinduismus. Sie umfassen hohe Ideen und Elemente aus der alltäglichen Lebenspraxis. Es ist in der Zeitschrift »Young India« 1921 erschienen.*

Ich heiße mich einen Hindu,

(1) weil ich an die **Veden**, die Upanishaden, die **Puranas** und an all das glaube, was unter dem Namen der heiligen Bücher der Hindus inbegriffen ist (→ S. 24 ff),

(2) deshalb auch an die **Avataras** (d. h. die göttlichen Herabkünfte, Inkarnationen; → S. 50 f)

(3) und an die **Wiedergeburt** (→ S. 38 f).

(4) Ich glaube an den **Varnashrama Dharma** (das Gesetz der Kasten und Lebensstadien) und zwar nach meiner Meinung in streng vedischem, nicht aber dem heute üblichen äußerlichen Sinn (→ S. 86 ff).

(5) Ich glaube an den **Schutz der Kuh**, der ich eine viel umfassendere Bedeutung zumesse, als dies gewöhnlich geschieht (→ S. 68).

(6) Ich bin **nicht gegen die Bilderverehrung** (→ S. 60 f).

Mahatma Gandhi (1869–1948)

---

1 Diskutieren Sie für den Hinduismus folgende Begriffe: **Volksreligion – Wahlreligion – Universalreligion**.

2 Wie beantworten die **anderen Religionen** jeweils die Frage: Wer ist ein Jude?, Wer ist ein Christ?, Wer ist ein Muslim?, Wer ist ein Buddhist?

3 Was bedeutet der **Satz Gandhis**: »Ich halte mich nicht für geeignet, den Hinduismus zu interpretieren, außer durch mein Leben«?

5. Lebenskraft

Beispiele der Geschichte

❖ Schon in der Ursprungsphase im 2. Jahrtausend vC gab es starke Vermischungsprozesse zwischen der alten Religion der Einheimischen und den religiösen Vorstellungen der nach Indien eindringenden **Arier**.

❖ Als im 5./4. Jahrhundert vC der **Buddha** (→ S. 96 f) in Indien predigte und sich gegen die herrschende Religion der Brahmanen wandte, wussten sich die indischen Priester nach anfänglichen Misserfolgen so zu wehren, dass sie den Buddha einfach in die Schar ihrer Götter einordneten und einige seiner Lehren übernahmen. Die Methode hatte den Erfolg, dass der Buddhismus in seinem eigenen Ursprungsland rasch an Einfluss verlor und schließlich vollends aus Indien verdrängt wurde. Der Hinduismus hielt ihn erfolgreich aus Indien fern.

❖ Im Verlauf der Geschichte wurden die zunächst selbstständigen indischen Religionen wie der **Vishnuismus**, der **Shivaismus**, der **Shaktikult** (→ S. 50 ff) zu Bestandteilen des Hinduismus.

❖ Dem **Christentum** (→ S. 126 ff) gegenüber gab es Tendenzen der Assimilation. Einzelne indische Lehrer bekannten sich zur Bergpredigt Jesu und zeigten hohe Achtung vor seiner Botschaft und vor seinem Leben. Selbst den Glauben, dass in Jesus Gott Mensch geworden sei (»Inkarnation«), konnten sie integrieren und Christus zu einer der vielen Herabkünfte (»Avataras«) ihrer indischen Gottheiten (→ S. 50 f) machen.

❖ Als der **Islam** (→ S. 134 ff) seit dem 11. Jahrhundert in Indien stark wurde, versuchten manche Brahmanen, aus dem Islam eine Hindu-Sekte zu machen und Mohammed in die Reihe der heiligen Männer zu versetzen, die auch Hindus verehren können. Diesmal war der Erfolg allerdings eher auf Seiten des Islam, der in Indien festen Fuß fassen konnte. Mohammeds Monotheismus erwies sich als nicht integrierbar.

Hinduisierung

Diese Assimilationskraft ist für den Hinduismus typisch. Man nennt sie »**Hinduisierung**«. Sie ist einerseits ein Zeichen dafür, dass die Hindus anderen religiösen Einstellungen und Werten gegenüber offen sind und sich diese selbst zu eigen machen können. Andererseits kann man darin auch die Tendenz erkennen, das Fremde dadurch aufzulösen, dass man es zum Eigenen macht. So kann man sich seinem Anspruch entziehen und die Gefahren bannen, die von ihm ausgehen. In der Tat hat der Hinduismus oft auch Riten und Praktiken wieder abgestoßen, wenn sie sich im Alltag nicht mehr bewährten.

> Der Hinduismus ist von außerordentlicher Lebenskraft. Auffällig ist seine Fähigkeit, Gedanken und Rituale anderer Religionen entweder erfolgreich abzuwehren oder in sich zu integrieren. Seine **Assimilationskraft** übertrifft die anderer Religionen bei weitem. Diese Fähigkeit wird »**Hinduisierung**« genannt.

Buddhisten, Christen und Muslime in Indien

1 Hinduisierung – Diskutieren Sie das **Pro et Contra**.
2 Gibt es in den **anderen Religionen** Entsprechungen zur Hinduisierung?

6. Daten der Geschichte

❖ Viele Hindus sind **historisch** nicht sonderlich interessiert. Sie wollen kaum mit historischer Genauigkeit wissen, wie die Anfänge ihrer Geschichte ausgesehen und welche Entwicklung sie bis heute genommen hat, weil dies ihrer eher mythischen Auffassung von der Zeit (»Samsara«; → S. 34 f) nicht entspricht. Die Zeit verläuft in dieser Perspektive nicht von einem Anfang zu einem Ende (linear), sondern sie dreht sich unendlich oft wie in einem Kreis (zyklisch). Wenn sich die Zeitalter immer wiederholen, verlieren die einzelnen Geschehnisse an Bedeutung.

❖ In **religiöser** Hinsicht interessieren sich die Hindus durchaus für die Vergangenheit. Sie wollen wissen, **wie unsere Zeit mit dem Unvergänglichen zusammenhängt** und welche Zeiten **heilvoll oder unheilvoll** sind. In der Vergangenheit sind die heiligen Texte und wichtige Göttergeschichten entstanden, die für das religiöse Leben der Gegenwart bedeutsam sind.

❖ **Moderne Hindus** stellen auch historische Fragen und betreiben Forschungen zur Religion. Diese Einstellung wird wohl in Zukunft an Bedeutung gewinnen.

Stierzeichnung aus vorarischer Zeit, ca. 2300 vC

1 Zur indischen Auffassung von Zeit, Geschichte und Entwicklung (»**Samsara**«, »**Yuga**«, »**Kalpa**« usw.): → S. 34 ff.
2 Eine Sicht der modernen Geschichte zeigt **Sarvapalli Radhakrishnan**: → S. 23.

Zeittafel

Die Zeittafel bietet keinen auch nur annähernden Überblick über die komplexe Geschichte des Hinduismus. Sie gliedert grob den langen Zeitverlauf in fünf Perioden und enthält nur wenige Daten von den Anfängen bis zur Gegenwart. Die Zeitangaben folgen dem christlichen Kalender. Viele Daten besonders der alten Geschichte sind historisch nicht gesichert und nur annäherungsweise bestimmbar. Sie werden von den Hindus selbst oft viel früher angesetzt. Danach sind z. B. die Veden 4500–1000 vC entstanden und Krishna wurde 2501 vC geboren.

8000–1500 vC	**Indische Frühzeit**	
ab 8000	erste Besiedlungen	
ab 2500	einfache und hohe Kulturen im Industal, Ausgrabungen von Mohenju Daro; Matriarchat, Muttergottheiten	
1500–500 vC	**Vedische Periode**	
ab ca. 1500	mehrere Invasionen der aus Europa und Vorderasien kommenden Arier, Beginn einer neuen Hochkultur, Patriarchat, Ackerbau	
1500–500	Entstehung der Veden, Verehrung vieler Gottheiten	
um 1000	erste Erwähnung des Kastensystems	
600	Entstehung der ältesten Gesetzesbücher	
500 vC–1000 nC	**Die klassische Zeit**	
800–400 vC	Entstehung der Upanishaden, Atman-Brahman-Spekulationen	
549–477	Mahavira, Stifter des Jainismus	
450–370	Gautama Siddhartha, der »Buddha«, Stifter des Buddhismus	
500–300	Entstehung der sechs philosophischen Lehrsysteme (»Darshanas«)	
500 vC–200 nC	Entstehung der großen Epen Ramayana und Mahabharata	
327–325 vC	Indienfeldzug Alexanders des Großen; Kontakte mit Europa, Entstehung indogriechischer Königreiche	
268–233 vC	König Ashoka, Herrscher über Nord- und Zentralindien, Förderer und Reformer des Buddhismus, Religionstoleranz	
3.Jh. vC–4.Jh. nC	Blütezeit von Vishnuismus, Shivaismus, Sonnenkult	
300–100 vC	Bhagavadgita	
1. Jh. nC	Der Apostel Thomas kommt nach einer alten Legende als erster Christ nach Indien	
200 vC–200 nC	Periode des stärksten buddhistischen und jainistischen Einflusses in Indien	
100–500	Expansion des Hinduismus in Südostasien	
325–510	Gupta-Dynastie im Norden, Blütezeit der Kunst und Sanskritliteratur, Untergang durch den Einfall der Hunnen	
400	Verbreitung des Vishnu- und Krishnakults	

Priesterkönig von Mohenju Daro, 2000 vC

Buddha, 3. Jh. nC

nach 500	Tantrismus (Esoterik, Geheimlehren), Bhakti-Bewegung (Gottesliebe)
600–800	Brahmanische Renaissance, Erfolge gegen den damals degenerierten Buddhismus
8.–10. Jh.	Erfolgreiche Abwehrkämpfe gegen den vordringenden Islam
10. Jh.	Shakti-Kult (weibliche Gottheiten)
712	Die Provinz Sind im Industal wird islamisch
788–820	Shankara, Philosoph der Einheit
9.–14. Jh.	großartige Hindutempel in Angkor (Kambodscha)
um 1000	Vishnuiten, Shivaiten und Shaktisten werden zu den größten Richtungen im Hinduismus.

Lingaraja Hindutempel, 11 Jh.

1000–1800	**Fremde Herrscher, Religionen und Kulturen**
998–1027	Mahmud von Ghazni, islamischer Herrscher, Raubzüge der Muslime durch Nordindien
ca. 1050–1137	Ramanuja, Philosoph der Nicht-Einheit
um 1100	Der Buddhismus wird aus Indien verdrängt
1192	Mahmud von Ghur besiegt die Hindus, Beginn der dauerhaften islamischen Besetzung weiter Teile Indiens
1206–1290	Islamisches Sultanat von Delhi
1440–1518	Kabir, berühmter Dichter und Mystiker
1469–1539	Nanak, Gründer der Sikh-Religion
1498	Vasco da Gama entdeckt den Seeweg nach Indien
1510	Portugiesischer Stützpunkt in Goa; Beginn der christlichen Missionstätigkeit in Indien
16.–18. Jh.	Jesuiten in Indien, u. a. Franz Xaver, Roberto de Nobili
1526–1858	Islamische Mogul-Dynastie; Zerstörung vieler Hindu-Tempel
1556–1605	Der islamische Mogulkaiser Akbar betreibt eine tolerante Politik und fördert eine islamisch-hinduistisch-christliche Synthese; Goldenes Zeitalter
ab 1600	Niedergang der portugiesischen Herrschaft, Beginn der holländischen Macht
1600	Gründung der East India Company, britische Niederlassungen in indischen Städten
1661	Bombay kommt in englischen Besitz
1664	Gründung einer französischen Ostindischen Kolonie, französische Stützpunkte in Indien
1690	Gründung von Kalkutta durch die East India Company
ab 1740	Kämpfe zwischen Engländern und Franzosen um Einfluss in Indien
1706	Beginn der britischen/protestantischen Indienmission
1763	Frieden von Paris, Frankreich verliert seinen Einfluss in Indien, wachsende britische Macht durch die East India Company
1786	William Jones entdeckt die indo-europäische Sprachfamilie

Mahmud von Ghazni auf dem Thron. Iran, 1446

Mogulkaiser Akbar

19.–21. Jh.	**Moderne – Neohinduismus**
ab 1800	Beginn des Neohinduismus, Reformbewegung, Auseinandersetzung mit dem Westen und dem Christentum
1772–1829	Friedrich Schlegel, erster Lehrstuhlinhaber für Sanskrit in Deutschland
1829	Verbot der Witwenverbrennung
1836–1886	Ramakrishna. Mönch, Mystiker, Reformer
1858–1947	Indien englische Kronkolonie; etwa drei Fünftel des Landes unter britischer Herrschaft, der Rest beherrscht von indischen Königen, die wichtige Rechte an die britische Krone abtreten müssen; Reformen durch die Engländer, Widerstand und Aufstände der Inder
1861–1941	Rabindranath Tagore, Brahmane, Dichter, Reformer; Nobelpreis für Literatur (1913)
1863–1902	Vivekananda. Mönch, Schüler Ramakrishnas, Reformer

1869–1948	Mahatma Gandhi kämpft gewaltfrei und erfolgreich für die Unabhängigkeit Indiens, 1948 von einem Hindu erschossen
1872–1950	Sri Aurobindo. Begründer des »Integralen Yoga«
1879–1949	Sarojini Naidu. Dichterin, Freiheitskämpferin, Frauenrechtlerin
1885	Gründung des indischen Nationalkongresses; blutige Kämpfe gegen die Engländer
1888–1975	Sarvapalli Radhakrishnan. Philosoph, 1962–67 Staatspräsident Indiens
1891–1956	Bhimrao Ramji Ambedkar. Politiker, Kastenloser, trat 1956 mit 4 Millionen Unberührbaren zum Buddhismus über
1946	Blutige Kämpfe zwischen Hindus und Muslimen
1947	Unabhängigkeit Indiens von England; Gründung des islamischen Staates Pakistan durch Trennung von Indien, bis heute andauernde Auseinandersetzungen zwischen beiden Staaten
1950	Die indische Verfassung tritt in Kraft, Indien wird parlamentarische Demokratie; Verbot der Diskriminierung der Kastenlosen; Religionsfreiheit
1952–1964	Jawaharlal Nehru, politischer Weggefährte Gandhis, Ministerpräsident; Beginn der Industrialisierung Indiens, UdSSR wird zum Vorbild und Partner, Bund der blockfreien Staaten
1961	Ende der Portugiesenherrschaft in Goa
1964	Papst Paul VI. besucht Indien
1965	Das 2. Vatikanische Konzil findet anerkennende Worte für den Hinduismus.
1966–1977	Indira Gandhi, Nehrus Tochter, erstmals und 1980–1984 erneut Ministerpräsidentin; Hinwendung zum Sozialismus und zu einer säkularen Politik; innere Unruhen, Korruption, blutige Auseinandersetzungen mit den Sikhs
1971	Bangladesch erklärt als islamischer Staat gegenüber Westpakistan seine Unabhängigkeit
1984	Besetzung des Goldenen Tempels von Amritsar, dem Heiligtum der Sikhs, durch die Inder; Indira Gandhi wird deshalb von zwei ihrer Sikh-Leibwächter erschossen
1984–1989	Ihr Sohn Rajiv Gandhi Ministerpräsident; wird 1991 durch Separatisten aus Sri Lanka ermordet
1984–2010	Blutige Kämpfe zwischen den Tamilen (Hindus) und Singhalesen (Buddhisten) auf Sri Lanka (Ceylon)
1992	Zerstörung der Babri-Moschee in Ayodhya durch Hindu-Nationalisten
1997	Tod Mutter Teresas von Kalkutta; Staatsbegräbnis
1998–2004	Die Hindu-Nationalistische Bharatiya Janata Party stellt die Regierung
1997–2002	Raman Narayanan, der erste »Unberührbare«, Staatspräsident
2002 und 2003	Gefahr eines Krieges gegen Pakistan wegen dessen Unterstützung der Muslime im Kaschmir
seit 2004	Manmohan Singh, Premierminister Indiens, der erste Sikh in diesem Amt; gilt seit den 90er Jahren als Vater des indischen Wirtschaftswunders; 2009 wiedergewählt
2005	Indien Atommacht
2008	Strategische Partnerschaft zwischen Indien und den USA
2008	Pakistanische Terroristen zerstören ein Luxushotel in Bombay und töten dabei 166 Menschen
seit 2008	Anschläge fanatischer Hindu-Nationalisten auf Christen in Orissa und an anderen Orten

Muslime auf der Flucht, 1946

Gandhi mit dem englischen Lord Mountbatten (und dessen Frau), bis 1947 Vizekönig von Indien, für kurze Zeit nach Gründung des Staates noch Generalgouverneur von Indien

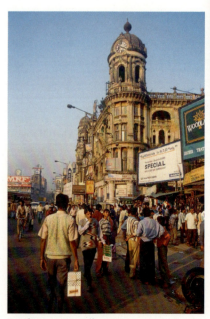

Straßenszene in Kalkutta

7. Heutige Verbreitung

Religionen in Indien

In Indien verteilen sich bei über 1,2 Milliarden Einwohner die Religionen wie folgt:
- 80,6 % – 970 Mio. Hindus
- 13,3 % – 160 Mio. Muslime, hauptsächlich Sunniten
- 2,4 % – 29 Mio. Christen
- 1,9 % – 23 Mio. Sikhs
- 0,8 % – 10 Mio. Buddhisten
- 0,4 % – 5 Mio. Jainas
- 0,6 % – 7,5 Mio. Bahai, Parsen u. a.

Wie viele Agnostiker oder Atheisten in diesen Zahlen enthalten sind, ist nicht bekannt.

Hindus in aller Welt

- Der Hinduismus ist auch in den **Nachbarländern** Indiens mit ca. 50 Millionen Anhängern verbreitet, wo er sich oft mit dem Buddhismus und den volkstümlichen Religionen vermischt. Am stärksten vertreten ist er in **Nepal**, wo er bis 2006 Staatsreligion war (ca. 24 Millionen, d. h. 80 % der Bevölkerung) und **Bali** (ca. 3 Millionen, d. h. 90 %). In **Sri Lanka** leben etwa 3 Millionen hinduistische Tamilen (15 % der Bevölkerung), die sich seit Jahren in blutiger Auseinandersetzung mit den vorwiegend buddhistischen Singhalesen befinden. Ca. 15 Millionen Hindus leben in **Bangladesh** (10 %), 4,7 Millionen in **Indonesien** (2 %). Die 2,7 Millionen Hindus in **Pakistan** (1,5 %) sind in diesem islamischen Land nicht gleichberechtigt.

- In der Neuzeit sind zahlreiche indische Familien, die Arbeitsplätze suchten, nach **Europa, Amerika und Afrika** gekommen. In **Südafrika** beträgt der Anteil der Hindus an der Bevölkerung mit 650 000 Menschen etwa 1,4 %, in den **USA** mit 1,5 Millionen etwa 0,5 %. In Europa stellen die Hindus in **Großbritannien** mit ca. 600 000 Anhängern (1 %) das größte Kontingent, während ihre Zahl in **Deutschland** mit ca. 80 000 (0,07 %) gering ist.

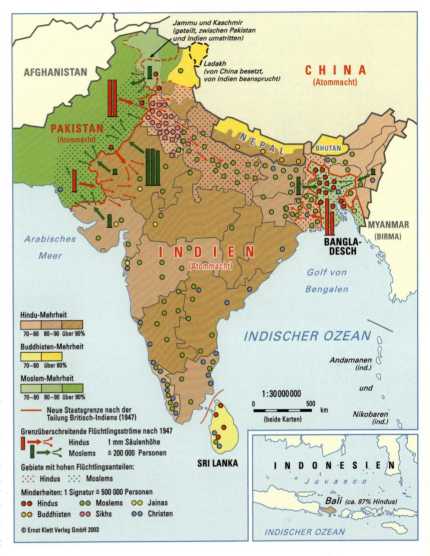

> 1 Vergleichen Sie die Zahlen mit dem Anteil der **Juden, Christen, Muslime und Buddhisten** an der Gesamtbevölkerung der Welt.
>
> 2 Was kann eine **Religionsstatistik** aussagen? Wo liegen ihre Grenzen?

- Der Hinduismus nimmt in der Statistik der großen Religionen den **dritten Platz** ein. Mehr Anhänger haben heute nur das Christentum (2,1 Milliarden) und der Islam (1,380 Milliarden).

- Aber wie wir bei diesen Religionen kaum exakte Angaben machen können, so wissen wir auch nicht genau, wie groß die Zahl der Hindus in aller Welt heute ist. Der Wert dürfte bei **etwa 930 Millionen** liegen. Damit liegt der Anteil der Hindus an der Weltbevölkerung bei ca. 12,3 Prozent. Demnach ist jeder achte Mensch ein Hindu.

- Das **Verbreitungsgebiet** des Hinduismus ist vor allem **Indien**, wo etwa 880 Millionen Hindus leben.

- Außerdem leben Hindus als **Mehrheit** in Nepal und Bali, als **Minderheit** in vielen anderen Ländern der Welt.

8. Im Blick des Westens

Die romantische Sicht der Dichter

Nachdem sich schon Herder und Goethe differenziert über Indien geäußert hatten, wurden vor allem die Romantiker von den ersten Übersetzungen indischer Lieder, Gedichte und Spekulationen angeregt. Man bewunderte das erhabene Gottesbild (»Brahman«), das hohe Ethos und die großartige Erzählkunst der Inder. Die indischen Mythen wurden der Anlass, sich ein ideales Phantasiebild von Indien zu machen. Typisch dafür ist ein Gedicht von **Heinrich Heine**, *der das indische Leben poesievoll verklärt.*

Auf Flügeln des Gesanges,
Herzliebchen, trag ich dich fort,
Fort nach den Fluren des Ganges,
Dort weiß ich den schönsten Ort.

Dort liegt ein rotblühender Garten
Im stillen Mondenschein;
Die Lotosblumen erwarten
Ihr trautes Schwesterlein.

Die Veilchen kichern und kosen,
Und schaun nach den Sternen empor;
Heimlich erzählen die Rosen
Sich duftende Märchen ins Ohr.

Es hüpfen herbei und lauschen
Die frommen, klugen Gazelln;
Und in der Ferne rauschen
Des heiligen Stromes Welln.

Dort wollen wir niedersinken
Unter dem Palmenbaum,
Und Liebe und Ruhe trinken,
Und träumen seligen Traum.

Heinrich Heine (1797–1856)

❖ Seit der griechische Feldherr Alexander der Große (386–323 vC) in das legendäre Indien zog (326 vC), und seit Thomas, ein Apostel Jesu, der Legende nach schon im 1. Jh. nC in Indien eine Gemeinde gründete (→ S. 126), spielt **Indien** in der Phantasie Europas eine große Rolle. In den beiden letzten Jahrhunderten hat sich das Interesse an Indien ständig gesteigert. Dazu haben vor allem die **Übersetzungen** indischer Schriften in europäische Sprachen und die Berichte von **Augenzeugen** über das Land beigetragen.

❖ Heute bestehen auf **akademischer Basis** seriöse Kontakte zwischen Hinduismus und westlicher Welt. Es gibt bei uns Wissenschaftler, die sich eine hohe Kompetenz in Lehre und Geschichte des Hinduismus/Indiens erworben haben. Darüber hinaus sind gegenwärtig **unterschiedliche Gruppen** an Indien interessiert: Politiker, Ökonomen, Abenteurer, Esoteriker, Sucher nach Orientierung, Liebhaber des Fremden, Touristen (→ S. 122 ff).

Die Entdeckungen der Wissenschaft

Die Wissenschaftler, die begannen, sich fundiert mit der religiösen und philosophischen Geisteswelt der Hindus zu befassen, dämpften die Phantasie der Romantiker und entwarfen ein realistischeres Indienbild. Der erste Lehrstuhl für Indologie wurde 1818 an der Universität Bonn für **Friedrich Schlegel** *errichtet. Er hielt Sanskrit für die Ursprache und damit für die Mutter aller Sprachen – eine These, die sich nicht als richtig erwiesen hat. Mit den Methoden der klassischen Philologie erstellte er kritische Editionen und Übersetzungen der Sanskrit-Literatur. Damit gab er der späteren indologischen Forschung starke Impulse. Seitdem haben hervorragende Indologen in Deutschland und in aller Welt ein neues und differenziertes Indienbild entwickelt. Selbst die Inder verstanden ihre eigene Tradition nun besser. In seiner berühmten Abhandlung »Über die Sprache und Weisheit der Inder« sagt Schlegel im Vorwort:*

Und so musste ich mich denn fürs Erste darauf beschränken, durch den gegenwärtigen Versuch nur einen Beweis mehr zu liefern, wie fruchtbar das indische Studium dereinst noch werden könne, die Überzeugung allgemeiner zu verbreiten, welche reiche Schätze hier verborgen seien, die Liebe für dieses Studium wenigstens vorläufig auch in Deutschland anzufachen, und für die Ansicht des Ganzen einen festen Grund zu legen, auf welchem sich nachher mit Sicherheit weiter fortbauen ließe.

Friedrich Schlegel (1772–1829)

Die philosophische Suche nach Weisheit

Unter den Philosophen hat sich vor allem **Arthur Schopenhauer** mit den indischen Mythen und Weisheitslehren befasst. Hier glaubte er eine große Verwandtschaft mit seiner eigenen Philosophie zu entdecken. Darüber hinaus räumte er der indischen Geisteswelt eine hohe Bedeutung in der Entwicklungsgeschichte der Menschheit ein. Zur indischen Lehre von der Seelenwanderung sagte er:

Der indische Mythos hat jedoch große Vorzüge vor diesem (d. h. dem europäischen Seelenwanderungsglauben): teils weil er der Wahrheit sich enger anschließt, teils weil er weniger transzendent ist, indem er gar keine Elemente auf-
5 nimmt, die gar nicht in dieser wirklichen Welt der Erfahrung vorkämen; sondern vielmehr alle seine Begriffe mit Anschauungen aus ihr belegen kann, indem die Qualen, die er dem Laster droht, schon in dieser Welt zu sehen sind: z. B. er verheißt ihm Übergang in den Leib eines Paria, oder
10 eines Aussätzigen, oder eines Krokodils usw. und vielfache Wiedergeburt in dieser Welt voll Leiden (→ S. 38).

Arthur Schopenhauer (1788–1860)

Das Zerrbild der Ethnologen und Missionare

Die **Ethnologen**, die im Gefolge der britischen Kolonialregierung nach Indien kamen, entwarfen ein **verheerendes Indienbild**. Dabei bestätigen sie manche Eindrücke, die schon die christlichen **Missionare** von Indien ge-
5 wonnen und in ihrer Heimat bekannt gemacht hatten (→ S. 106 ff). Sie behaupteten, dass die indische Kultur der westlichen unterlegen sei. Erst spät wurde dieses negative Indienbild als **kultureller Kolonialismus** kritisiert und überwunden.

*Der Text wurde 1822 von dem englischen Baptisten **William Ward**, der in Indien Missionar war, veröffentlicht.*

Um den hinduistischen Götzendienst zu kennen, muss man … dem Brahmanen auf seinen mitternächtlichen Orgien folgen, die er
5 vor dem Bild der Kali oder anderen Göttinnen begeht, oder man muss ihn zu seinen nächtlichen Feiern, den Prozessionen usw. begleiten und muss den unanständigen Dialogen zuhören, die da über Krishna und die Töchter der Hirten eingeübt wer-
10 den; oder man muss ihn beobachten, wie er um Mitternacht mit dem Schlamm und Wasser des Ganges einen wohlhabenden nahen Verwandten, der im Fieber-Delirium liegt, erstickt, oder wie er um dieselbe Stunde heimlich seine untreue Ehefrau ermordet oder einen angeblichen Feind der Familie, wobei er den Körper verbrennt, bevor er noch kalt 15 geworden ist, und sich das Blut im heiligen Strom des Ganges von den Händen wäscht; oder man muss dem Brahmanen zuschauen, der eine zitternde, halbtote Witwe um den Scheiterhaufen treibt und sie wie ein Stück Holz neben den Leichnam ihres Gatten wirft, sie fesselt und mit Bambus- 20 stangen niederhält, bis das Feuer sie der Kraft beraubt hat, aufzustehen und wegzulaufen.

William Ward (1769–1823)

Das Hoffnungsbild der Wirtschaft

*Schon längst ist Indien kein Entwicklungsland mehr. Vielmehr ist Indien heute für die Weltwirtschaft von höchstem Interesse, da es für die Zukunft ein wichtiger Markt mit **hohen Wachstumsperspektiven** sein wird. **Wolfgang-Peter Zingel**, Diplomvolkswirt und ausgewiesener Kenner der südasiatischen Ökonomie, sieht Indien auf dem Weg zur globalen Wirtschaftsmacht.*

Was den langjährigen Beobachter Indiens besticht, ist der neue Optimismus, der auch bei den Studenten und Absolventen der Hochschulen zu beobachten ist. Dass dabei Indiens Position als Wirtschaftsnation leicht überschätzt wird, ist in diesem Zusammenhang vielleicht sogar von Nut- 5 zen. Indien wird bei Anhalten der derzeit zu beobachtenden Wachstumsraten etwa 2025 zur volkreichsten Nation (vor China) aufsteigen und vielleicht schon vor Mitte des Jahrhunderts die zweitgrößte Industriemacht sein.

Wolfgang-Peter Zingel (geb. 1943)

---

1 Vergleichen Sie die **westlichen Indienbilder** miteinander und prüfen Sie – ggfs. erst am Ende der Kursarbeit – , ob und wie weit sie zutreffend sind.

2 Ziehen Sie in den Vergleich auch das **Selbstverständnis der Hindus** ein: → S. 22 f.

9. Hinduistisches Selbstverständnis

Auf der Suche nach sich selbst

Zu Rabindranath Tagore: → S. 107.

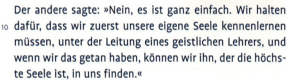

Einst traf ich in einem bengalischen Dorf zwei Asketen einer religiösen Gruppe. »Könnt ihr mir sagen, worin das Besondere eurer Religion besteht?«

Nach einigem Zögern antwortete der eine: »Es ist schwer das zu erklären.«

Der andere sagte: »Nein, es ist ganz einfach. Wir halten dafür, dass wir zuerst unsere eigene Seele kennenlernen müssen, unter der Leitung eines geistlichen Lehrers, und wenn wir das getan haben, können wir ihn, der die höchste Seele ist, in uns finden.«

»Warum predigt ihr nicht allen Menschen auf der Welt eure Lehre?«, fragte ich.

»Wer durstig ist, wird schon von selbst zum Fluss kommen«, war seine Antwort.

»Aber wie ist es damit, findet ihr, dass dies geschieht? Kommen sie von selbst?«

Der Mann lächelte milde und ohne den leisesten Hauch von Ungeduld oder Besorgnis erwiderte er zuversichtlich: »Sie müssen kommen, alle bis zum letzten.«

Ja, er hatte recht, dieser schlichte Asket aus unserem bengalischen Dorf. Der Mensch ist in der Tat immer auf der Suche nach etwas, das ihm mehr bedeutet als Nahrung und Kleidung. Er ist auf der Suche nach sich selbst.

Rabindranath Tagore (1861–1941)

Der unendliche Ozean

Zu Vivekananda: → S. 110. Er war ein Anhänger der Philosophie des **Vedanta**, die von den Upanishaden (→ S. 24) und Shankara (→ S. 102 f) entwickelt worden war. Für ihn war der Vedanta die höchste Form der Religion.

Der Mensch ist göttlich

Vedanta behauptet, dass der Mensch göttlich ist, dass alles, was wir um uns herum wahrnehmen, möglich ist durch das Bewusstsein des Göttlichen. Alles, was stark, gut und mächtig im menschlichen Wesen ist, stammt aus dieser Göttlichkeit. Wenn sie in vielen auch nur potentiell vorhanden ist, so gibt es zwischen Mensch und Mensch im Wesenskern durchaus keinen Unterschied, alle sind gleich göttlich. Es gibt sozusagen einen unendlichen Ozean hinter allem, und Sie und ich sind Wellen auf diesem unendlichen Ozean. Jeder von uns versucht sein Bestes, dieses Unendliche zu manifestieren. Jeder von uns besitzt potentiell diesen Ozean von Sein-Bewusstsein-Seligkeit als Geburtsrecht, als sein wirkliches Wesen. Der Unterschied zwischen uns wird verursacht durch die größere oder geringere Fähigkeit, diese Göttlichkeit zu manifestieren. Deshalb verlangt der Vedanta, dass der Mensch nicht nach seiner Erscheinung beurteilt werden soll, sondern nach dem, was hinter ihm steht. Hinter jedem Menschen steht das Göttliche, und deshalb sollte jeder Lehrer dem Menschen nicht helfen, indem er ihn verdammt, sondern indem er ihm hilft, die Göttlichkeit, die in ihm vorhanden ist, freizulegen.

Toleranz der Religionen

Eine andere Besonderheit des Vedanta ist, dass wir die unendliche Vielfalt im religiösen Denken gelten lassen müssen und nicht versuchen sollten, jedermann zur selben Auffassung zu bringen, denn das Ziel ist dasselbe. Wie der Vedantin (d.i. ein Anhänger des Vedanta) in seiner poetischen Sprache sagt: Wie die vielen Flüsse, die ihre Quellen in verschiedenen Gebirgen haben und gewunden oder gerade dahinfließen, schließlich in den Ozean münden, so kommen die verschiedenen Bekenntnisse und Religionen, die mit unterschiedlichen Standpunkten beginnen und krumme oder gerade Wege einschlagen, schließlich alle zu Dir. Wir stellen fest, dass diese sehr alte Philosophie mit ihrem Einfluss den Buddhismus inspiriert hat, die erste missionierende Religion der Welt, und indirekt auch das Christentum durch die Alexandriner, die Gnostiker und die europäischen Philosophen des Mittelalters. Und später hat sie durch den Einfluss auf das deutsche Denken auf dem Gebiet der Philosophie und Psychologie eine Revolution ausgelöst. Alle diese Einflüsse geschahen fast unbemerkt. Wie das sanfte Fallen des Taus in der Nacht das pflanzliche Leben erhält, so hat diese göttliche Philosophie sich langsam und unmerklich auf Erden verbreitet zum Wohle der Menschheit. Es bedurfte keiner Armeen, um diese Religion zu verkünden.

In Indien hat es nie eine religiöse Verfolgung durch die Hindus gegeben, nur Hochachtung vor allen Religionen der Welt. Die Hindus gaben einer Gruppe von Hebräern Zuflucht, die aus ihrem Land vertrieben wurden, und die Juden in Malabar leben heute noch dort. Zu einer anderen Zeit haben sie Gruppen aus Persien aufgenommen, die dort fast ausgerottet wurden, und sie leben heute noch

unter uns als die modernen Parsen von Bombay. Es gab
Christen, die behaupteten, mit St. Thomas, dem Jünger
Jesu, gekommen zu sein. Sie durften sich niederlassen und
ihre eigene Meinung haben. Dieser Geist der Toleranz ist
nicht ausgestorben. Er kann und wird nicht vergehen.

Swami Vivekanada (1862–1909)

Synthese von technischer Rationalität und indischer Weisheit

Zu Sarvapalli Radhakrishnan:
→ *S. 45, 106 und 133.*

In einem technischen Zeitalter ist es nicht leicht, die unendlichen Werte des Individuums, die Würde und die Rechte des Menschen, die Freiheit des Geistes zu bewahren. Dies ist nur durch die Erneuerung des Glaubens möglich, der die Erfüllung des Geistes in den Tiefen des Menschen ist, in denen der Mensch über sich selbst hinaus mit dem Ursprung seines Seins verbunden ist. Wir können die neue Kultur nicht auf Wissenschaft und Technik allein begründen. Sie bilden kein zuverlässiges Fundament. Wir müssen es lernen von einer neuen Grundlage aus zu leben, wenn wir die Katastrophe vermeiden wollen, die uns bedroht. Wir müssen die Reserven der Geistlichkeit wieder entdecken, die Achtung vor der menschlichen Persönlichkeit, den Sinn für das Heilige, den man in allen religiösen Überlieferungen antrifft, und mit ihnen einen neuen Menschentyp schaffen, der die Instrumente, die er gefunden hat, in dem Bewusstsein gebraucht, dass er größerer Dinge fähig ist als die Natur zu meistern. Der Mensch muss zum Dienst am Menschen und an dem Ihm innewohnenden Geist zurückkehren. Der Osten hat immer die religiöse Idee vertreten – die auch im Westen nicht unbekannt ist – dass nämlich der Mensch mit seinem Gefühl für Werte die konkreteste Verleiblichung des Göttlichen auf Erden ist. Diese Idee hat darunter gelitten, dass sie vom Geist der modernen Naturwissenschaft nicht mehr verstanden wurde, was zur intellektuellen Verwüstung des geistigen Lebens, zur Austrocknung der schöpferischen Energien geführt hat.

Wer ist ein Hindu?

Jeder, der nach der Wahrheit strebt durch Studium und Nachdenken,
durch Reinheit seines Lebens und Verhaltens
und durch Hingabe an hohe Ideale,
jeder, der glaubt, dass Religion nicht auf Autorität beruht,
sondern auf Erfahrung,
ist ein Hindu.

Sarvapalli Radhakrishnan (1888–1975)

Die ewige Religion

Ram Adhar Mall (→ *S. 75 und 121*), in Indien geboren, ist Professor für Philosophie an der Universität Bremen und Präsident der internationalen »Gesellschaft für interkulturelle Philosophie«.

In der fast fünftausendjährigen Geschichte des Hinduismus von seinen arischen Anfängen bis hin zu den modernen Elementen in der Begegnung mit dem Islam und mit Europa hat die Hindu-Religion sich ständig erweitert. Die Quelle dieser Erweiterung ist selbst urindisch und in dem bekannten Satz des Rigveda enthalten: »Es ist das eine Wahre, die Weisen benennen es verschieden.« Der Hinduismus hat den dogmatisch nicht fixierten Gehalt und Inhalt dieser Aussage zu einem wesentlichen Merkmal der ewigen Religion (»Sanatana Dharma«; → S. 11) werden lassen. In seinen fast unübersehbaren Spielarten durch die Jahrtausende hindurch bleibt der Hinduismus jedoch nur eine bestimmte Ausdrucksweise der ewigen Religion. Die ewige Religion ist niemandes Besitz allein. Sie bedarf zwar der positiven Religionen und ihrer Sprache, Zeremonien usw., geht jedoch in keiner restlos auf. Sie ist wie ein Schatten, der alle positiven Religionen begleitet und diese daran hindert, sich in den absoluten Stand zu setzen. Wie die vielen Flüsse in den Ozean fließen, stellen die einzelnen Religionen die verschiedenen Pfade dar zum gleichen Ziel der Erleuchtung, Befreiung und Erlösung.

Ram Adhar Mall (geb. 1937)

---

1 Ergänzen Sie die Texte durch das **Glaubensbekenntnis Gandhis** (→ S. 14) und die Auffassungen des **Neohinduismus** (→ S. 107 ff).
2 Stellen Sie einige **Merkmale des Hinduismus** zusammen, die sich aus den Texten ergeben, und prüfen Sie, wie weit sie mit dem gelebten Hinduismus übereinstimmen.

Heilige Schriften und Lehren

1. Die Veden – Die älteste Offenbarung

Der Hinduismus kennt zwei Gruppen heiliger Schriften.

(1) »**Shruti**« (d. h. »Hören«): Diesen Schriften kommt die höchste Autorität zu. Ihre Worte wurden ursprünglich von heiligen Sehern und Weisen (»**Rishis**«) »gehört«. Während sie sich in tiefer Ekstase befanden, wurden ihnen von göttlichen Mächten heilige Geheimnisse geoffenbart. Sie selbst haben diese Texte nur aufgenommen und weiter vermittelt. Shruti ist also die Offenbarung des Hinduismus und die sich davon ableitende Tradition. Die **Veden** und manche **Upanishaden** gehören dazu.

(2) »**Smriti**« (d. h. »Erinnerung«): Diese Literatur hat menschlichen Ursprung. Sie leitet sich von Shruti her. Dichter und Heilige haben sie geschaffen. Smriti ist die auf menschlicher Erinnerung fußende Tradition. Zu ihr gehören die beiden indischen Nationalepen **Mahabharata** (mit der **Bhagavadgita**) und **Ramayana** sowie die **Puranas** und die alten **Gesetzesbücher**.

Sanskrit – Die Sprache der Arier

❖ Die heiligen Schriften der Hindus sind in »**Sanskrit**« (von samskrita = geheiligt) verfasst, also in der indogermanischen Sprache jener Völkerstämme, die in der Mitte des 2. Jahrtausends vC von Europa und Vorderasien aus nach Indien einwanderten. Die Leute nannten sich »**Arier**«, was ursprünglich die »Gastfreien« bedeutet. Mit dieser Selbstbezeichnung wollten sie wohl auf ihre eigene Gastfreundschaft gegenüber Fremden hinweisen, die sie bei anderen Völkern vermissten. Doch waren die Arier keineswegs nur friedliebend. Sie machten der einheimischen, seit 3000 vC bestehenden Kultur im Indus-Gebiet ein Ende, wobei sie wichtige Züge dieser Kultur auch übernahmen. Anstelle des älteren Matriarchats führten sie das Patriarchat ein (→ S 56 f). Ihre hellhäutigen Herrscher setzten sich von der dunkelhäutigen Urbevölkerung ab und schufen so die ersten Ansätze zum **Kastenwesen** (→ S. 86 f).

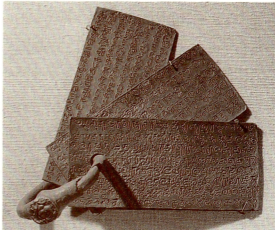

Drei Schriftplättchen, die durch einen Ring verbunden sind. Südindien, 9. Jh. nC. Der Sanskrit-Text ist in alten Schriftzeichen geschrieben.

❖ Sanskrit wurde zur heiligen **Sprache des Hinduismus.** Wenn die Hindu-Religion im Lauf der Geschichte andere ethnische und religiöse Gruppen vereinnahmt und auch integriert hatte, erhielten diese allmählich das Recht, an den alten Hindu-Riten teilzunehmen. Dabei mussten sie auch das Sanskrit als religiöse Sprache übernehmen. Dieser Prozess der »**Sanskritisierung**« hat das religiöse und soziale Leben Indiens ähnlich intensiv bestimmt wie das **Latein**, das in Europa lange Kult- und Kultursprache war.

❖ Die heiligen Schriften des Hinduismus sind in einem viele **Jahrhunderte** umfassenden Zeitraum entstanden. Sie wurden **nie von einer religiösen Zentralinstanz »kanonisiert«**, d. h. in einem offiziellen Katalog der heiligen Schriften zusammengestellt. Die Brahmanen haben diesen Büchern ihr Ansehen verschafft. Wer sich von der alten Tradition löst und diese Schriften nicht mehr anerkennt, wie es der Buddha und Mahavira getan haben, der gehört nicht mehr zum Hinduismus.

Die Welt der Veden

❖ Die »**Veden**« sind die ältesten Lieder der Hindu-Religion und zugleich die frühesten Dokumente der indogermanischen Sprachgruppe. Der Name leitet sich von »Veda« (d. h. »Wissen«) ab. Die ältesten Texte stammen aus der Zeit um 1500 vC, die jüngsten werden um 700 bis 500 vC angesetzt. Lange

---

1 Andere **Texte** der Veden finden Sie
• zu den Göttern und zur Schöpfung: → S. 46 f
• zu Surya, dem Sonnengott: → S. 8 f
• zum Purusha-Mythos von der Entstehung der Kasten: → S. 88

2 Zum **Ayurveda**: → S. 122

3 Was wissen Sie von den **heiligen Schriften der Juden, Christen, Muslime und Buddhisten**? Informieren Sie sich über Inhalte, Zahl der Bücher, Entstehungszeit, Verfasser, Autorität und heutige Bedeutung.

bevor man sie aufschrieb, wurden sie mündlich tradiert. Ein Vers aus den Veden heißt »**Mantra**« (→ S. 69).

❖ In den Veden findet sich das **Wissen** der damaligen Zeit. Sie bilden eine nicht auflösbare Einheit von Religion und Naturerfahrung, von Magie, Mythos und Ethos. Hier sind die Götter am Werk. **Mythen** werden in der Annahme erzählt, dass das, was in Urzeiten einmal geschah, sich immer wieder ereignet. In jedem Gewitter wiederholt sich der vorzeitliche Kampf des göttlichen Indra mit der Schlange, durch den er das fruchtbare Wasser des Himmels auf die Erde gebracht hat.

❖ Die Veden lassen auch schon Vorstellungen von einer moralischen Ordnung und von **ethischen Gesetzen** erkennen. Gastfreundschaft und Treue haben bei ihnen einen hohen Rang. Hinter ihrer bunten Oberfläche kann man manchmal schon das Suchen nach dem sittlichen Gesetz der Welt entdecken. Die Frage nach dem letzten Urgrund klingt bei ihnen schon an.

❖ **Heute** stehen die Veden als heiliges Ursprungswort zwar immer noch in hohem Ansehen, aber außer den Brahmanen gibt es nur wenige Leute in Indien, die die Veden wirklich kennen. Gandhi hat sich ausdrücklich zu ihnen bekannt (→ S. 14). Im alltäglichen religiösen Leben der Hindus spielen sie keine große Rolle mehr.

Das Gayatri-Mantra

*Die heiligste Strophe der Veden heißt **Gayatri-Mantra**. Die meisten Hindus kennen den Text auswendig und beten ihn täglich. Er ist bei ihnen beliebt wie bei den Christen das »Vaterunser«. Seinen Namen hat man erst spät von Gayatri, der Gattin Brahmas (→ S. 49), abgeleitet. Sie ist Mutter der Brahmanen und der Veden.*

Om. Lasst uns meditieren über die Herrlichkeit des göttlichen Lichts. Es möge unseren Geist erleuchten.

Rigveda III 62, 10

Die vier Sammlungen

(1) Der **Rigveda** (d. h. »Veda in Versen«) ist der älteste und wichtigste Teil. Mit seinen 1028 Hymnen ist er die Quelle für die ältesten Gottesvorstellungen und Mythen der arischen Religion. Viele Lieder sind voll Lebensfreude und ermuntern zu Tanz und Spiel. Der Wunsch nach Unsterblichkeit ist hier noch nicht so stark wie der Wunsch nach einem langen Leben in dieser Welt. Die hohe poetische Qualität vieler Lieder des Rigveda erinnert an die biblischen Psalmen.

(2) Die zweite Gruppe, der **Samaveda** (d. h. »Veda der Melodien«), ist nicht so originell, weil hier im Wesentlichen nur einige Lieder des Rigveda anders angeordnet sind.

(3) Die dritte Gruppe, der **Yajurveda** (d. h. »Veda der Formeln«), enthält Prosatexte, die für die Opfer zur Einsetzung des Königs oder zur Errichtung eines Feueraltars wichtig waren.

(4) Schließlich gibt es noch den **Atharvaveda** (d. h. »Veda der Zaubersprüche«), die jüngste Sammlung von 731 Liedern. Hier erfahren wir mehr über die weltliche und geistige Welt der alten indischen Kultur. Auffällig sind die vielen Zaubersprüche und Beschwörungen. So werden z. B. zwei Flüsse beschworen, ein Stiergespann aus Wassernot zu retten. Weiter gibt es Anweisungen für die Kunst des Liebens: Erfolg bei der Liebe zu einer Frau oder zu einem Mann – Liebeszauber – Gegen eine Rivalin – Fruchtbarkeit – Erfolgreiche Niederkunft – Wiedererlangung der männlichen Potenz – Gegen Eifersucht – Einen Gatten finden.

Lob der Gastfreundschaft

*Manche Texte aus dem **Rigveda** sind ein Zeugnis für das hohe Ethos, das sich in Indien herausbildet.*

(1) Die Götter haben nicht den Hunger als Todesart bestimmt. Auch dem Gesättigtem nahet in allerlei Gestalt der Tod. Der Reichtum dessen, der spendet, nimmt nicht ab; aber der, der nicht spendet, findet keinen Erbarmer.

(2) Wer zwar an Nahrung reich ist, aber gegen einen Armen, der um Speise bittet, gegen einen hilfesuchenden Kranken, selbst wenn ihm dieser früher gedient hat, sein Herz verhärtet, der findet keinen Erbarmer.

(3) Der ist freigebig, der einem Bettler gibt, wenn er um Speise bittet, umherwandert und abgezehrt ist; er ist ihm zu Willen bei der Einladung zum Opfer und macht ihn zum Freunde in den folgenden (Tagen).

(4) Der ist kein Freund, der nicht dem Freunde, dem ständigen Gefährten, von seiner Speise gibt. Von ihm soll dieser weggehen. Da ist kein Platz (für ihn). Einen anderen, der spendet, soll er aufsuchen, selbst wenn es ein Fremder wäre.

(5) Der Stärkere soll dem Bedrängten ein Wohltäter sein. Er soll auf den weiteren Weg hinsehen: es rollt das Glück wie Wagenräder. Bald wendet es sich dem einen, bald dem anderen zu.

(6) Der Tor empfängt ja vergeblich Speise. Ich schwöre, sie ist sein Tod. Er unterhält keinen Freund oder Gefährten. Er isst allein und wird allein schuldig. ...

Rigveda 10. 117

Lob der Liebe

Kāma (Liebe) wurde als Erster geboren. Weder die Götter, noch die Ahnen, noch die Menschen können sich mit ihm vergleichen. Er ist allen überlegen und für alle Zeiten der Größte.

Atharvaveda 9, 12, 19

2. Die Upanishaden – Mystische Weisheit

> ❖ Die **Upanishaden** sind **Lehrtexte**, die sich in Alter, Thematik, Länge und Grundauffassung von den Veden stark unterscheiden. Viele indische Lehrer (Gurus) haben hier mit ihren Gedanken auf die Nachwelt eingewirkt. Entstanden sind die Upanishaden zwischen **800 vC und 400 vC**, also zur selben Zeit, in der die großen Philosophen Griechenlands das Denken Europas grundgelegt haben.
>
> ❖ Die **Autoren der Upanishaden** sind nicht mehr Priester, sondern **Denker, Weise und Mystiker**. Sie hören nicht mehr nur so sehr göttliche Offenbarungen, sondern vertiefen sich eher in die Geheimnisse der Welt. Hinter aller äußeren Realität entdecken sie eine Wirklichkeit, die absoluten Charakter hat.
>
> ❖ Die Richtung der indischen Philosophie, die sich bis in die Gegenwart auf die Upanishaden stützt, heißt »**Vedanta**«.

Das Wort

Das **Wort** »**Upanishaden**« kommt von dem Altindischen upa + ni + sad und bedeutet: »**sich nahe bei jemandem niedersetzen**«. Es wird von der Haltung eines Schülers gegenüber seinem Lehrer gebraucht. Dabei gewinnt es auch die Bedeutung »**sich in Ehrfurcht nahen**«, »**verehren**«. Die »Verehrung« wird nun nicht mehr einer Gottheit zuteil, sondern einem Lehrer und dem tiefsinnigen Wissen, das er dem Schüler erschließt.

Ein tiefgehender Wandel

❖ In den Upanishaden gibt es eine **Erzählung**, in der bei einem **Guru** (→ S. 70) ein enttäuschter **Schüler** erscheint, der alle Veden auswendig gelernt hatte, darin aber für sich keinen Nutzen sieht. Eigentlich hätte er mit dieser Kenntnis im Besitz der göttlichen Offenbarung sein müssen. Es gab ja nichts Höheres als diese alten Göttersprüche. Das Wesentliche in allen Dingen und den Sinn seines eigenen Selbst hatte er dabei jedoch nicht kennengelernt. Nun bittet er den Meister, ihm zu helfen. Dieser bestätigt ihm: »**Alles, was du bisher gelernt hast, ist nur Name.**« Hier bahnt sich die Suche nach einem tieferen Wissen an.

❖ Der **Übergang von den Veden zu den Upanishaden** ist der Weg von einem facettenreichen, dem Leben zugewandten Optimismus zu Resignation und Melancholie, in der sich auch die Gottesfrage neu stellt. Es genügte nun nicht mehr, in anthropomorphen Bildern von den lebensnahen Göttern sprechen. Die religiösen Meister Indiens fingen nun an, über das Geheimnis Gottes zu meditieren und erkannten dabei, dass sich das Göttliche letztlich allen Bildern entzieht.

Entdeckungen der neuen Metaphysik

Die Lehrer der Upanishaden vollzogen einen ähnlichen Schritt wie die griechischen Philosophen, als sie eine Wirklichkeit hinter der Physis (gr.: die äußere Natur, physikalische Welt) entdeckten. Diese Erkenntnis der **Metaphysik** (gr.: Lehre von der Wirklichkeit hinter der Erfahrungswelt) hat in den Upanishaden drei Dimensionen:

(1) Die neu entdeckte Wirklichkeit heißt bei den indischen Weisen »**Brahman**« (d.h. das Weite, Unendliche, die Allseele, das Absolute). Es hat den Sinn: Quelle allen Seins, alles durchdringende Kraft, schöpferischer Ursprung. Am ehesten ist es das unpersönliche Göttliche oder das Absolute, das allem Sein zugrunde liegt und keinen Schöpfer kennt. Es kann nicht beschrieben werden und ist gedanklicher Durchdringung entzogen.

(2) Die zweite Entdeckung der Upanishaden ist der »**Atman**« (verwandt mit »atmen«): die Innenwelt, das Selbst, die Seele. Er ist gleichsam der Samen oder die Spur des Brahman im Menschen.

(3) Am Ende kommen die Upanishaden zu der völlig neuen Einsicht, dass es höchstes Lebensziel des Hindu ist, durch Meditation zu erkennen, dass **Brahman und Atman** in ihm nicht isoliert nebeneinander stehen, sondern **eins** sind. Wenn der Mensch sich auf sich selbst besinnt und hinter allem Wechsel der Erscheinungen sein Selbst erkennt, das mit der absoluten Wirklichkeit identisch ist, kann er sagen: »**tat tvam asi**«, d.h. »**Das bist du selbst**«. Das heißt: Die Welt ist das Absolute und das Absolute ist meine Seele und das Absolute und die Seele sind in allen Dingen gegenwärtig. Metaphysik, Kosmologie und Psychologie werden in dieser Sicht letztlich eins.

Konsequenzen der neuen Lehre

❖ Wenn Brahman und Atman identisch sind, braucht der Mensch **vor dem Tod keine Angst** zu haben. Dann verliert er im Tod zwar sein Bewusstsein und lebt auch nicht mehr in seiner bisherigen Gestalt weiter, aber der Tod ist nur der Übergang von diesem Leben zu einem neuen Leben. Die schon im Leben errungene Einheit von Brahman und Atman bleibt bestehen.

❖ Aus dieser Lehre ergibt sich auch eine **neue Ethik**. Ihre beiden Grundbegriffe sind nun Erkenntnis und Entsagung. Nur die meditative **Erkenntnis** von Atman und Brahman ist wichtig, weil sie allein die Weisheit schenkt, auf die es letztlich ankommt. Und nur **Entsagung** verhindert, dass sich der Mensch vom bunten Leben beeindrucken und dadurch vom Wesentlichen

Heilige Schriften und Lehren

ablenken lässt. Darum darf sich der Mensch, wenn er Erlösung von Leid und Tod anstrebt, nicht an die vordergründige Welt des Scheins verlieren. Geboten ist der Kampf gegen alle Begierden, die nur auf die Welt gerichtet sind.

Tat tvam asi

*In den Upanishaden gibt es eine Erzählung von **Aruni** und seinem Sohn **Shvetaketu**, die auf einfache Weise zeigt, wie man diese Erkenntnis gewinnen kann. Shvetaketu erfährt von Aruni an zwei Beispielen, dass das Atman als letztes Prinzip alles durchdringt (»Immanenz«) und zugleich alles übersteigt (»Transzendenz«). Alle sichtbaren Gestalten der Welt sind nur flüchtig, sie sind wechselnde Formen des Ur-Einen, Unveränderlichen, das allem zugrunde liegt.*

Einst schickte Aruni seinen zwölfjährigen Sohn Shvetaketu in die Welt, wo er das Brahman studieren sollte. Der Sohn blieb zwölf Jahre in der Fremde und kehrte dann hochfahrenden Sinnes zurück. Der Vater war enttäuscht und fragte seinen Sohn, ob er keine Meister gefunden habe, bei denen er hätte lernen können, das Ungehörte zu hören, das Ungedachte zu denken und das Unerkannte zu erkennen. Der Sohn war verwundert und verneinte die Frage. Er bat den Vater, ihn in dieses Wissen einzuführen. Der ließ ihn eine Feige holen und forderte ihn auf, die Feige zu teilen und immer wieder zu teilen. Zuerst sah der Sohn einen Teil der Feige, dann die Körner, schließlich feinste kleine Einheiten und dann nichts mehr. Da belehrte ihn der Vater: »Aus diesem Feinsten, das du nicht mehr wahrnehmen kannst, ist der ganze Feigenbaum entstanden. Diese feinste Substanz ist das Selbst, der Ursprung der ganzen Welt. Das ist das Wirkliche, das ist Atman, das bist du (»tat tvam asi«).«

Danach ließ der Vater den Sohn Salz ins Wasser schütten und verlangte von ihm, das Salz wieder zurückzubringen. Der Sohn fand das Wasser zwar salzig, aber er konnte das Salz nicht sehen und erst recht nicht vom Wasser trennen. Es war überall da und doch nicht wahrnehmbar. Da sprach der Vater: »Du siehst kein Seiendes hier und doch ist es darin. Was diese feinste Substanz ist, die ganze Welt enthält es als ihr Selbst. Das ist das Wirkliche, das ist Atman, das bist du (»tat tvam asi«)!«

Chandogya-Upanishad VI, 12,1–13,3

Belehrung über das unsterbliche Selbst

*In den Upanishaden werden selbst vedische Götter wie **Indra** (→ S. 46), der auch **Maghavan** heißt, von **Prajapati**, dem Herrn aller Geschöpfe, unterwiesen.*

1. Prajapati: »O Maghavan, sterblich, fürwahr, ist dieser Körper, vom Tode besessen; er ist der Wohnplatz für jenes unsterbliche, körperlose Selbst. Besessen wird der Bekörperte von Lust und Schmerz; denn weil er bekörpert ist, ist keine Abwehr möglich der Lust und des Schmerzes. Den Körperlosen aber berühren Lust und Schmerz nicht.

2. Körperlos ist der Wind; die Wolke, der Blitz, der Donner sind körperlos. Sowie nun diese aus dem Weltraume (in welchem sie, wie die Seele im Leibe, gebunden sind) sich erheben, eingehen in das höchste Licht und dadurch hervortreten in ihrer eignen Gestalt,

3. so auch erhebt sich diese Vollberuhigung (d. h. die Seele in tiefen Schlafe) aus diesem Leibe, geht ein in das höchste Licht und tritt dadurch hervor in eigner Gestalt: das ist der höchste Geist, – der dort umherwandelt, indem er scherzt und spielt und sich ergötzt (…) und nicht zurückdenkt an dieses Anhängsel von Leib, an welches der Prana (der Atem, von dem alles im Körper abhängt) angespannt ist wie ein Zugtier an den Karren. (…)

6. Ihn verehren jene Götter in der Brahmanwelt (…) als das Selbst; darum besitzen sie alle Welten und alle Wünsche. – Der erlangt alle Welten und alle Wünsche, wer dieses Selbst gefunden hat und kennt.« Also sprach Prajapati.

Chandogya-Upanishad VIII, 12, 1

Gebet

Vom Schein lass mich gelangen zum Sein,
von der Finsternis lass mich gelangen zum Licht,
vom Tod lass mich gelangen zur Unsterblichkeit.

Brhadaranyaka-Upanishad I 3, 30

Eine weltweite Wirkungsgeschichte

Die Upanishaden, die zu den großen heiligen Schriften der Menschheit gehören, haben auf die Entwicklung des Hinduismus den **allergrößten Einfluss** gehabt. Ihre Gedanken spielen auch in anderen Religionen eine Rolle. Das Bemühen, das Leid zu überwinden, ist im Buddhismus (→ S. 96 f) das zentrale Thema. Selbst auf die deutsche Philosophie haben die Upanishaden eingewirkt. Der Philosoph Arthur Schopenhauer (1788–1860; → S. 21) hat sie als einen Höhepunkt menschlicher Weisheit verehrt und viele ihrer Einsichten in sein Denken aufgenommen.

---

1 Die Lehrer der Upanishaden haben grundlegende Begriffe des Hinduismus entwickelt, z. B. **Brahman** und **Atman:** → S. 48; **Samsara:** → S. 34; **Punarajati:** → S. 38; **Moksha** → S. 40.

2 Diskutieren Sie darüber, wie weit die Fragen und Antworten der Upanishaden **überholt oder aktuell** sind.

3 Kennen Sie Überlegungen/Spekulationen der **europäischen Philosophie** (»Metaphysik«), die mit den Gedanken der Upanishaden vergleichbar sind? Wo gibt es auch Verschiedenheiten?

3. Ramayana und Mahabharata – Beliebte Erzählungen

> Populärer als die Veden und Upanishaden sind die beiden indischen Großepen **Ramayana und Mahabharata**, die zu den »**Smritis**« gezählt werden. Diese Erzählungen haben auf die religiösen Vorstellungen des Volkes stark eingewirkt. In den Dörfern werden sie von Berufserzählern vorgetragen und dienen oft als Vorlage für breitangelegte Filmprojekte. In Rundfunk und Fernsehen sind sie häufig präsent. Wenn sie bei religiösen Festen von den Brahmanen vorgelesen werden, finden sie bei den meist leseunkundigen Zuhörern ungeteilte Aufmerksamkeit. Die Erzählungen sind so etwas wie die **narrative Theologie und Ethik Indiens**. Sie halten den Hindus die göttliche Welt und den gültigen Sittenkodex vor Augen.

Das Ramayana

Die Erzählung

❖ Das **Ramayana**, ursprünglich ein Werk des Sehers Valmiki, entstand um 500 vC und erhielt seine gegenwärtige Fassung mit seinen sieben Büchern etwa zwischen 300 und 200 vC. Es erzählt die Lebensgeschichte des Prinzen **Rama** und seiner Gattin **Sita**.

❖ Dieser edle Königssohn aus Ayodhya gewinnt bei einer Waffenprobe die schöne und tugendsame Jungfrau Sita zur Frau. Die erste Zeit leben beide glücklich miteinander. Aber böse Hofintrigen machen dem Glück ein Ende. Beide werden verbannt und müssen vierzehn Jahre in einem dunklen Wald leben. Dort erhalten sie nützliche Belehrungen von Brahmanen und Einsiedlern. Doch auch Gefahren und Versuchungen kommen auf sie zu. So will die Schwester des mächtigen Dämonenkönigs **Ravana** von Lanka (Ceylon) Rama verführen. Aber sie hat keinen Erfolg, weil Rama seiner Frau treu ist. Daraufhin entführt Ravana Sita in sein Reich und droht ihr an, sie zu fressen, wenn sie ihn nicht binnen eines Jahres heiratet. Rama ist über den Verlust Sitas untröstlich. Mit Hilfe des in Indien so beliebten Affengottes **Hanuman** kann er sie in Lanka aufspüren. Schließlich kommt es zu einer blutigen Schlacht zwischen den Heeren des Rama und des Ravana, die Rama gewinnt, weil Hanumans Affen eine Brücke über das Meer bauen, so dass die Soldaten des Rama in das Reich des Ravana eindringen können. Sita wird befreit.

Aber nun muss Rama **Sita verstoßen**, weil sie lange im Haus eines anderen Mannes gewohnt hat. Er tut dies voll Trauer und Würde. Da wirft sich Sita zu einem Gottesgericht auf einen Scheiterhaufen. Das Feuer verzehrt sie nicht, weil der Feuergott Agni um ihre Unschuld weiß. **Rama nimmt sie wieder zu sich** und beide kehren in ihr Reich zurück, wo Rama feierlich zum König gekrönt wird. Er wird zum Idealbild des gerechten Herrschers und weit und breit wegen seiner Weisheit gefeiert. Das Volk aber **zweifelt weiter an Sitas Unschuld**, so dass Rama sie nicht mehr bei sich behalten will. Er lässt sie an einen einsamen Ort bringen, wo sie Zwillingen das Leben schenkt. Als diese herangewachsen sind, erkennt Rama sie als seine Söhne an. **Sita ruft die Erde an**, sie möge sie zum Beweis ihrer Unschuld verschlingen. Die Erde nimmt Sita auf und bald darauf dankt Rama zugunsten seiner beiden Söhne ab.

Die Wirkungsgeschichte

Die **Inder lieben diese Geschichte**. Sie bewundern die Tapferkeit und Ehre Ramas und die Treue und Verlässlichkeit Sitas. Hier erfahren sie anschaulich, dass Glück und Unglück im Leben nahe beieinander liegen. In jeder Familie sagt die Mutter der Tochter bei der Hochzeit: »**Sei wie Sita**«. Dem Bösewicht Ravana gab man in den letzten Jahren oft das Aussehen politischer Feinde, z. B. der Herrscher von Pakistan oder China. **Rama** selbst wurde später zu einer **Inkarnation Vishnus** (→ S. 50) und gelangte zu göttlichen Ehren. Sein **Tempel in Ayodhya** hat eine bewegte Geschichte: → S. 120 f.

Das Mahabharata

Die Erzählung

❖ Das viel umfangreichere **Mahabharata**, dessen 106 000 Doppelverse in 18 Bücher eingeteilt sind, wird von der indischen Tradition dem mythischen Weisen Vyasa zugeschrieben, während die heutige Indologie davon ausgeht, dass die vielen Kampfszenen, Mythen, Legenden, Fabeln, Gleichnisse, Genealogien und Belehrungen in einer späten Redaktion zusammengesetzt worden sind. Der Entstehungsprozess des Epos wird vom 4. Jahrhundert vC bis zum 4. Jahrhundert nC angesetzt. Vielleicht hat die Erzählung als historischen Kern eine gewaltige Schlacht zwischen zwei eng verwandten Fürstendynastien, die im 8. Jahrhundert vC in Nordindien stattgefunden haben könnte.

❖ Der **Inhalt** des enzyklopädischen Werkes lässt sich nicht leicht beschreiben, weil es auf verschiedenen Ebenen spielt und daher sehr unübersichtlich ist.

❖ Der Name »Mahabharata« bedeutet »Das große Epos der Bharatas«. Es erzählt von dem furchtbaren Krieg der Nachkommen des indischen Königs **Bharata**, die **Pandavas** und **Kauravas** heißen. Beide kämpfen um ihren Anspruch auf das Königtum. Die Handlung spielt zu Beginn des Kali-Yuga (→ S. 36), dem heutigen bösen Zeitalter im Kreislauf des Werdens und Vergehens, das den **Verfall des Dharma** (→ S. 74 f) und somit den Niedergang der göttlichen Ordnung und der Sitten mit sich bringt. Die Grenzen zwischen Recht und Unrecht verschieben sich. Der legendäre Kampf

endet in einem furchtbaren Blutbad, aus dem die Pandavas siegreich hervorgehen. Nun wird der Dharma wieder
80 beachtet. In vielen Gestalten kann man Götter und Dämonen oder auch Repräsentanten des Guten und Bösen sehen, obwohl auf beiden Seiten Recht und Unrecht geschieht.

❖ Eine zentrale Stelle in diesem gewaltigen Werk bildet die kleine **Bhagavadgita** (→ S. 30 f), die zu dem beliebtesten
85 Buch der Hindus geworden ist.

Die Bedeutung

Das monumentale Werk befasst sich **mit allen Themen, die für Hindus wichtig sind**: Götter und Dämonen, Menschen und Tiere, Leben, Tod und Wiedergeburt, Dharma und Karma, Freud und Leid. Darum ist es nicht nur ein gewal-
90 tiges Heldenepos, sondern **auch ein Fundament der Theologie, Philosophie und Ethik**. Es vermittelt zentrale indische Wertvorstellungen, wobei vor allem vom Dharma der Krieger die Rede ist. Viele Inder sehen das Mahabharata als fünften Veda (→ S. 25) an.

Harivamsha und Puranas

95 ❖ In einem Anhang zum Mahabharata befindet sich der **Harivamsha** (d. h. Geschichte des Hari = Krishna), der einen alten Schöpfungstext enthält und von den in Indien gern gehörten Liebesaffären des göttlichen Krishna mit den irdischen Hirtenmädchen erzählt (→ S. 55).
100 ❖ In den »**Puranas**« (d. h. »alte Kunde«), die in Indien bis heute verehrt werden, finden wir alte Legenden, bunte Göttergeschichten, mythologische und kosmologische Texte, auch Ausführungen zu Medizin, Astrologie und Witwen-

Kampf zwischen dem Affen- und Bärenheer Ramas (links) und dem Dämonenheer Ravanas (rechts). Episode aus dem Ramayana. Indische Miniatur, um 1820. Rechts sitzt der zehnköpfige Ravana in seinem Kampfwagen, der von 4 Pferden gezogen wird. Mit seinen 18 Armen verschießt er Pfeile. Seine Soldaten haben Tierköpfe. Steine und Baumstämme fliegen durch die Luft. Rechts hinter dem Affenheer sitzt der blauhäutige Rama und beobachtet den Kampf. Er wird bald Ravana besiegen und Sita befreien.

verbrennung (→ S. 81). Bedeutsam sind vor allem die Mythen zur Entstehung und Zerstörung der Welt. Die ältes- 105
ten Puranas sind um 300–400 nC entstanden, Ergänzungen gibt es bis heute. Beispiele: → S. 67, 105.

Krishna und seine Adoptivmutter Yashoda

Yashoda nahm den Krishna einst auf ihren Schoß mit süßer Lust
Und liebevoll gab sie dem Kind, das trinken wollte, ihre Brust.
Der Knabe trank und öffnete den Mund in leichtem Gähnen, dann
Liebkosend sah die Mutter da das schöne Antlitz zärtlich an.
Und wunderbar! Mit einem Blick sah sie die Welt,
Luft, Sonne, Mond, das Sternenheer am Himmelszelt,
Meer, Erde, Berg, Fluss, alles, was die Erde hegt,
Jedwedes Ding, das in der Welt sich ruht und regt.
Helläugig sah sie zitternd alles das im Nu,
Und lieblich lächelnd schloss sie dann die Augen zu.

Aus den Puranas

---

1 Warum sind **Erzählungen** wie das Ramayana oder Mahabharata für eine Religion wichtig? Erläutern Sie den Begriff »narrative Theologie und Ethik«.
2 Kennen Sie wichtige Erzählungen **aus anderen Religionen**?

4. Bhagavadgita – Religiöser Klassiker

❖ Die **»Bhagavadgita«**, oft auch nur »**Gita**« genannt, ist die beliebteste aller heiligen Schriften der Hindus. Mit ihrem geringem Umfang von nur 700 Versen ist sie in das 6. Buch des Mahabharata eingebaut und kann auch ohne den Kontext selbstständig verstanden werden. Viele Inder lernen sie auswendig, um die Substanz ihrer Religion stets gegenwärtig zu haben. Für sie ist die Bhagavadgita das Vermächtnis des göttlichen **Krishna**. Von vielen wird sie auch zu den »**Shrutis**« (→ S. 24) gezählt.

❖ Das **Wort** leitet sich ab von »bhagavat« (d. h. »einer, der am guten Geschick Anteil gibt«) und »gita« (d. h. »gesungen«). Wir dürfen darunter den »**Gesang Gottes**« verstehen. Für die Wissenschaft sind bislang weder Entstehungszeit noch Verfasserschaft genau bestimmbar. Meistens setzt man die **Entstehung** des Gedichts zwischen **300 bis 100 vC** an, obwohl die frühesten Belege für den Text erst aus dem 7. Jahrhundert nC stammen.

❖ Mit ihren Gedanken, Bildern und Symbolen gehört die Bhagavadgita zu den herausragenden religiösen und mystischen Schriften der Menschheit.

Die Erzählung

Auch die Bhagavadgita erzählt von der blutigen Schlacht der **Pandavas und Kauravas**. Sie setzt damit ein, dass sich beide Heere vor dem entscheidenden Kampf gegenüberstehen. Alles wartet auf den Beginn. Da bittet **Arjuna**, ein hervorragender Held der Pandavas, seinen Wagenlenker, er möge ihn zwischen die beiden Schlachtreihen führen, damit er sich einen Überblick über die Situation verschaffen könne. Der Wagenlenker, niemand anders als der Gott **Krishna**, eine Herabkunft (»Avatara«, → S. 50 f) des Vishnu, erfüllt ihm den Wunsch. Als nun Arjuna im feindlichen Heer zahlreiche Verwandte und Freunde erkennt, überkommt ihn so tiefe Niedergeschlagenheit, dass er nicht mehr zum Kampf gegen die Kauravas antreten will. Er hält es für Frevel, Ahnen, Söhne und Enkel blutig zu bekämpfen. Damit werde die heilige Satzung der Tradition verletzt. Lieber will er sich besiegen lassen als eine solche Schuld auf sich zu laden.

Arjuna teilt seine Bedenken dem Wagenlenker mit, sieht sich von diesem aber nicht bestätigt. Vielmehr beschuldigt Krishna ihn der Schwäche und des Kleinmuts. Er solle und müsse den Kampf beginnen. Wenn er den Tod lieber Menschen bedaure, so sei diese Einstellung nicht berechtigt. Denn der Tod sei für keinen Menschen das endgültige Ende. Es gebe eine Wiedergeburt in einem neuen Leben, und wenn der Leib auch vergehe, so bleibe doch die Seele (»**Atman**«), das Selbst des Menschen, im Wechsel von Leben und Tod erhalten. Das endgültige erlösende Sterben liege allerdings erst dann vor, wenn keine weitere Wiedergeburt folgt. So spornt Krishna den Arjuna zur Tat an. Sein **Dharma** ist es, Krieg zu führen, und dem darf er sich auf keinen Fall entziehen. Tatsächlich nimmt Arjuna nun den Kampf auf, in dem die meisten Männer fallen.

Zur Bedeutung

❖ Wenn man die Erzählung am Maßstab der Gewaltlosigkeit misst, wird man enttäuscht sein, da ausgerechnet der göttliche Krishna dem Menschen die Bereitschaft zum Gewaltverzicht ausredet. Aber für die Bhagavdgita gibt es noch etwas Wichtigeres als Gewaltverzicht. Es ist die Idee vom »**Dharma**« (→ S. 14 und 74 f), dem man unbedingt gehorchen muss. Er legt fest, was zu tun ist. Ihm ist alles andere untergeordnet. Der Dharma eines Fürsten bestimmt ihn zum Kämpfen.

❖ Vielleicht muss man den Kampf der Pandavas gegen die Kauravas **allegorisch** als **Kampf des Guten gegen das Böse** verstehen.

❖ Was die Bhagavadgita so faszinierend macht, sind die vielen Lehren, die **Krishna** vorträgt. In ihnen offenbart er dem Arjuna die **Grundwahrheiten** von Gott und Mensch, Welt und Erlösung, Leben und Tod, Seele und Wiedergeburt, Erkenntnis, Handeln und Liebe. Vor allem zeigt Krishna in einer großartigen Vision seine göttliche Gestalt und gibt sich als der **höchste Gott** zu erkennen, der Arjuna nahe ist und ihm einen guten Lebensweg eröffnet (→ S. 54).

---

1 **Andere Texte** aus der Bhagavadgita
• zu **Kreislauf** und **Wiedergeburt**: → S. 38.
• zu **Erlösung**: → S. 41.
• zum **Gottesbild des Krishna**: → S. 54.

2 Erklären Sie, warum man die Bhagavadgita auch die »**Hindu-Bibel**« nennt?

3 Was wissen Sie über die Bedeutung der »**Liebe**« in den **anderen Religionen**?

Der dunkelhäutige Gott Krishna spricht vor der Schlacht mit Arjuna, dem Anführer der Pandavas. Aus einer Bhagavadgita-Handschrift des 18.–19. Jh.

Die oberste Erkenntnis

*Hier kündet Krishna dem Arjuna ein **Erlösungswissen** an, welches dazu führt, dem Kreislauf der Wiedergeburten endgültig zu entgehen.*

Der Gnädigste (Krishna) sagte:
Das Höchste will ich, weiterhin, verkünden,
unter allen Erkenntnissen die oberste Erkenntnis;
alle Schweigeasketen, die sie kennen,
sind aus dieser Welt zur höchsten Vollendung gegangen.
Indem sie sich auf diese Erkenntnis stützten,
sind sie mir gleich geworden;
selbst bei einer Weltenschöpfung werden sie nicht geboren
und beim Weltuntergang haben sie nichts zu leiden.
(...)
Wer mir in unbeirrbarer Einung und Teilhabe dient,
der wird, indem er diese Grundzüge überschreitet
(d. h. wem Glück und Unglück, Ehre und Verachtung,
Reichtum und Armut gleich geworden sind),
bereit für die Seinsweise des Urgrunds.
Denn ich (Krishna) bin Grundlage des Urgrunds,
des unsterblichen und unveränderlichen,
und der ewigen Grundordnung
und des letztendlichen Glücks.

Bhagavadgita XIV 1.25–27

Bhakti – Liebe und Zuneigung

*Der beste Weg zur Erlösung ist in der Bhagavadgita **Bhakti**, d. h. Liebe und Zuwendung (→ S. 43), sowohl zu Gott wie zu allen Wesen. Hier erreicht der Hinduismus die höchste Form seines Ethos.*

Wer keinen Hass hegt gegen jegliches Wesen,
freundschaftlich ist und mitleidsvoll,
für wen es »mein« und »Ich«-Gefühl nicht gibt,
der Duldsame, dem Freud und Leid gleichgültig sind,
wer stets geeint ist und zufrieden,
wer sich gezügelt hat, fest von Entschluss,
mit Denkkraft und Bewusstheit in mich übereignet,
wer an mir teilhat, der ist mir lieb.
Vor wem die Leute nicht aufschrecken,
und wer nicht vor den Leuten aufschreckt, (...)
auch der ist mir lieb.

Bhagavadgita XII 12–14

5. Darshanas – Philosophische Lehrsysteme

> ❖ Die ältesten heiligen Schriften Indiens sprechen fast immer die **Sprache der Poesie**. In Legenden und Mythen, in Lehrgedichten und Epen, in Mantras und Liedern lassen sie ihre heilige Botschaft vernehmen. Offensichtlich kann das Heilige in der Sprache der Dichter besonders gut zum Ausdruck kommen.
>
> ❖ Im historischen Verlauf einer Religion treten aber immer auch Philosophen und Gelehrte auf, denen es wichtig ist, in der religiösen Dichtung eine Ordnung zu finden und die altehrwürdigen Aussagen in einen **systematischen Zusammenhang** zu bringen. Dabei wird oft Spontaneität durch Präzision, Bildhaftigkeit durch Begrifflichkeit, Schönheit durch Klarheit ersetzt. Das ist in den monotheistischen Religionen ebenso wie in den Religionen Ostasiens.

Ein Überblick

❖ Im Hinduismus gibt es **sechs Schulen**, die zwischen 500 und 300 vC entstanden und in den folgenden Jahrhunderten weiter entwickelt worden sind. Sie heißen »**Darshanas**«. In ihnen findet sich erstmals eine knappe Zusammenschau der wichtigsten Lehren und Praktiken. Sie stellen eine der großen Integrationsleistungen der Brahmanen dar. Die meisten Darshanas gelten als orthodox, da sie wenigstens formal die Autorität der Veden (→ S. 24f) anerkennen. In ihren »Anschauungen« stimmen sie durchaus nicht überein. Darum gab es viele Auseinandersetzungen zwischen ihnen.

❖ Der Begriff »**Darshana**« leitet sich von der Wurzel »sehen« ab und bedeutet »Sicht«, »Vision«, »Perspektive«, »Ansicht«. Alle Darshanas versuchen Welt und Mensch in den Blick zu bekommen und Wege zur Erlösung aufzuzeigen. Einige Darshanas verdanken großen Lehrern wie Shankara (→ S. 102f) oder Ramanuja (→ S. 104f) ihren Rang, deren Gedanken bis heute lebendig geblieben sind.

Die einzelnen Schulen

(1) **Mimamsa** (d.h. »Erörterung der heiligen Veden«): Die **Opfer und Rituale** der Veden werden untersucht. Ihre Autorität ist unantastbar. Intuition und Überlegungen der Vernunft führen zu der richtigen Interpretation ihrer heiligen Worte.

(2) **Vedanta** (d.h. »Betrachtung über das Ende der Veden«): Die Upanishaden (→ S. 26f) treten in den Mittelpunkt. Die neue Lehre vom Brahman wird entwickelt. Sie ist hier in erster Linie ein **monistisches System**, nach dem alles, vor allem auch die Seele (»Atman«), aus dem ewigen Urgrund (»Brahman«) kommt und letztlich mit diesem eins ist.

(3) **Samkhya** (d.h. »Zählung«): Entstehung und Aufbau der vielen Welten und Seelen aus dem einen Urprinzip werden thematisiert. Das **dualistische System** betont den Unterschied zwischen Materie und Seele. In der Erkenntnis dieser Differenz wird ein Erlösungsweg gesehen. In manchen Teilen handelt es sich hier auch um ein quasi-atheistisches System der Welterklärung, da es von einem allmächtigen Schöpfergott nicht spricht. Es ist aber kein areligiöses System, weil es zentrale Grundannahmen des Hinduismus wie das Absolute, die Erlösung oder die Gerechtigkeit teilt.

(4) **Yoga**: Dieses System behandelt einen praktischen Lebensweg: → S. 33.

(5) **Nyaya** (d.h. »Lehre«): Hier werden die Regeln des Denkens und Erkennens untersucht. Das System ist eine Art **Logik und Erkenntnistheorie**.

(6) **Vaisheshika** (d.h. »Lehre über die Kategorien unserer Welt«): Die **atomistische Naturphilosophie** geht auf Distanz zu den alten heiligen Büchern, wenn deren Autorität auch nicht grundsätzlich angetastet wird.

Das Carvaca – Eine materialistische Schule

Nach **Carvaka**, ihrem angeblichen Gründer, nennt sich eine materialistische Schule, die nicht zu den sechs Darshanas zählt. Ihre Lehre ist eine scharfe Kritik an allen religiösen und idealistischen Konzepten Indiens. Die Schule lässt nur die vier Elemente Erde, Wasser, Feuer und Luft als letzte Wirklichkeit gelten, leugnet alles Göttliche und Absolute, spottet über die Brahmanen und deren Rituale, hält an der Realität des Ich fest und empfiehlt eine hemmungslos hedonistische Lebensweise. In dieser Schule, die vom 6. Jh. vC bis ins Mittelalter lebendig war, hat sich ein antireligiöser Zynismus entwickelt, wie er der westlichen Moderne nicht unbekannt ist.

> 1 Ein **Text** aus den Darshanas: → S. 90.
> 2 Erklären Sie die folgenden **philosophischen Begriffe**: Monismus, Dualismus, Transzendenz, Immanenz, Materialismus, Idealismus, Atomismus, Naturalismus, Theismus, Atheismus, Pantheismus, Zynismus, Hedonismus, Agnostizismus.

Heilige Schriften und Lehren

6. Yoga – Ein Weg zur Erlösung

Acht Stufen

❖ Der **Yoga-Sutra des Patanjali** aus dem 2./3. Jahrhundert nC formuliert die **8 Stufen** des klassischen Yoga: (1) Selbstbeherrschung, (2) innerliche und äußere Reinheit sowie Zufriedenheit, (3) angenehme und entspannte Sitzhaltung, (4) Atemkontrolle beim Ein- und Ausatmen, (5) Kontrolle aller Sinne, die nur möglich wird, wenn der Geist bei sich ist, (6) Konzentration des Geistes auf eine bestimmte Stelle, z.B. auf ein Gottesbild oder eine Lotosblume, (7) das kontinuierliche und gleichmäßige Kreisen des Geistes um dasselbe Objekt, (8) geistige Versenkung, Meditation.

❖ Wer diese letzte Stufe erreicht hat, versinkt in einen nicht ungefährlichen Trancezustand, der ihm die höchste Weisheit vermittelt (»**Samadhi**«). Sie ist manchmal mit der Erkenntnis früherer und zukünftiger Existenzen, fremder Sprachen und mit dem Gefühl der Nähe zum Brahman verbunden. Sie beendet auch die Illusion von der Eigenständigkeit des »Ich«. Meister der Meditation wie der Buddha (→ S. 96f) oder Ramakrishna (→ S. 108f) haben diese Stufe erreicht.

Ein Beispiel

Für die **3. Stufe** soll man sich auf eine Unterlage setzen, ein Bein anwinkeln und die Ferse nahe an den Körper ziehen, um das andere Bein davor legen zu können. Die Schulter drückt man leicht nach hinten und lässt sie locker fallen. Mit den Händen berührt man beide Füße oder die Knie, wobei die Arme entspannt und die Augen geschlossen sind.

Diese Übung, die der inneren Konzentration dient, ist keineswegs nur eine einfache gymnastische Übung, sondern ein früher Weg zur Beherrschung von Körper und Geist, der letztlich zusammen mit den anderen Schritten zur Erlösung oder Gotteserkenntnis führt.

❖ Eine praktische Ergänzung innerhalb der sonst eher lehrhaften Systeme (»Darshanas«) ist **Yoga**, dem in Indien eine hohe Bedeutung zukommt. Der Anhänger und Meister des Yoga heißt »**Yogi(n)**«. Es gibt viele unterschiedliche Formen des Yoga. In den wichtigsten werden entweder Erkenntnis (Jajna) oder Handeln (Karma) oder Liebe/Hingabe (Bhakti) an Gott eingeübt.

❖ Das **Wort Yoga** kommt von »yuj«, d.h. »anbinden«, »anjochen«, »unterjochen«. Gemeint ist ursprünglich der Prozess des Anjochens (Integration) von Körper und Geist an das Göttliche. Durch Anspannung und Training von Leib und Seele soll der Yogi alle Hindernisse auf dem Weg zur erlösenden Erkenntnis beseitigen. Wer alle innerweltlichen Faktoren zurücklässt, kann zur Befreiung/Erlösung (**Moksha**; → S. 41–43) kommen und mit Gott als dem Urgrund der Welt eins werden. Dazu dienen körperliche Übungen, geistige Konzentration, die Befolgung ethischer Gebote, Meditation und Askese. Damit ist Yoga zugleich **Lebenskunst und Sterbehilfe.**

Der Natur folgen

Ein Yogi saß am Ufer des Ganges und meditierte. Als er die Augen öffnete, sah er einen Skorpion, der ins Wasser gefallen war und verzweifelt um sein Leben kämpfte. Voll Erbarmen streckte der Yogi seine Hand ins Wasser und legte den Skorpion ans Ufer; der aber stach seinen Retter und es schmerzte ihn sehr. Nach einer Weile, als er von neuem die Augen öffnete, sah der Yogi den Skorpion, der ein zweites Mal ins Wasser geglitten war und zu ertrinken drohte. Und wiederum rettete er das Tier und das Tier stach so heftig, dass der Yogi aufschrie. Als sich der Vorgang ein drittes Mal wiederholte, konnte sich ein Bauer, der alles vom Wegrand her beobachtet hatte, nicht länger halten. Verwundert rief er: »Maharaj, warum hilfst du der elenden Kreatur immer wieder, wenn du als Dank nur schmerzhafte Stiche erntest?« – »Wir beide folgen doch nur unserer Natur«, antwortete der Yogi. »Es liegt in der Natur des Skorpions zu stechen und in meiner, Barmherzigkeit zu üben.«

---

1. In der Erzählung vom Yogi kommt eine Wendung vor, die auch in der europäischen Philosophie (Stoa), in der christlichen Theologie und in unserem Denken eine zentrale Rolle spielt: »**der Natur folgen**«. Ähnlichkeiten gibt es auch zwischen dem Yoga und einer verbreiteten asketischen Ethik des Christentums. Informieren Sie sich darüber näher.
2. Zum »**Integralen Yoga**« des Sri Aurobindo und seiner Mitarbeiterin Mira Alfassa: → S. 106.
3. **Yoga im Westen:** → S. 122.

Ewiges Werden und Vergehen

1. Samsara – Der unendliche Kreislauf

❖ Für den Hinduismus besteht die **Welt** von Ewigkeit her. Sie hat keinen Anfang und kein Ende. Vor allem ist sie nicht einmalig. Unendlich oft ist sie neu entstanden und unendlich oft ist sie auch wieder vergangen. Sie wird immer wieder entstehen und immer wieder vergehen. Die Zeitalter wiederholen sich. In einem **ewigen Zyklus** dreht sich die Welt.

❖ In diesem Kreislauf gibt es **ein einziges bleibendes Moment**. Es ist die immer währende Ordnung (»**Dharma**«: → S. 11 und 74 f), nach der sich alle Welten bewegen.

❖ Der ewige Kreislauf der Welt heißt im Indischen »**Samsara**«. Das Wort leitet sich von »sam« (d. h. »herum«) und »sar« (d. h. »gehen«, »sich bewegen«, auch »kreisen«) ab.

Zur Entstehung der Lehre

❖ Der **Ursprung der Lehre von Samsara** liegt im Dunkel. In den **Veden** finden wir keine Hinweise darauf. Möglicherweise lässt sie sich aber schon aus der vorarischen Religion Indiens ableiten und ist von da in die **Upanishaden** gelangt. Dort wird sie noch wie ein großes Geheimnis angesehen, das nicht für die Öffentlichkeit bestimmt ist. In den späteren Schriften, z. B. in der **Bhagavadgita**, wird die Vorstellung von Samsara ganz selbstverständlich vorausgesetzt.

❖ Die Lehre von Samsara ist offenbar nicht um ihrer selbst willen entstanden, um eine abstrakte Kosmologie zu formulieren. Sie steht im Zusammenhang mit der Lehre von der **Wiedergeburt**, die ohne den Kreislauf der Welt nicht zu verstehen wäre (→ S. 38). Die (anthropologische) Lehre von der Wiedergeburt braucht als ihre Voraussetzung die (kosmologische) Lehre vom Kreislauf.

Modelle des zyklischen Denkens

Der Indologe **Konrad Meisig** *findet in den naturphilosophischen Kreislauf- und Austauschlehren, die uns in den älteren Upanishaden überliefert sind, die Anfänge des* ***zyklischen Denkens***. *Ausgehend von der Frage nach dem Geheimnis des Lebens und den Vorgängen nach dem Tode suchte man nach dem Stoff, ohne den kein Leben möglich ist. Nacheinander fand man diesen Träger des Lebens im Wasser, im Wind und im Feuer.*

Wasserkreislauflehre: Sie geht aus von der Beobachtung, dass ohne Wasser kein Leben möglich ist. Der Kreislauf des Wassers geht über folgende Stationen: Aus den Wolken gelangt der Regen hinab auf die Erde, wo das Wasser von den Pflanzen aufgenommen wird. Der Mensch nimmt dieses Wasser mit der Nahrung auf, wenn er die Pflanzen verzehrt. Bei der Zeugung gibt der Mann die lebensspendende Feuchtigkeit als Sperma weiter. Und bei der Leichenverbrennung gelangt das Wasser mit dem Rauch des Leichenfeuers wieder zurück zu den Wolken. …

Wind-Atem-Lehre: Ohne Atem kein Leben; beim Tod hört der Mensch auf zu atmen. Aus dieser Tatsache folgerte man, dass der Atem als Träger des Lebens anzusehen sei. Dem Atem im Mikrokosmos aber entspricht makrokosmisch der Wind; Wind und Atem sind identisch. Der Wind-Atem-Lehre zufolge sind dem Atem vier Lebenskräfte untergeordnet, nämlich Rede, Sehvermögen, Gehör und Denkvermögen. Untergeordnet sind diese vier Lebenskräfte dem Atem deshalb, weil sie beim Schlaf in den Atem eingehen; so jedenfalls stellte man sich es vor. Aber nicht nur vorübergehend beim Schlaf, auch beim Tod ziehen sich die Lebenskräfte zurück in den Atem, und der kehrt zurück in den Wind.

Feuerlehre: Beim Tode verlässt der Atem den Körper eher als die Körperwärme, also erschien dem Urheber der Feuerlehre die Körperwärme als der entscheidende Träger des Lebens. Ohne Körperwärme gibt es kein Leben, denn nach dem Tod erkaltet der Körper. Ähnlich wie der Atem dem Wind, entspricht die Körperwärme mikrokosmisch der makrokosmischen Hitze im Feuerhimmel. Diese gelangt durch das Loch im Firmament, die Sonne, über die Verästelungen der Sonnenstrahlen in das Geflecht der Adern und schließlich in die Herzhöhle.

Konrad Meisig (geb. 1953)

Rad aus dem Sonnentempel in Konarak, 13. Jh. nC.

Sudarshana Chakra (d. h. »Schön aussehendes Rad«), Bronze, Südindien, 13. Jh. Das Rad, Symbol der Sonne, weist im Hinduismus auf den ewigen Kreislauf des Werdens und Vergehens hin, in den alle Welten und alles Leben eingespannt sind. Vor dem Flammenrad, das sich wie im Tanz bewegt, steht der göttliche Vishnu (→ S. 50f, 105) mit seinem Flammenhaar. In seinen acht Armen hält er eine Lotosblume, ein Rad und Glückssymbole. Er ist die Personifikation schöpferischer und zerstörerischer Kräfte.

Kreislauf in der Natur

Wahrscheinlich ist die Lehre vom Kreislauf der Welt aus der **Betrachtung** der Natur weiterentwickelt worden. Denn auch in der Natur lässt sich eine ständige Wiederkehr beobachten. Tag folgt auf Nacht, Winter auf Sommer, Vollmond auf Neumond, Ebbe auf Flut, Ernte auf Saat, Tod auf Leben. Hier liegen Gesetzmäßigkeiten unserer Welt vor, auf die sich der Hinduismus in seinem Weltbild beziehen kann. Andererseits empfindet auch der Hindu sein eigenes Leben von der Geburt bis zum Tod als linear.

Das Symbol

Das Symbol für den Kreislauf der Welt ist das ständig sich bewegende **Rad**, das immer wieder an seinem Ausgangspunkt beginnt, dann zu ihm zurückkehrt und ihn dann wieder verlässt, ohne dass dieser Prozess je zum Stillstand kommt. Die Welt in ihrer ständigen Bewegung ist wie der äußere Rand dieses Rades, seine ruhende, unveränderliche Achse ist das ewige Brahman.

1. **Zyklisch** verstandene Zeit (Samsara) – **linear** verlaufende Zeit: Welche Auswirkungen haben diese Grundvorstellungen auf unser Verständnis von Gott, Welt und Mensch?
2. Welche Vorstellungen hat die **Bibel** von der Welt, der Zeit, dem Anfang und dem Ende? → S. 130f.
3. Was sagen uns die **Wissenschaften** heute zu dieser Thematik?
4. Zur **Geschichte** des Hinduismus und zur Bedeutung der Historie für die Hindus: → S. 16 ff.

Vishnu auf der Weltenschlange. Aus seinem Nabel entspringt Brahma, der Schöpfergott, auf einem Lotos. Daneben Lakshmi, Vishnus Gemahlin. Indien, 18.–19. Jh.

Schöpfungsmythen

In die Vorstellung vom ewigen Kreislauf des Werdens und Vergehens wurden im Lauf der Zeit auch alte **Schöpfungsmythen** einbezogen. Allerdings ist die jeweilige Schöpfung kein einmaliges Ereignis, sondern ein Geschehen im ewigen Kreislauf.

So wird erzählt, dass eine Gottheit Himmel und Erde auseinanderstemmt, die Gestirne am Himmel befestigt und die Erde ähnlich bildet und ordnet wie der biblische Gott. Darüber hinaus finden wir mancherlei Versuche, die jeweiligen Zeitabläufe einzuteilen und zu berechnen. Es gibt z. B. die Vorstellung, dass der keineswegs besonders ranghohe Gott **Brahma** (→ S. 49), der nicht mit dem Brahman verwechselt werden darf, die Welt wie ein Ei ausbrütet und periodisch aus sich hervorgehen lässt, ohne dass er selbst die letzte Ursache dieses Prozesses wäre.

Die vier Zeitalter

❖ Die Dimensionen der Weltenzeitalter sind gigantisch. Ein **Tag Brahmas** (»**Kalpa**«) umfasst 4320 Millionen Erdenjahre, seine Nacht ist ebenso lang. Das Brahma-Jahr dauert 360 solcher Tage und Nächte. Die ganze **Dauer des Weltalls** währt 100 Götterjahre. Nach diesen unvorstellbar vielen Milliarden Weltenjahren kommt das Ende, wenn Brahma die Welt wieder verschlingt und eine unendlich lange Zeit wartet, bis er sie wieder aus sich zu neuem Leben erweckt. Jeder Brahma-Tag wird in 14 große Perioden, jede dieser 14 Perioden in 71 Weltalter (»**Mahayugas**«) eingeteilt, die jeweils wiederum aus 4 Zeitabschnitten (»**Yuga**«) bestehen.

❖ Die **Yugas** sind von unterschiedlicher Länge und Qualität. Am Anfang steht das längste und beste, eine Art **goldenes Zeitalter** (»**Krita**«), am Ende, nach dem **silbernen** (»**Treta**«) und **kupfernen** (»**Dvapara**«), kommt das kürzeste und **schlechteste** (»**Kali**«; → S. 28 f), das nach dem kriegerischen Eisen benannt wird.

❖ Die **jetzige Menschheit** lebt in einem schlechten **Kali-Yuga**, in dem Güte, Gerechtigkeit und auch das Glück schwach sind und viele Katastrophen das Leben bedrohen. Vor allem der moralische Verfall zeigt, dass sich unser Zeitalter einem apokalyptischen Ende nähert. Darum ist in nicht allzu ferner Zukunft mit seinem **Ende** zu rechnen. Dann beginnt ein neues Zeitalter, dessen Länge wiederum alle menschlichen Vorstellungen übertrifft.

Das Zeitgefühl der Hindus

Die Zahlen, die in den verschiedenen Erzählungen unterschiedlich sind, haben nicht die entscheidende Bedeutung wie das **Zeitgefühl**, das sich mit ihnen verbindet. Der Hindu sieht sich in der Unendlichkeit von Raum und Zeit. Sein Leben wiederholt nur, was unzählige andere Menschen auch erlebt haben. Staunend steht er vor dem Reichtum der Welt, in der die Götter in ewigem Spiel neue Welten und neue Zeiten heraufführen.

Ewiges Werden und Vergehen

2. Karma – Lohn der Taten

❖ Die Lehre von Samsara hängt eng zusammen mit der Vorstellung von **»Karma«.** Das Wort bedeutet »Tat«, »Handlung«, »Werk«. Die Inder bezeichnen mit »Karma« vor allem das, was aus der Tat resultiert, die Saat, die Früchte trägt. Karma ist die **Folge** und der **Lohn der Taten**.

❖ Auch dieser Zentralbegriff des Hinduismus hat in den verschiedenen Richtungen des Hinduismus einen unterschiedlichen Sinn. Der Gedanke ist erstmals in den Upanishaden nachweisbar und gehört seitdem zu den **Grundlehren des Hinduismus**.

Die Tat – Zwischen Ursache und Wirkung

❖ Für den Hindu ist eine Tat kein isoliertes Faktum im Spektrum der Zeit. Jede Tat hat **Ursachen**, die ihr vorangehen, und **Wirkungen**, die nach der Tat weiter bestehen. Die Wirkungen bilden ein neues Sein, das selbst wieder Ursache von neuen Wirkungen wird. Jede Tat ist zugleich Wirkung von früheren Ursachen und Ursache von späteren Wirkungen. Was ein Mensch jetzt ist und tut, hat seinen Anlass in früheren Taten und bleibt nicht ohne Folgen für seine Zukunft. Dieser durchgängige Zusammenhang ist **nicht auf das gegenwärtige Leben begrenzt**, sondern erstreckt sich auf den ganzen Weltenkreislauf. Er reicht beim Menschen von dem Leben vor dem jetzigen Leben (**»Präexistenz«**) bis in das Leben nach dem jetzigen Leben (**»Postexistenz«**). Das Karma ist eine Art psychischer Substanz, die der Mensch schon mit der Geburt übernimmt, im Leben umformt und beim Tod weitergibt. Sein Leib und seine Seele, auch die Lebensumstände, die er bei der Geburt vorfindet, sind Folge aus einem früheren Leben und Lohn früherer Taten. Was er beim Tod weitergibt, wird sein nächstes Leben bestimmen.

❖ Das Karma gleicht einem **Konto**, auf das ständig **eingezahlt** und von dem ständig **abgehoben** wird. Es kann wachsen und abnehmen, eine gute und schlechte Bilanz haben, sich positiv oder negativ auswirken. Jedes Tun produziert ein Karma, das entweder verdienstvoll oder nicht verdienstvoll ist. Vom Karma hängt es ab, wie es dem Menschen **in diesem Leben** ergeht. Es bestimmt die Art seines Körpers, die Dauer seines Lebens und seine emotionale und geistige Verfasstheit. Vor allem bestimmt das Karma, wie der Mensch **wiedergeboren** wird.

Willensfreiheit?

Das Karma ist nicht eine durchgängige Kausalität, die den Menschen in jeder Hinsicht bestimmt und ihm keine **Willensfreiheit** lässt. Für die meisten hinduistischen Schulen ist das Karma das Produkt der freien Entscheidungen des Menschen und darum vom Menschen beeinflussbar. Opfer und Askese, Erkenntnis und Meditation, Hingabe und Ehrfurcht wirken positiv auf das Karma ein, während Ichsucht, Begierde, Trägheit und Unwissenheit das Karma verschlechtern. Der Mensch ist für sein Karma verantwortlich. Es ist das Resultat aller seiner vergangenen Taten.

Motiv zur Resignation?

Allerdings kann der Karma-Gedanke Menschen in die **Passivität** und Resignation führen und sie zu aktivem Handeln unfähig machen. Gelegentlich trägt er zu einer Passivität der Inder bei, die selbst menschenunwürdige Situationen mit dem Hinweis ertragen, dies sei ihr Karma, das sie nicht ändern könnten. Ihr Leben sei das Ergebnis längst vergangener Handlungen. Was einer jetzt sei, Brahmane oder Krieger, Kaufmann oder Ausgestoßener, das sei er auf Grund früherer Handlungen geworden. Demgegenüber betonen andere Hindus, dass der Karma-Gedanke kein Motiv für Resignation sein dürfe. Er könne dem Menschen einerseits seinen gegenwärtigen Zustand plausibel erklären, biete ihm aber andererseits auch ein wirkungsvolles Motiv, sich für seine Zukunft um ein gutes Karma zu bemühen.

Die Gegenwart der Vergangenheit

Wer den guten oder schlechten Samen
in die Schicksalserde hat gestreut,
wird auch gute oder schlechte Früchte
wieder ernten in der Reifezeit.
(...)
Nicht fügt uns zu ein andrer Lust und Leid,
dass es ein andrer zufügt, ist ein Wahn.
Ein jeglicher genießt zu seiner Zeit,
was er beging in der Vergangenheit.
Selbst büße ab, o Leib, was du getan.

Indisches Gedicht

---

1 Was bedeutet es, wenn im Mittelpunkt der Hindu-Anthropologie der Begriff »**Karma**« steht? Arbeiten Sie den (1) physikalischen, (2) geistigen, (3) ethischen und (4) religiösen Sinn des Karma-Begriffs heraus.

2 Vergleichen Sie die Karma-Lehre mit der europäischen philosophischen Lehre vom **Kausalitätsprinzip** und der Auffassung heutiger Naturwissenschaftler von der **Kausalität**.

3 Diskutieren Sie den Satz: »**Der Mensch erntet, was er sät.**«

4 Was spricht für, was gegen die **Willensfreiheit** des Menschen?

3. Punarajati – Wiedergeburt

> Wenn alle Taten bleibende Wirkungen haben (»Karma«), findet der Prozess des menschlichen Lebens mit dem Tod kein Ende. Der Handlungszusammenhang drängt zu immer neuen Existenzen. Das bedeutet für den Menschen, dass sein Körper, der nur die Wohnung der Seele (»Atman«) ist, verfällt, seine Seele aber nach dem Tod durch eine neue Geburt (»**Jati**«) in ein neues Dasein kommt und andere Körper durchwandert. Für sie gibt es die **Wiedergeburt** (»**Punarajati**«). Dieser Prozess wiederholt sich so lange, bis die Seele ihre endgültige **Erlösung** (→ S. 40) erlangt hat.

Der Prozess des Sterbens
Zu den **Upanishaden**: → *S. 26 f.*
Wie eine Raupe, nachdem sie zur Spitze des Blattes gelangt ist, einen andern Anfang ergreift und sich selbst dazu hinüberzieht, so auch die Seele, nachdem sie den Leib abgeschüttelt und das Nichtwissen (zeitweilig) losgelassen hat, ergreift sie einen anderen Anfang und zieht sich selbst hinüber.

Brhadaranyaka-Upanishad 4.5

Wie alte und neue Kleider
Zur **Bhagavadgita**: → *S. 30 f.*
Wie ein Mensch zerschlissene Kleider ablegt
und neue andere anlegt,
so legt die verkörperte Seele zerschlissene Körper ab,
verbindet sich mit anderen, neuen.
(...)
Denn allem, was geboren wurde, ist ja der Tod sicher
und sicher ist Geburt für den, der tot ist.

Bhagavadgita II 22.26

Ein vergeistigtes Verständnis
Die philosophisch orientierten **Lehrsysteme** (»Darshanas«: → S. 32) haben eine eher **vergeistigte Form der Wiedergeburt** gelehrt. Eine Schule meint, dass nicht ein konkretes Ich wiedergeboren wird, sondern ein feingeistiger Körper (eine Art sterbliche Seele), der das Karma speichert. Er löst sich beim Tod vom Ich ab und verbindet sich bei der neuen Geburt mit einem neuen Menschen. Diese feine Substanz verändert sich ständig und wandert durch die Zeiten, bis sie sich am Ende, wenn sie vom Karmagesetz befreit ist, erlöst mit Gott oder dem Brahman vereinigt (→ S. 40 ff).

Volkstümliche Vorstellungen
❖ Die Lehre von der Wiedergeburt spielt im **Volksglauben** Indiens eine große Rolle. Oft ist sie realistisch ausgeschmückt. Dann werden z. B. die Stadien, die die Seele zwischen dem Tod und der Wiedergeburt durchläuft, detailliert ausgemalt. Danach steigen die Seelen manchmal für eine Zeit lang in ein **Paradies** oder in eine **Hölle**. Oder sie befinden sich in einem unerfreulichen Zwischenreich, aus dem sie nur durch Opfer der Lebenden befreit werden können. Oder sie steigen in den **Bereich des Mondes**, wo sie die Früchte ihrer guten Taten solange genießen können, bis sie aufgezehrt sind, um dann wieder zur Erde zurückzukehren.

❖ Bei der Rückkehr auf die Erde hängt es für den Menschen allein von den früheren Taten ab, ob er in die Daseinsform eines göttlichen Wesens oder eines Menschen oder eines Tieres eingeht, ob er begabt oder unbegabt ist, ob er viel leiden muss oder nicht. Nicht selten sind die Vorstellungen von der Art der Wiedergeburt sehr konkret.

Karma und Wiedergeburt – Konkretionen
Ein altes **Gesetzbuch** *wird* **Yajnavalkya** *(→ S. 48, 80), einem berühmten Weisheitslehrer der Upanishaden, zugeschrieben, um die Autorität des Buches zu steigern. Hier finden sich manche Vergröberungen der Lehre von der Wiedergeburt, die sehr volkstümlich wurden. Demnach wird z. B. eine Stechfliege, wer Honig gestohlen hat, ein Geier, wer Fleisch, ein Aussätziger, wer Kleider, und ein Hund, wer Süßigkeiten unrechtmäßig an sich genommen hat. Andere Beispiele:*

134 Wer auf die Güter anderer sinnt, wer auf schlechte Taten denkt, und wer der Unwahrheit nachhängt, der wird von einer Mutter der niedrigsten Kaste geboren.

137 Wer den Geist kennt, rein und maßvoll ist, Buße übt, die Sinne zügelt, Tugend ausübt, die Kenntnis der Veden besitzt, dieser mit der Qualität der Wahrheit Begabte wird als Gott geboren.

138 Wer an nicht guter Tätigkeit Freude hat, unbeständig ist, vieles beginnt, an den sinnlichen Gegenständen hängt, dieser mit der Qualität der Leidenschaften Begabte wird, wenn er gestorben ist, als Mensch wiedergeboren.

139 Der schläfrige, grausam handelnde, gierige, Gott leugnende, bettelnde, unbesonnene, verbotenem Lebenswandel Ergebene, dieser mit der Qualität der Finsternis Begabte wird als Tier wiedergeboren.

Aus dem alten Gesetzbuch des Yajnavalkya (4. Jh. nC)

Die ethische Dimension
Die Lehre von der Wiedergeburt hat eine **ethische Dimension**. Die ethische Qualität der menschlichen Taten ist für die Qualität der Wiedergeburt ausschlaggebend. Jeder kommt in das Leben, das er verdient. Mit den Elenden braucht man kein Mitleid zu haben. Sie haben ihr Elend selbst verschuldet und sie wissen das auch selbst, wenn sie ehrlich mit sich sind. Es liegt in ihrer Hand, ob es ihnen im

nächsten Leben besser geht. Die Glücklichen und Mächtigen aber dürfen ihr Glück und ihre Macht ruhig genießen, ohne Skrupel haben zu müssen. Wenn sie ihrem Dharma (→ S. 74f.) nicht folgen, werden sie es in einem späteren Leben büßen müssen. Ihr gegenwärtiges Glück ist keine Garantie für ein zukünftiges.

Vor- und Nachteile der Lehre

❖ Der **Vorteil der Lehre** von Samsara, Karma und Wiedergeburt liegt für die Hindus darin, dass sie **auf gerechte Weise die Ungleichheit der Menschen erklären kann**. Diese Verschiedenheit ist nicht bloßes Schicksal oder blinder Zufall, der für den Menschen unbeherrschbar ist und ihn in eine letzte Verzweiflung führen kann. Sie geht auch nicht auf einen allmächtigen Gott zurück, der sie bewirkt oder zumindest nicht verhindert hat. Im religiösen Kontext des Hinduismus stellt sich gar nicht erst die Frage, wie der gute Gott das Leid und Unglück seiner Geschöpfe zulassen kann. Für die Hindus müsste ein allmächtiger Gott grausam und ungerecht sein, der den Menschen so unterschiedliche Schicksale zumutet. Die quälende Theodizeefrage, die für das Judentum und Christentum letztlich unbeantwortet bleibt, scheint für den Hinduismus kein Problem zu sein. Aber am Ende bleibt doch die Frage, warum die Welt so eingerichtet ist, dass die Menschen immer wieder schuldig werden und ihre Schuld in unendlich vielen Wiederverkörperungen büßen müssen.

❖ Doch hat diese Lehre auch einen gewichtigen **Nachteil**. Es ist unbefriedigend für die Menschen, dass sie in einem ewigen Zyklus der Welten leben, in dem sie für alle Zeiten leiden und sterben müssen. Damit nehmen auch die negativen Faktoren des Daseins kein Ende. Nie hören für die Menschen Sorgen und Ekel, Angst und Not, Unglück und Tod auf. Manche Upanishaden verstehen die Welt als ein Konglomerat übelriechender Unreinheiten, als einen Zustand der Vereiterung und des Verfalls. Nur die Begierde und der Lebensdurst des Menschen sehen das nicht. Daran liegt es letztlich, dass der Mensch Sklave dieses grauenhaften ewigen Prozesses bleibt.

Wiedergeburt – Eine heutige Sicht

Swami B. H. Bon Maharaj war ein berühmter Guru der Bhaktischule, Religionswissenschaftler und Philosoph.

Wenn das Individuum stirbt, löst sein stofflicher, physischer Leib sich auf, und die fünf Elemente (Erde, Wasser, Feuer, Luft und Äther) trennen sich. Die nicht aufgebrauchte individuelle Seele verlässt den physischen Leib mit seiner feinen Vernunft, seiner Intelligenz und mit dem ganzen geistigen Quantum und geht durch Geburt in einen anderen physischen Leib ein. Es gibt keine Unsterblichkeit oder Dauer desselben Leibes und

Scheiterhaufen für eine Leichenverbrennung. Man glaubt, dass der Weg eines Asketen durch den Rauch des Feuers über Mond und Sonne zum Brahman gelangt. Dort findet er dauerhafte Ruhe. Andere Menschen steigen mit dem Rauch in die Nacht auf, gelangen ins Schattenreich, dann zum Mond und kommen über Wolken und Regen auf die Erde zurück, wo sie in die Nahrung eingehen und so zur Wiedergeburt gelangen.

seiner Elemente, der am Tag des Gerichts auferstehen könnte. Diese Theorie wird vom Hinduismus vollständig verworfen. Da die individuelle Seele immerwährend ist, fährt sie fort, durch unendliche Male von Geburt zu Tod zu existieren, bis die unvermischte Seele, befreit von den Banden des stofflichen Leibes und der feinen Vernunft, sich mit dem höchsten Herrn vereinigt, unpersönlich oder persönlich.

Swami B. H. Bon Maharaj (1901–1982)

---

1 Welchen Stellenwert hat die Lehre von der Wiedergeburt für die indische **Anthropologie**?

2 Warum kennt das **Christentum ebenso wie die beiden anderen monotheistischen Religionen** keine Wiedergeburt? Dazu: → S. 130.

3 Was der Philosoph Arthur **Schopenhauer** zum Thema denkt: → S. 21.

4 Seit einiger Zeit hat die Vorstellung von der Wiedergeburt/Seelenwanderung bei uns hohe **Konjunktur**. Die Zahl der Menschen, die daran glauben, wächst ständig. Oft liegt diesem Glauben der Wunsch zugrunde, in einem späteren Leben das verwirklichen zu können, was im jetzigen Leben unverwirklicht geblieben ist. Kritiker sprechen dabei von »Hedonismus über den Tod hinaus« und von »Recycling des Lebens«. Welche Motive kennen Sie für den Glauben an die Wiedergeburt bei uns? In welchem Verhältnis steht die europäische Vorstellung zu der indischen, die die zwanghafte Wiedergeburt vielfach als schreckliches Gesetz deutet, dem nur Erlösung (»Moksha«) ein Ende bereitet? (→ S. 40 ff)

5 Welche anderen **Antworten** gibt es auf die Frage, was nach dem Tod mit dem Menschen geschieht? Diskutieren Sie die verschiedenen Positionen.

Wege zur Erlösung

1. Moksha – Befreiung

❖ In der Hindu-Religion wurde schon früh gefragt, ob eine **Befreiung** aus dem ewigen Kreislauf möglich ist. Die bejahende Antwort auf diese Frage findet sich in der indische Erlösungslehre, deren zentraler Begriff **»Moksha«** (oder **»Mukti«**; d.h. Erlösung oder Befreiung) ist. Moksha besteht darin, dass sich die Seele (**»Atman«**: → S. 26) durch Entsagung endgültig von den Bindungen an den Körper und an die Welt löst, ihre spirituelle Befreiung erlebt und deshalb nicht mehr dem Karmagesetz unterliegt. Auch durch gute Taten und Liebe kann sie das Karmagesetz löschen und dem ewigen Kreislauf von Werden und Vergehen entkommen.

❖ Die indischen Lehrer haben im Lauf der Jahrtausende **mehrere Formen von Moksha** entdeckt. In seiner Grundform ist Moksha ein charakteristisches Element des Hinduismus.

---

1 Stellen Sie dar, wie die Erlösungslehre der Hindus mit der Lehre vom **Kreislauf** (Samsara), den **Taten** (Karma) und der **Wiedergeburt** (Punarajati) zusammenhängt: → S. 34ff, 38ff.
2 Es gibt im Hinduismus Lehren, die in **Sinneslust und Genuss** die Erfüllung des Lebens und den Weg zur Erlösung suchen. Ein Beispiel für »Erlösung durch Genuss« (**»Bhukti-Mukti«**; → S. 73). Was halten Sie von einem »erlösenden Hedonismus«?
3 Was ist **»Erlösung von ...«** und **»Erlösung zu ...«**?
4 Was verstehen **Christen** unter »Erlösung«? Wo gibt es Gemeinsamkeiten, wo Differenzen zum Hinduismus (→ S. 130)?
5 Bevorzugen Christen für ihr Heil und ihre Rettung/Erlösung eher den **Katzenweg** oder den **Affenweg**?
6 Warum ist »Erlösung« in der heutigen Welt zu einem **schwer verständlichen Begriff** geworden?

Das indische Verständnis

❖ In den **Veden** ist die Sehnsucht nach Erlösung noch nicht ausgeprägt. Aber auch sie fragen schon, was es mit dem Tod auf sich habe. Sie nehmen an, dass sich im Tod die Seele vom Leib trenne und entweder in das Paradies zu den Göttern oder in einen dunklen Schlund, eine Art Hölle, eingehe. Ihr endgültiges Los hängt von ihren Taten im Leben ab.

❖ Die **Upanishaden** stellen zum ersten Mal die quälende Frage, wie auf dem Hintergrund der Lehre von Samsara und Karma eine Befreiung aus diesem ewigen Prozess möglich ist. Denn wenn es eine ewige Wiederkehr der Welt und eine Wiedergeburt des Menschen gibt, gibt es auch eine immerwährende **Wiederkehr des Leidens**.

❖ Seitdem ist diese Frage aus der indischen Religion und Philosophie nicht mehr wegzudenken. Die Weisen Indiens haben vor allem drei Wege zur Erlösung gewiesen, die sich in der Lebenspraxis sehr wohl ergänzen können:
(1) Erlösung auf dem Weg der **Erkenntnis** (**»Jnana«**),
(2) Erlösung auf dem Weg des **Handelns** (**»Karma«**)
(3) Erlösung auf dem Weg der **Gottesliebe** (**»Bhakti«**).

❖ Der Gedanke einer **Welterlösung** ist dem Hinduismus fremd. Der Kreislauf der Welten wird nie aufhören. Das Rad des Lebens wird sich ewig drehen.

Der Affen- und der Katzenweg

Volkstümlich, aber nicht ohne guten Sinn, ist die in Südindien verbreitete Unterscheidung zwischen einem **Affenweg** und einem **Katzenweg** zur Erlösung.

❖ Die kleinen **Affen** sind vom Beginn ihres Lebens an aktiv. Sie klammern sich in Gefahr an den Hals der Mutter und tun so etwas für ihre Rettung. Schon früh wissen sie, sich allein zurechtzufinden.

❖ Die **Kätzchen** sind dagegen eher passiv. In Gefahren müssen die Katzeneltern ihr Junges in die Schnauze nehmen und wegtragen. Lange müssen sich die kleinen Katzen auf die Hilfe der Mutter verlassen.

❖ So gibt es auch **Menschen**, die sich aktiv und aus eigener Kraft durch gute Werke, Askese und Erkenntnis um Erlösung bemühen, während andere eher passiv auf Erlösung warten und hoffen. Sie setzen mehr auf die Liebe Gottes, die ihnen die Erlösung schenkt, aber am Ende auch von ihnen eigene Anstrengung verlangt.

2. Jnana-Marga – Erlösung durch Erkenntnis

Worin besteht die erlösende Erkenntnis?

Die **Upanishaden** (→ S. 24 f) beantworten die Frage mit der Lehre von **Brahman und Atman**. Nur wer alle Wesen in seinem Selbst (»Atman«) und sein Selbst in allen Wesen erkennt, vor dem wird sich auch das Eine und Absolute (»Brahman«) nicht verbergen. Die höchste Form der Erkenntnis ist das **»tat tvam asi«** (»Das bist du«), d. h. die Erkenntnis, dass Atman und Brahman identisch sind. Nur sie trägt den Menschen aus der schlechten Wirklichkeit des Scheins hinaus. Wer sie gewonnen hat, hat Distanz zur Welt gefunden. Er braucht nicht mehr in den Kreislauf von Werden und Vergehen einzugehen, weil er mit dem Absoluten, dem Ewig-Unveränderlichen eins geworden ist.

Unterschiedliche Auffassungen

❖ Für **Shankara** (→ S. 102 f) und seine Schule besteht der Anfang der Erlösung darin, die Wirklichkeit als Illusion (»**Maya**«) zu durchschauen und ihre einzelnen Gegenstände und Lebewesen als unwirklich zu verstehen. Am Ende steht ein völliger Wandel bzw. das Verschwinden unseres alltäglichen Bewusstseins. Dieses Verschwinden ist die Voraussetzung für die **positive Seite** der Erlösung. Was sie immer war, tritt dann klar in Erscheinung: Die **Nichtzweiheit** von Selbst und Absolutem (»**Advaita**«). Die Seele (»**Atman**«) geht ganz im absoluten Sein (»**Brahman**«) auf, sie nimmt die Gestalt ihres wahren Selbst an. Es geht ihr wie dem Salz, das ins Meer geworfen wird und das nicht mehr von dem Wasser getrennt werden kann. Die Wonne, die mit der Erlösung erfahren wird, ist unaussprechlich.

❖ Nach **Ramanuja** (→ S. 104 f) und seiner Schule bleibt dem Menschen im Zustand der Erlösung ein Stück seines Selbst erhalten, so dass er die Erlösung als Lust und Heiterkeit genießen kann. Erlösung vernichtet nicht die Existenz und das Bewusstsein des Menschen. Das Absolute bzw. Gott selbst und die Seele sind sich nahe, ohne völlig ineinander aufzugehen. Die erlöste Seele besitzt auf ewig die Anschauung Gottes.

Erkenntnis als Erlösung

Zur Bhagavadgita: → S. 90 f.
Die Erkenntnis ist für den wohlbegründet,
dessen Sinne allerseits
von den Sinnendingen zurückgehalten werden.
(...)
Indem er alle Lüste ablegt
wandelt der Mensch von Ehrgeiz frei;
frei von Besitzgefühl, des Ichbewusstseins ledig,
kommt er jenem Frieden näher.
Dies ist das Feststehen im Urgrund,
wer ihn erlangt hat, wird nicht irre.
Wer auch in seiner Todesstunde darin weilt,
erreicht das Erlöschen im Urgrund.

Bhagavadgita II 67.70–72

Ein schwieriger Weg zur Erlösung ist der **Weg der Erkenntnis** (»**Jnana-Marga**«). »**Jnana**« ist nicht ein rationales oder technisches Wissen, das man sich leicht aneignen kann, wenn man nur genügend intelligent ist. Vielwisserei und hohe IQ-Werte führen nicht zur Erlösung. Die Erlösung bringende Erkenntnis wird nur in einem langen, mühevollen **Prozess geistiger Konzentration und Meditation** gewonnen. Voraussetzung dazu ist das ethisch/religiöse Programm, sich von Begierde, Reichtum und Macht zu lösen. Ohne höchste **Anstrengung** ist die erlösende Erkenntnis nicht zu gewinnen. Nur der **Asket** (Mönch), der den eigenen Trieben misstraut und ihrem Gaukelspiel nicht verfällt, der nicht nach Besitz strebt und seinen Körper beherrscht, kann die Unwissenheit überwinden.

Weg der Erkenntnis und Meditation

1 Ein Weg zur erlösenden Erkenntnis ist **Yoga**: → S. 33.
2 Warum ist »Erkenntnis« ein **Grundthema des Lebens, der Philosophie und Religion**? Welche unterschiedlichen Dimensionen umfasst der Begriff?

3. Karma-Marga – Erlösung durch Handeln

> Der **Weg des Handelns** (»Karma-Marga«) ist einfacher als der Weg der Erkenntnis. Erkenntnis mag oberstes Ziel bleiben, kann aber durch gute Werke vorbereitet und auch ersetzt werden. Gebete, Opfer, Riten, Mantras, Wallfahrten, das Schmücken der Götterbilder und der Besuch der Tempel beeinflussen auch das **Karma** und haben erlösende Wirkung. Wer die alten Lieder singt und die Gebete der heiligen Texte anhört oder spricht, auch wenn er ihren Sinn nicht versteht, verrichtet gute Taten und ist damit auf dem Weg zur Erlösung.

❖ In der **Bhagavadgita** können Menschen auch durch gute Taten Wege zur Erlösung finden. Eine völlige Weltverneinung und Weltentsagung ist nun nicht mehr nötig. Krishna zeigt großes Verständnis für die **Verehrer der Götter und Spender der Opfer**. Sie kommen der Erlösung näher, auch wenn sie noch nicht sofort aus dem Kreislauf des Werdens und Vergehens befreit werden. Aber alle, die dem göttlichen Krishna Blatt und Blüte, Frucht und Wasser spenden, die ihm opfern und sich für ihn kasteien, werden vom Gesetz des Karma frei. Auch gute Werke und soziales Engagement für die Mitmenschen zählen zu den Taten, die zur Erlösung führen.

❖ Der **Alltag** (→ S. 58 f) vieler Inder ist von Opfer, Ritual und magischem Wort erfüllt. Jeder Tag, fast jede Stunde und jede Handlung ist in ein Netz religiöser Bestimmungen eingespannt. Bei Geburt, Hochzeit und Tod, am Morgen, Mittag und Abend, im Frühjahr, Herbst, Sommer und Winter sind je eigene Zeremonien zu beachten. Das Baden im Ganges in Benares oder an anderen heiligen Flüssen hat erlösende Wirkung. Selbst Magie und Esoterik sind für viele Inder Möglichkeiten, die Erlösung zu gewinnen oder ihr wenigstens näher zu kommen (→ S. 71 f).

Gutes Handeln bewirkt Befreiung

Zur **Bhagavadgita**: *→ S. 30 f. An dieser Stelle spricht der göttliche Krishna zu Arjuna:*

Bringt jemand mir voll Hingabe ein Blatt,
Blüte, Frucht oder Wasser dar,
empfange ich dieses als Geschenk der Hingabe
von diesem Menschen, der sein Selbst gezügelt hat.
Wenn du handelst, wenn du isst,
wenn du opferst, wenn du spendest,
wenn du dich kasteist,
dann tu es als Gabe an mich.
Auf diese Weise wirst du
von guten und schlechten Früchten,
den Fesseln des Handelns (Karma) befreit.
Befreit wirst du zu mir gelangen,
hast dich selbst durch solche Entsagung in Einung geeint.
Derselbe bin ich in allen Geschöpfen,
niemand ist mir hassenswert, niemand lieb;
die aber mir in Hingabe ergeben sind,
die sind in mir und ich bin auch in ihnen.

Bhagavadgita IX 26–28

Morgendliche Verehrung der Gottheiten auf dem Hausschrein (→ S. 58)

> Welche Rolle spielen die »**Werke**« des Menschen im Christentum und in anderen Religionen?

Wege zur Erlösung

4. Bhakti-Marga – Erlösung durch Liebe

Besser als Erkenntnis und Taten

Ein andermal fragt Arjuna in der Bhagavadgita seinen Wagenlenker Krishna, wer die bessere Andacht hat: derjenige, der sich ganz in das Geheimnis des Unvergänglichen versenkt, wie es die Upanishaden empfehlen, oder wer in
5 Liebe an Gott denkt. Die Antwort Krishnas ist einfach und eindeutig. Wer sein Herz Gott zuwendet, ihn beständig verehrt und ihm im Glauben fromm zugetan ist, der hat die bessere Andacht. Er wird ebenso aus dem Meer des Wechsels von Geburt und Tod gerettet wie der, der sich in tiefer
10 Erkenntnis oder in guten Taten übt. Durch den Weg der Gottesliebe wird der Mensch mit Gott vereint. Bhakti ist der **Königsweg der Erlösung**.

Krishna anhängen

*Zur **Bhagavadgita**: → S. 30 f. Hier spricht der göttliche Krishna zu Arjuna, dem Führer der Pandavas.*
Wenn einer, und wäre seine Lebensweise auch sehr schlecht,
mir anhängt, ohne irgendeinem anderen anzuhängen,
so soll man ihn für einen Guten halten;
denn er hat recht entschieden.
Rasch wird er zu einem solchen,
der mit der Grundordnung (»Dharma«) in Einklang steht;
zu ewigem Frieden geht er.
O Arjuna, sei es gewahr:
Wer mir anhängt, der geht nicht unter.
Denn wer sich, o Arjuna, auf mich gründet,
und sei er auch von schlechter Abstammung,
die Frauen, die Vaishyas, ebenso die Shudras,
selbst diese gelangen zum letzten Ziel.
Wie viel denn mehr die lauteren Brahmanen,
desgleichen königliche Seher, die mir anhängen!
Bist du in diese unbeständige, glücklose Welt geraten,
so hänge wenigstens mir an!   *Bhagavadgita IX 29–32*

Die Bhakti-Bewegung – Stärken und Schwächen

❖ In der indischen Antike, im Mittelalter und in der Neuzeit hat es mächtige Reformbewegungen gegeben, die den Weg der **Bhakti-Mystik** zu gehen versuchten. Von hier gingen starke Impulse gegen die Ritualisierung im Hinduismus
5 und für eine religiöse Erneuerung aus. Diese Liebesmystik war oft auch ein **gesellschaftlicher Protest**, weil sie gegen das Kastenwesen stand. So haben diese Bewegungen in Indien starke Kräfte der **Menschlichkeit** geweckt. Ein wichtiger Vertreter war der große Lehrer **Ramanuja** (→ S. 104 f). Auch
10 heute ist diese Form des Hinduismus populär.

❖ Aber auch in der Bhakti-Bewegung gab und gibt es **Schwächen**, die mit dem ursprünglichen Geist der Bhakti-Idee wenig zu tun haben. Die mechanische Anrufung des

> ❖ In der Bhagavadgita wird eindringlich der **Weg der Gottesliebe** (»**Bhakti-Marga**«) als der beste Weg zur Erlösung aufgezeigt. Zwar erkennt diese Schrift auch den Weg der Erkenntnis und des Handelns an und gibt damit ein gutes Beispiel für die Offenheit des Hinduismus. Aber sie weiß einen Weg, der noch besser ist und der mit »Bhakti« bezeichnet wird.
>
> ❖ »**Bhakti**« kommt von einer Verbalwurzel, die »teilen«, »zuteilen« und vor allem auch »liebend dienen« bedeutet. Das Wort »Bhakti« hat einen vielfachen Sinn. Die Inder meinen damit **Hingabe an Gott, Liebe zu Gott, Anhänglichkeit, Verehrung, liebevolle Zuneigung, aber auch die Liebe Gottes zu den Menschen.**

Gottesnamens wurde gelegentlich zu einem Wiederholungsritual, das allzu leicht Erlösung verheißt. Tendenzen 15 zur Erotisierung der Religion sind unübersehbar, wenn sich Frauen als Hirtenmädchen verstehen und sich hingebungsvoll dem göttlichen Krishna nahen (→ S. 55). In den Bildern, die die Bhakti-Anhänger verehren, sehen sie bisweilen die Gottheit selbst und nicht nur Symbole. Selbst die Tendenz 20 zur Intoleranz ist dieser ursprünglich so toleranten Bewegung nicht ganz fremd, wenn sie neben ihrem Gott Krishna alle anderen Gottheiten abwehrt und abwertet.

❖ Im Lauf der Zeit entstanden **verschiedene Richtungen**, die sich heftig **befehdeten** und damit gegen ihre eigene 25 Grundidee verstießen.

> 1 Warum lässt der Hinduismus **verschiedene Wege zur Erlösung** zu?
> 2 Welche Bedeutung hat die Gottesliebe in den **anderen Religionen**?
> 3 Lesen Sie zum Thema **Gottesliebe in der Bibel**: Dtn 6, 4 f; Jes 49, 14–16; Lk 15, 11–32; 1 Joh 4, 8.19
> 4 Zu den **neueren Bewegungen**, die sich auf die Bhagavadgita berufen: → S. 105.

Göttliche Vielfalt

1. Das große Pantheon

❖ Im Indischen gibt es **kein Wort, das unserem Wort »Gott« entspricht**. Aber es gibt viele Wörter und Namen, die man mit »Gott« übersetzen kann, weil für die Hindus die ganze Welt von Gott und Göttern erfüllt ist. Namen Gottes sind »Herrscher« (»Ishvara«), »Großer Herr« (»Mahesha«), »Gnädiger Herr« (»Bhagavan«) oder »Himmlischer« (»Deva«).

❖ Überall erleben die Hindus Manifestationen des Göttlichen in männlicher und weiblicher Gestalt. Alles, was im eigenen Dasein, im Leben der Menschen, in der Natur oder in der Welt wichtig ist, gehört zum indischen **Pantheon**, in dem viele Gottheiten einen Platz haben. In allem sehen die Hindus **Götter/Göttinnen** oder **den einen Gott** oder auch das **unpersönliche Göttliche** am Werk.

Gott/Götter im ewigen Kreislauf

Die unabänderliche Ordnung der Welt mit dem Weltgesetz (»Sanatana Dharma«: → S. 11) vom ewigen **Kreislauf der Welten** (»Samsara«) ist für den Hinduismus fundamentaler als die Theologie. Dieses ewige Weltgesetz ist **nicht von Gott oder Göttern geschaffen** und für die meisten Hindus auch nicht mit dem Göttlichen identisch. Es geht dem Dasein aller Götter voraus. Wohl gibt es für die einzelnen Weltperioden jeweils einen **Schöpfergott** (→ S. 36), der für die Hindus verschiedene Namen tragen kann. Alle Götter gehören in diesen Prozess des ewigen Kreislaufs. Aber mit ihm und in ihm entstehen, vergehen und werden sie immer neu.

Gott, Götter und Göttinnen sehen

Viele Hindus sind davon überzeugt, dass man »Gott« oder »Götter« vor allem in Menschen und Bildern »sehen« kann, ohne dass doch Gott für sie in diesen Bildern gänzlich auf-

Manche Hindus verehren das Göttliche auch in einem Baum.

geht (→ S. 60f). Für Menschen niedriger Kasten sind Brahmanen »Götter«, für eine Ehefrau soll der Mann, für einen Schüler der Guru »Gott« sein. In den Bildern der Tempel leben die »Götter«. Wer ihre Statuen und Bilder sieht, sieht die Götter selbst. Das schließt nicht aus, dass die Weisheitslehrer Indiens auch von der Unsichtbarkeit des Göttlichen tief durchdrungen sind.

Göttliche Vielfalt

❖ Der Hinduismus bejaht eine **Pluralität von Gottesvorstellungen**. Als so zahlreich betrachtet man die Götter, dass kein Mensch sie zählen kann. Manche sprechen von 330 Millionen Göttern. Es sind große und kleine, berühmte und unbekannte Wesen. Religionsgeschichtlich stammen die vielen Gottheiten, die bis heute ihre Verehrer haben, **aus verschiedenen Regionen, Epochen, Schulen und Kasten**.

❖ Da gibt es **Dorfgötter** in Form bemalter Natursteine und Lokalgöttinnen, denen heute noch Hühner geopfert werden. Erscheinungen der **Natur** wie die Sonne, Flüsse, Berge und Steine haben göttliche Qualität und werden in bunten Zeremonien verehrt. Der Glaube an **Geister, Gespenster und Dämonen** spielt im Alltag eine überaus große Rolle (→ S. 71). Aber es gibt auch die dominierenden göttlichen Gestalten wie **Vishnu, Shiva und Krishna**, in deren Namen sich der eine persönliche **Schöpfergott** dieser Weltperiode offenbart. Auch weibliche Gottheiten wie **Kali, Durga und Parvati** haben viele Anhänger. Im **Shakti-Kult** wird das Göttliche als weiblich verehrt. In theologischen Spekulationen und mystischen Bildern erscheint Gott als der letzte Urgrund der Welt, als das Eine, Unpersönliche und Absolute (»**Brahman**«). Geisterglaube und Naturreligion, Polytheismus, Monotheismus und Pantheismus sind in Indien in gleicher Weise Wege zum göttlichen Licht. Ganz unterschiedliche Lehren von Gottes Transzendenz (»Weltüberlegenheit«, »Jenseitigkeit«) und Immanenz (»Einverwobenheit Gottes in die Welt«) sind für den Hinduismus charakteristisch.

❖ Der Gott, den die Hindus in konkreten Situationen verehren, ist jeweils nur **das eine Gesicht aus dem Reichtum der Götterwelt**, das ihm gerade zugewandt ist.

❖ Viele Hindus sehen in ihrem theologischen Pluralismus einen Beweis für ihren **religiösen Reichtum** und ihre religiöse **Toleranz**. Sie sind – wie schon die Veden (→ S. 47) – davon überzeugt, dass es nur eine Wahrheit gibt, diese aber von den Menschen verschieden benannt wird.

60 ❖ Es gibt im Hinduismus auch Menschen und Schulen, die die Existenz von Göttern oder Göttlichem leugnen (→ S. 32), ohne dass sie in jeder Hinsicht areligiös wären. Die Zahl der **Agnostiker** und der areligiösen (meist materialistischen) **Atheisten** wird seit einiger Zeit in Indien unter
65 dem Einfluss westlicher Ideen größer.

Stufen der Gotteserkenntnis
Sarvapalli Radhakrishnan (→ S. 23, 106, 133) sah wie andere indische Weise in der unterschiedlichen Verehrung des Göttlichen von den kleinen Familiengöttern über die faszinierenden Gottesgestalten bis zum unpersönlichen Brahman eine **Stufenleiter**, die in der Gotteserkenntnis zwar höher führt, aber auf jeder Stufe ihre eigene Berechtigung hat.

Der Hinduismus unterscheidet Vorstellungen von Gott nicht als richtig oder falsch und nimmt nicht eine bestimmte Idee als Muster und Vorbild für die gesamte Menschheit. Vielmehr erkennt er die Tatsache an, dass die Menschheit ihr Ziel Gott
5 auf verschiedenen Stufen und verschiedenen Wegen sucht und er empfindet mit einer jeden Stufe Sympathie. Der gleiche Gott offenbart sich auf der einen Stufe als Macht, auf einer anderen als Persönlichkeit, auf einer weiteren als allumfassender Geist …
10 Der Hindu sieht in dem verwirrenden Polytheismus der Massen und in dem unnachgiebigen Monotheismus der Kasten die Offenbarungen einer und derselben Kraft auf verschiedenen Ebenen. Der Hinduismus besteht darauf, dass wir uns langsam hocharbeiten und unsere Gotteserkenntnis bewähren. Die Ver-
15 ehrer des Absoluten stehen im Rang zuhöchst, danach kommen die Anbeter des persönlichen Gottes, danach die Diener der Offenbarungen wie Rama, Krishna und Buddha. Unter diesen stehen die, welche Ahnen, Gottheiten und Weise anbeten, und darunter die Anbeter niederer Kräfte und Geister.
Sarvapalli Radhakrishnan (1888–1975)

Beziehungen und Entwicklungen
Es gab viele Versuche, zwischen den vielen Göttern und Göttinnen eine **Rangordnung** aufzustellen oder ihr **gegenseitiges Verhältnis** zu bestimmen. Sie leben z. B. im Verhältnis Mutter-Vater-Kind oder Mann-Frau miteinander.
5 Manche Götter waren einmal stark, haben aber dann an Ansehen verloren, während andere an ihre Stelle traten. Die göttliche Rangordnung hat keine Ewigkeitsgeltung. Die jeweilige Bedeutung der Götter und Göttinnen spiegelt den Einfluss, die Rivalitäten und Kompromisse der verschiede-
10 nen religiösen Richtungen wieder.

»Arme Christen«
Vor einiger Zeit fragte eine in Deutschland lebende Brahmanenfrau einen Christen: »Ist es wahr, dass ihr Christen nur an einen Gott glaubt?« Er bejahte ihre Frage, worauf sie betrübt und mitleidig meinte: »Arme Christen!«
Werner Trutwin

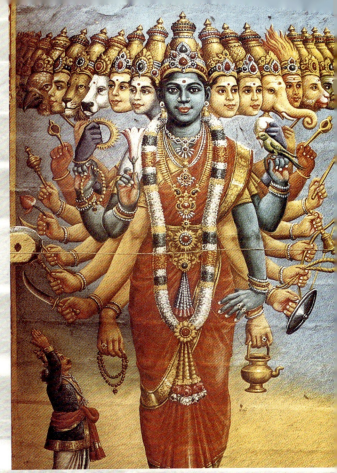

»Der Eine und die Vielen« verkörpern sich auch in diesem Bild. Vielköpfigkeit und Vielgliedrigkeit werden in Indien als umfassende Geistigkeit und überlegene Macht verstanden.

Gott
Gandhi (→ S. 111 ff) sagte in »Young India« vom 5. 3. 1925
Für mich ist Gott Wahrheit und Liebe;
Gott ist Ethik und Moral;
Gott ist Angstlosigkeit.
Gott ist die Quelle des Lichtes und des Lebens.
Und doch ist er über und hinter all diesen.
Gott ist Bewusstsein.
Er ist sogar der Atheismus der Atheisten.
Mahatma Gandhi (1869–1948)

1 Wie kommen Menschen in **allen Religionen und Kulturen** dazu, von Gott/Göttern/Göttlichem zu reden? Welche **Erfahrungen** liegen diesem Glauben zugrunde? Welche verschiedenen Vorstellungen haben die Menschen dazu entwickelt?
2 Die Einstellung der **Christen und Muslime** zum indischen Pantheon: → S. 130 f, 134 ff.
3 Erläutern Sie, was **Polytheismus**, **Pantheismus**, **Monotheismus**, **Atheismus** und **Agnostizismus** bedeuten.
4 Warum fällt es vielen Menschen in der **Neuzeit** schwer, an Gott zu glauben?

2. Indra, Agni und die vedischen Götter

❖ Die **Veden** (→ S. 24), die ältesten heiligen Schriften der Inder, kennen viele Götter (**»Devas«**, Sg. »Devi«) und Göttinnen (**»Devis«**; Sg. »Devi«; verwandt mit lat. »divinus«, d. h. »göttlich«, und »deus«, lat.: »Gott«). Sonne und Mond, Himmel und Erde, Morgenröte und Nacht, Winde, Luft und Feuer sind als **Naturerscheinungen** heilig. Sie werden als göttliche Wesen angerufen und bilden zusammen mit anderen Göttern das indische Pantheon.

❖ **Heute** spielen die vedischen Götter wie Indra und Agni, Varuna und Soma im Alltag der Hindus **kaum mehr eine Rolle**. Andere Gottheiten, vor allem Vishnu, Shiva und Krishna, sind an ihre Stelle getreten.

Gestalten der vedischen Götterwelt

❖ **Indra** wird in den Veden am häufigsten angerufen. Über 250 Lieder sind an ihn gerichtet. Ursprünglich ist er ein Wettergott, der sich später als der stärkste unter den Göttern durchsetzt. In einem kosmischen Kampf der Vorzeit hat er einen gefährlichen Drachen getötet. Man ruft seine Hilfe gegen die Feinde an. Weil er unbesiegbar ist, wird er zum Ideal der Kriegerkaste und Kriegsgott.

❖ **Agni** (verwandt mit lat. »ignis«), der Feuergott, fährt mit seinem Blitz in die Opfergaben, setzt aber auch Wälder und Felder in Brand. Manchmal nimmt er eine schreckliche Gestalt an, in der er die Leichen bei der Bestattung und alle, die die heiligen Riten stören, verbrennt. Er ist der Bote zwischen Himmel und Erde. Unter den Göttern ist er allein unsterblich und bleibt auf immer jung, weil er wie das Feuer immer Nahrung findet, das ihm neue Lebenskraft gibt. Darum schenkt er den Menschen Unsterblichkeit. Er ist in besonderer Weise der Standesgott der Brahmanen.

❖ **Varuna** war lange Zeit der höchste Herrscher, verlor aber allmählich seine Oberhoheit an Indra. Er ordnet den Lauf der Natur und bestimmt den Wechsel der Jahreszeiten. Mit seiner Schlinge bestraft er die Sünder und schickt ihnen Lähmung und Wassersucht. Er wird auch zur Vergebung der Sünden angerufen.

❖ **Surya** (→ S. 8) ist der Name der göttlichen Sonne.

❖ **Mitra** ist ein anderer Sonnengott. Sein Name ist mit dem des persischen Gottes Mithras verwandt, dessen Kultgemeinde noch für das frühe Christentum eine starke Konkurrenz war. Der sympathische Mitra ist bei den Ariern der Beschützer der Verträge und der Gesellschaft.

❖ **Soma** ist die göttliche Verkörperung einer Pflanze gleichen Namens, deren Saft Rauschzustände hervorruft und bei den Gottesdiensten häufig als Trankopfer verwendet wird. Der Somasaft stärkt die Götter, inspiriert die Dichter und versetzt die Menschen in Ekstase. Das Getränk verleiht Unsterblichkeit.

❖ **Nirriti** ist eine böse Göttin. Sie bringt Unheil und Vernichtung. Manchmal haben die Priester alle Frauen mit dieser Göttin identifiziert.

1 Die vielen Götter (**»Polytheismus«**) gelten manchen Kritikern eher als eine negative Erscheinung der Religion. Andere sehen darin ein eher positives Element, das die Gefahr einer religiösen Vereinheitlichung durch den **Monotheismus** meide. Diskutieren Sie beide Auffassungen.

2 Vergleichen Sie den vedischen Schöpfungstext mit dem der **Bibel**: Gen 1, 1–2, 4a.

3 Was wissen Sie über die plurale Götterwelt in **anderen Religionen**?

Agni (oben) ist mit zwei Köpfen, sieben Armen und drei Beinen dargestellt. Auf jedem Kopf sind feurige Zungen, die die Opferbutter auflecken. Er reitet auf einem Widder und trägt in seinen Händen Beil, Fackel und Gebetsschnur.

Varuna (links), vierarmig, reitet auf einem Seeungeheuer, das halb Fisch und halb Antilope ist.

Indra (rechte Seite) sitzt auf einem geschmückten Elefanten mit drei Rüsseln. Er hat vier Arme und trägt in seinen Händen Schwert, Stachelstock und Blitzstrahl.

Göttliche Vielfalt

Lied an Indra
Ein Herrscher bist du, gewaltig und hehr,
Ein Vertilger der Feinde, dem niemand gleicht,
Besiegt und erschlagen wird nimmermehr,
Wem du in Gnaden dich zugeneigt.

Ein Stammesfürst, der das Heil uns schafft,
Der den Drachen tötet, den Feind bezwingt,
Geh uns, Indra, voran, ein Stier an Kraft,
Der die Furcht verscheucht und den Soma trinkt.

Rigveda X 152

Die Brahmanen – Bewahrer der heiligen Texte
❖ Die Veden sind Zeugnisse von der **Religion der Arier**. Ihre Seher empfingen nach oft tagelangem Warten in einer **Erleuchtung** die göttliche Offenbarung. Der göttliche Text wurde wie ein kostbares **Geheimnis** gehütet, in Versform gebracht und durfte nur Eingeweihten preisgegeben werden. Mit der Zeit konnten nur die **Brahmanen** (→ S. 90) darüber verfügen. Sie allein wussten den genauen Wortlaut der Texte und legten entsprechend die Einzelheiten aller Rituale für die Opfer fest, die den Göttern genehm waren. Jedes Wort und jedes Zeichen musste in den heiligen Handlungen richtig sein und war selbst dann zu beachten, wenn man es nicht verstand. Schon eine kleine Abweichung konnte den Erfolg des Gebets und des Rituals zunichte machen. Die Veden waren ein Wissen, das den Brahmanen Macht verlieh. Ihre Priesterherrschaft verfiel allmählich moralisch.

❖ Im Mittelpunkt des religiösen Kultes stand damals das **Opfer**, das die Brahmanen in einem komplizierten Ritual begingen. Es hatte den lebenswichtigen Zweck, die Ordnung des Kosmos ständig zu erhalten. Dazu wurde jeweils ein Altar errichtet, zu dem die Götter gerufen wurden. Sie erschienen während des Opfers am Altarplatz, um die ihnen zugedachten Gaben wie Pflanzen und kleine Tiere anzunehmen und zu verspeisen. Die Priester konnten zu ihnen sprechen und sie beeinflussen.

❖ Die damals **niedrigste Kaste**, die nichtarischen Shudras (→ S. 90), waren von den Riten ausgeschlossen. Wenn ein Shudra einmal ein vedisches Lied unerlaubterweise mit angehört hatte, goss man ihm zur Strafe flüssiges Blei in die Ohren.

Ein Schöpfungslied
Das bekannte und oft interpretierte Schöpfungslied der Veden stellt die Frage nach dem Anfang vor allem Anfang. Damals beherrschte die Samsara-Idee (→ S. 34) noch nicht das indische Denken, die dem Gedanken einer einmaligen Schöpfung keinen Raum lässt.

(1) Damals war weder Nichtsein noch Sein; nicht war der Luftraum noch der Himmel darüber. Was strich hin und her? Wo? Unter wessen Obhut? War (damals) das ergründliche, tiefe Wasser (des Meeres)?

(2) Nicht war damals Tod noch Unsterblichkeit, nicht das Erkennungszeichen von Tag und Nacht. Es atmete, ohne Wind zu machen, das Eine aus Eigentrieb. Außer diesem gab es weiter nichts anderes.

(3) Finsternis war im Anfang von Finsternis verhüllt. Diese ganze Welt war unkenntliches Chaos (wörtl.: Flut). Der Lebenskeim, der von der Leere eingeschlossen war, das Eine kam zur Geburt kraft seines heißen Dranges.

(4) Über dieses kam am Anfang das Liebesverlangen, was der erste Same des Denkens war. Also fanden die Weisen mit Nachdenken in ihrem Inneren forschend das Band vom Sein zum Nichtsein.

(5) Quer hindurch ward ihre Richtschnur gespannt. Gab es ein Unten, gab es ein Oben? Es waren Besamer, es waren Ausdehnungskräfte da. Unten war der Trieb, oben die Gewährung.

(6) Wer weiß gewiss, wer kann es hier erklären, von wannen sie entstanden ist, von wannen diese Schöpfung ist? Die Götter sind später als die Schöpfung dieser (Welt). Wer weiß denn, von wannen sie gekommen ist?

(7) Woraus diese Schöpfung sich entwickelt hat, ob er sie gemacht hat oder nicht? Ihr Aufseher im höchsten Himmel ist, der allein weiß es, es sei denn, auch er weiß es nicht.

Rigveda X 129

Das eine Wahre und die vielen Namen
*Gelegentlich klingt im **Rigveda** (→ S. 25) schon der Gedanke an, dass die vielen Götter nur **Erscheinungsformen des einen Gottes** sind. So finden sich in den alten Texten schon eine Spur des Monotheismus und eine Begründung für religiöse Toleranz.*

Es ist das eine Wahre,
die Weisen benennen es verschieden.

Rigveda/Ram Adhar Mall (→ S. 23)

3. Das Brahman – Absoluter Urgrund

In den **Upanishaden** (→ S. 26) wurde zum ersten Mal die Götterwelt der Veden in Frage gestellt. Die einzelnen Götter verloren ihre Glaubwürdigkeit. Nun begann ein tiefes Meditieren über den letzten Grund der Welt und des menschlichen Daseins. Vor allem die Lehre vom **Atman** und **Brahman** wurde neu entwickelt. Sie faszinierte die nachdenklichen Hindus und erhielt im Lauf der Zeit viele Facetten. Von ihr gingen starke Impulse auf die späteren indischen Schulen, auf die Mystik und auch auf die Reformbewegungen des Neohinduismus (→ S. 106 ff) aus.

Der unergründliche Weltgrund

Die Upanishaden haben das **Brahman** als Quelle allen Seins, als schöpferisches Prinzip, als die Welt durchdringende Energie entdeckt. Als unergründlicher Weltgrund hat es alle Erscheinungen aus sich entlassen. Alle Dinge und Lebewesen verdanken dem Brahman ihr Dasein. Es wird mit dem Göttlichen oder dem Absoluten gleichgesetzt. Ein von den Upanishaden häufig gebrauchtes Bild für das Brahman ist der **Ozean**, der Leben in sich birgt, unendlich weit ist und unvorstellbar starke Kraft hat. Den größten Teil des Ozeans können wir mit unseren Augen nicht sehen und mit unseren Sinnen nicht wahrnehmen. Seine Tiefe ist unfassbar, seine Dimensionen und seinen Reichtum können wir nur ahnen.

Brahman

*Einmal kommt **Gargi Vacaknavi**, eine gelehrte Frau, zu **Yajnavalkya** (→ S. 38, 80), dem berühmten Meister der Upanishaden. Sie stellt ihm zwei Fragen. Zuerst will sie wissen, was oberhalb des Himmels und unterhalb der Erde ist. Yajnavalkya erklärt ihr, dass es der Raum sei, in den alles eingewoben ist. Dann fährt die gescheite Disputantin fort:*
»Mach dich stark für eine andere Frage!«
»Frage, Gargi!«
»… In was ist nun der Raum eingewoben?«
Da sagte er: »Dieses (in das der Raum eingewoben ist), Gargi, nennen die Kenner des Brahman (d. h. die, die Wahrheit zu erkennen und zu formulieren vermögen) das Unvergängliche. Es ist nicht grob, nicht fein; nicht kurz, nicht lang; blutlos, fettlos; schattenlos (also lichtlos), finsternislos; windlos, raumlos; ohne Haftung (an irgendetwas): ohne Tastsinn, ohne Geruchssinn, ohne Geschmackssinn, ohne Gesichtssinn, ohne Gehörsinn; ohne Sprachfähigkeit, ohne Denkfähigkeit; ohne Wärme, ohne Atem, ohne Mund; ohne Namen, ohne Geschlecht; nicht alternd, nicht sterbend; bedrohungslos, unsterblich; ohne (schallleitenden) Raum, ohne Laut; nicht geöffnet, nicht geschlossen; nicht folgend, nicht vorangehend; nicht außen, nicht innen: Nichts langt hin zu ihm, niemand langt hin zu ihm …
Wahrlich, Gargi, wer ohne dieses Unvergängliche zu kennen, Opfer darbringt, spendet, sich kasteit – wäre es auch viele tausend Jahre lang – diese seine jenseitige Welt (die er sich durch seine Frömmigkeit erwirbt) wird eine endliche.
Wahrlich, Gargi, wer ohne dieses Unvergängliche zu kennen, aus dieser Welt abscheidet, ist ein Elender!
Aber wer, Gargi, nachdem er dies Unvergängliche erkannt hat, aus dieser Welt scheidet, der ist ein Kenner des Brahman (d. h. ihm ist Erlösung sicher) …
Dieses Unvergängliche ist das, in das der Raum verwoben ist.«
Da sagte sie: »Brahmanen! Ehrwürdige! … Von euch wird gewiss niemand diesen Yajnavalkya im Redekampf besiegen.«
Darauf verstummte Gargi Vacaknavi.

Brhadaranyaka Upanishad III, 8 5–12

1. Zu den verschiedenen Interpretationen des Brahman durch **Shankara** und **Ramanuja**: → S. 102, 104.
2. Warum erinnert die Lehre vom Brahman an die **Negative Theologie** der Christen und an das **Nirwana der Buddhisten**?

4. Trimurti – Eine göttliche Dreigestalt

❖ In der indischen Tradition gibt es seit langem eine göttliche Dreiheit (»**Trimurti**«), in der die drei göttlichen Gestalten **Brahma**, **Vishnu** und **Shiva** heißen. Sie werden auf heiligen Bildern in einer einzigen Gestalt mit drei Gesichtern dargestellt.

❖ Viele Hindus sehen in den drei Göttern nichts anderes als drei **Erscheinungsformen der einen Gottheit**.

Schöpfung – Erhaltung – Zerstörung

❖ In einer weit verbreiteten Auffassung verkörpert **Brahma** die Leidenschaft, die erschafft, **Vishnu** die Güte, die für das Gleichgewicht des Erschaffenen sorgt, **Shiva** das Feuer, das zerstört. Diese Deutung ist aber kaum originär. Sie kommt eher aus dem Hang zur Harmonisierung als aus einem Verständnis für die Entwicklung der Götterwelt.

❖ **Schöpfung, Erhaltung und Zerstörung** gehören für die Hindus zusammen und sind daher nicht mit drei einzelnen Göttern zu verbinden. Sie sind das **Werk einer einzigen Gottheit**. Wer diese Gottheit ist, darüber streiten sich die verschiedenen Richtungen. Die Anhänger Vishnus sehen darin Vishnu, die Anhänger Shivas Shiva, wieder andere denken an eine Göttin oder an andere Gottheiten.

Eine entmachtete Gottheit

❖ **Brahma** (nicht zu verwechseln mit »Brahman«) hat heute nur noch wenige Anhänger und somit seine beste Zeit hinter sich. Heute sind ihm zu Ehren in Indien nur noch zwei Tempel geweiht.

❖ Er wird gewöhnlich in roter Farbe mit vier Köpfen und vier Armen dargestellt. Seine erste Gemahlin war seine Tochter **Sarasvati**, eine andere Gattin war **Gayatri** (→ S. 25), eine ehemals lotosäugige Kuhmagd aus niedriger Kaste, die durch ein wunderbares Bad in den Stand der Brahmanen erhoben wurde. In ihr sehen die Inder die Mutter der Brahmanenkaste. Brahma selbst ist nach alter Lehre Feuer- und Kriegsgott, später auch der Herr aller Dinge und der Schöpfer der Götter. Aber seine göttlichen **Kinder** haben ihm den Rang abgelaufen. Alte Legenden erzählen, wie es zu seiner Entmachtung kam. Einmal erschien Shiva in Gestalt einer Lichtsäule bzw. eines feurigen Linga (männliches Glied) zwischen ihm und Vishnu. Er zwang beide Götter, ihn zu verehren. So wurde Shiva der höchste Gott.

Oben: Trimurti, Relief von der Insel Elephanta, 8. Jh. nC. Die Dreigestalt wird auch »Mahadeva« (»die große Gottheit«) genannt.

Unten: Brahma, Schiefer, Bengalen, 12. Jh. nC. Der dreiköpfige Schöpfergott sitzt lässig auf einem Lotos. Sein dicker Bauch resultiert aus den Opfern, die er erhielt.

1 Zu **Vishnu** und **Shiva**: → S. 50, 52.
2 **Brahma** spielt heute nur noch in der **Zeitenrechnung** eine gewisse Rolle: → S. 36.
3 Am ehesten scheint das göttliche Dreigespann mit dem **christlichen Dreifaltigkeitsglauben** (»**Trinität**«) vergleichbar zu sein. Warum ist aber vor einer Parallelisierung zu warnen?

49

5. Vishnu – Der Gott und seine Avataras

❖ **Vishnu** ist ein Gott, der sich von kleinsten Anfängen zu einer Spitzenstellung in der indischen Hierarchie der Götter entwickelt hat. In den älteren Veden ist er der Gott der Vaishyas, der Kaste der Unterschicht. In spätvedischer Zeit überflügelt er Agni, den Kastengott der Brahmanen und Indra, den Kastengott der Krieger. Heute wird er von einer breiten Anhängerschaft als höchster Gott verehrt.

❖ Sein Name bedeutet wahrscheinlich »der, der verschiedene Gestalten annimmt«.

Die Vishnuiten bilden heute die größte Gruppe im Hinduismus. Ihr äußeres Kennzeichen, das Männer auf ihrer Stirn tragen, ist das nach oben offene große »U«, oft sind es auch drei einfache senkrechte Striche.

Eine gütige Gottheit

Vishnu ist heute der **höchste Herr**. Er verkörpert eine **Gottheit der Güte**, der Milde, des Lichtes und der Wahrheit. Aber auch Schalkhaftigkeit ist ihm nicht fremd. Er steht in seiner ausgeglichenen Art den Menschen nahe und hält die Welt im Innersten zusammen. Seine Anhänger hoffen, nach dem Tod in seinem Reich wohnen zu können. Sie verehren ihn unter 1008 Namen und schenken ihm Blumen und Früchte. Tieropfer mag er nicht. Am meisten ehrt man ihn durch fromme Hingabe und Liebe (»**Bhakti**«). Oft wird er mit einem Diskus oder Rad mit sechs Speichen (»**Chakra**«: → S. 73) dargestellt. Es sind Symbole der Sonne, der Kraft, des Geistes und der Unendlichkeit. Das Chakra ist auch Symbol des Kreislaufs und der Wiedergeburten (»**Samsara**«: → S. 34 ff). Für manche seiner Anhänger ist er mit dem **Brahman** identisch.

Zehn Avataras – Zehn Herabkünfte

❖ Von Zeit zu Zeit steigt er in irdischer Gestalt auf die Welt hernieder, um den Guten seine Hilfe zu bringen, die Bösen zu bestrafen und die gestörte Ordnung (»**Dharma**«: → S. 11) wiederherzustellen. **Zehn Herabkünfte** (»Avataras«; Sg. »Avatara«, auch »Avatar«) werden in den Legenden erzählt und von Künstlern immer wieder dargestellt.

(1) Als **Fisch** bewahrte er den indischen »Noach« vor den tödlichen Wassern einer Sintflut.

(2) In der Gestalt einer **Schildkröte** rettete er die Welt, als er in der Tiefe des Meeres die wankende Welt auf seinem Panzer als Fundament auf sich nahm.

(3) Er bewahrte die Erde als **Eber** vor schrecklichen Dämonen.

(4) Den frommen Sohn eines bösen Dämonenkönigs schützte er vor dem sicheren Tod, indem er als **Mannlöwe** den Vater in Stücke riss.

(5) Als **Zwerg** durchmaß er in drei Schritten die ganze Welt und entmachtete einen stolzen König.

(6) Er war **Rama mit der Axt**, der gegen die Kaste der Krieger kämpfte, als diese in der Kastenordnung die oberste Stelle der Brahmanen einnehmen und so das ewig gültige Gesetz außer Kraft setzen wollten.

(7) Er wurde **Rama, der Held**, von dem das große Epos »Ramayana« erzählt (→ S. 28).

(8) Er war auch der wunderbare **Krishna**, der im Zentrum der Bhagavadgita und des Harivamsha steht (→ S. 29).

(9) Selbst in dem berühmten **Buddha** (→ S. 96), der den Hinduismus hinter sich ließ, hat sich Vishnu auf die Welt herabgelassen, dabei Mitleid mit den Tieren gezeigt und die blutigen Opfer abgeschafft.

(10) Die letzte Herabkunft als **Kalki** steht noch für die Zukunft aus. Dann wird Vishnu wie ein indischer Messias die Bösen bestrafen, die Guten belohnen und die Welt zerstören, damit ein besseres Zeitalter kommen kann.

❖ Manche Hindus glauben auch, **Christus** sei der 10. Avatara und die Lehre von seiner **Menschwerdung** sei eine Parallele zum indischen Avatara-Glauben.

Seine Gattin Lakshmi

Die Gemahlin Vishnus, seine »Shakti«(→ S. 56), ist **Lakshmi**, die Göttin der Erde, des Glücks und der Schönheit. Shiva und Lakshmi sind oft gemeinsam auf die Erde herabgestiegen. Beide werden oft in inniger Umarmung dargestellt. Sie gehört zu den beliebtesten Göttinnen der Hindus.

---

1. Zur Bedeutung Vishnus bei **Ramanuja**: → S. 104 f.
2. Weitere Bilder **Vishnus**: → S. 35, 105.
3. »**Avatara**« und »**Menschwerdung Gottes**« (»**Inkarnation**«) im Christentum – Welche Ähnlichkeiten und Differenzen bestehen hier? (→ S. 130 f).
4. Welche Bedeutung hat der Begriff »Avatar« heute im **Internet** (»Second life«) und **Film**?

Vishnu, Hängebild, Nepal, um 1680. Das Bild ist wie ein Lehrbuch der Vishnu-Ikonographie. Es enthält an den beiden Rändern in den 12 Gestalten die wichtigsten Erscheinungsformen des vielgestaltigen Gottes. In der Mitte des Bildes steht der Gott unter dem Schirm einer siebenköpfigen Schlange, links unten hält er eine Muschel, oben eine Lotosblume, rechts oben einen Diskus, rechts unten eine Keule – Symbole für Fruchtbarkeit, Glück und Macht. Links neben ihm die vierarmige Göttin Shri mit Wassertopf, Buch, Lotos und Spiegel, rechts sein Fabeltier, der Adler Garuda, ein sechsarmiges Zwitterwesen aus Vogel und Mensch. Er trägt u. a. Gebetskette, Topf und Vishnu-Banner. In der Spitze des Architekturbogens erscheint ein Löwenkopf, Symbol für Sonne, Zeit und Tod, sowie das schlangenartige Seeungeheuer »Makara«, das die alles verschlingende Zeit symbolisiert. Oben die 10 Herabkünfte Vishnus als Fisch, Schildkröte, Eber, Mannlöwe, Zwerg, Rama mit der Axt, Rama, Krishna, Buddha und Kalki. Zwei dunkle Kämpfer auf dem Dach und acht Schlangengeister im Wasser unten wehren böse Kräfte ab. Das Bild ist in der Welt des tibetischen Buddhismus entstanden und zeigt, wie stark die Götterwelt der Hindus in den Buddhismus eingedrungen ist (»Hinduisierung«).

6. Shiva – Der Gott der Extreme

❖ **Shiva** ist neben Vishnu die andere Hauptgottheit im heutigen Hinduismus. In jeder Hinsicht ist er ein **Gott voller Extreme und Widersprüche**, der mit seinen Spannungen auf die Welt einwirkt und deren Ordnung eher durcheinanderwirbelt, als dass er sie festigte. Der Namen dieser schillernden und zugleich faszinierenden Gottheit bedeutet »**glückverheißend**« und »**wohlwollend**«. Aber er hat auch andere Eigenschaften, auf die seine 1008 Namen hinweisen.

❖ Auch Shiva hat in seiner heute verehrten Gestalt eine bemerkenswerte Karriere hinter sich. **Religionsgeschichtlich** gesehen ist er ein Komplex vieler indischer Gottheiten. Uralte vorarische und vedische Gottesgestalten leben in ihm ebenso weiter wie Gotteserfahrungen späterer Zeiten. Diese Evolution erklärt in mancher Hinsicht seine unterschiedlichen Seiten.

Herr der Vernichtung

Von Shiva gibt es mehrere Bildtypen. Als Herr der Vernichtung ist sein Äußeres schauerlich. Sein Körper ist blauschwarz, erscheint aber weiß, da er nach Art der Asketen mit Asche beschmiert ist. Bisweilen begleiten ihn Scharen von Toten und heulenden Hunden, also unreine Wesen. Totenschädel hängen an ihm herum und seine Haare sind von Schlangen umwunden. Man kann ihn auf Friedhöfen oder Schlachtfeldern tanzen sehen. Er hat ein drittes Auge, mit dem er alles zerstört, was er damit ansieht. Seine vier Arme tragen symbolische Gegenstände wie Trommel, Axt, Bogen und Dreizack.

Die Shivaiten bilden heute die zweitgrößte Gemeinde in Indien. Als äußeres Kennzeichen tragen die Männer auf ihrer Stirn drei einfache waagerechte Striche, die dem dreifachen Wesen Shivas entsprechen: Zerstörung, Schöpfung und Erhaltung. Zumeist leben Vishnuiten und Shivaiten in friedlicher Koexistenz nebeneinander.

In dieser Gestalt ist er am ehesten mit der Göttin **Kali** verwandt (→ S. 57).

Der Meditierende im Himalaya

❖ Als Meditierender auf dem hohen Berg Kailash im Himalaya hat er eine schöne Gestalt. Er sitzt nur mit einem Lendentuch bekleidet auf einem Tigerfell. Sein Haar schmückt eine Mondsichel, um seinen Hals winden sich Schlangen, in der Hand hält er einen Dreizack. Er schaut nach Süden, wo das Glück wohnt.

❖ Shiva wird auch in der Gestalt eines **Asketen**, eines **Phallus** oder eines **Tänzers im Flammenbogen** dargestellt.

An Shiva

Lalla war eine beliebte Dichterin, Asketin, Shiva-Anhängerin.

O Herr, ich wusste früher selbst noch nichts von mir,
Nur meinem Leib wandt' ich meine Liebe zu.
Ich hatte nicht erkannt, dass ich bin eins mit dir
Und dass der Tor fragt: Wer bin ich und wer bist du?

Herr, du bist selbst der Himmel und die Erde.
Luft, Wasser, Blume, Sandel, Nacht und Tag.
Du bist die Opfergabe auf dem Herde,
Bist alles, Herr. Wo ist, was ich dir opfern mag?

Lalla (14. Jh.)

Shivas Phallus (»Linga«, auch »Lingam«), der oft mit mehreren Gesichtern versehen ist, gilt als Symbol für seine Stärke und sexuelle Kraft. An den vielen Lingas im Land beten die Frauen trotz Überbevölkerung um Fruchtbarkeit.

---

1. Warum können die Shivaiten in Shiva einen **Gott mit so wechselhaften und gegensätzlichen Eigenschaften** sehen? Was bedeutet diese Möglichkeit für das Verständnis des **Menschen**?
2. Zu Shiva und seiner Shakti im **Tantrismus**: → S. 72 f; Shiva und der Ganges: → S. 66.
3. Zeigen Sie, wie man an Shiva die beiden Pole der Religion wahrnehmen kann, die der Religionswissenschaftler Rudolf Otto das »**Faszinosum**« (d. h. das »Begeisternde«) und das »**Tremendum**« (d. h. das »Furchterregende«) genannt hat.

Göttliche Vielfalt

Shiva Nataraja im kosmischen Tanz, Bronze, 12. Jh. nC. In Shiva sind viele Gegensätze vereint. Er gilt als Schöpfer und Erhalter der Welt, als Erlöser und Zerstörer zugleich. Hier wird er als göttlicher Tänzer im Flammenbogen dargestellt. In seligem Tanz erschafft er die Welt. Der Flammenbogen zeigt, dass sich die Welt wie in einem Rad dreht, dass sie unaufhörlich ins Dasein tritt und immer wieder von Flammen zerstört wird. Die Welt ist dem ewigen Kreislauf (»Samsara«) unterworfen.

Shiva hat vier Hände – Zeichen seiner göttlichen Macht. Mit dem Klang der Trommel (oben links) ruft er die Schöpfung ins Dasein, mit dem Feuer (oben rechts) zerstört er sie wieder. Die beiden vorderen Hände zeigen den Gestus des Bewahrens und Schützens.
Mit dem rechten Fuß hält er den bösen Zwerg Muyakala nieder, der ein Symbol der Unwissenheit und Selbstsucht ist. Der linke Fuß, vom Tanz bewegt, verheißt Erlösung.

7. Krishna – Der persönliche Gott

❖ Der göttliche Krishna, eine Lieblingsgestalt im Hinduismus, wird in den Veden noch nicht erwähnt. Umso größer ist seine Bedeutung in der **Bhagavadgita** (→ S. 30 f), die ein Höhepunkt in der Gottesauffassung des Hinduismus geworden ist. Hier tritt Krishna in großer Deutlichkeit als **Person und gottgleicher Herr** auf, der sich den Menschen liebevoll zuwendet. Krishnas großes Thema ist »**Bhakti**« (→ S. 43) im doppelten Sinn, d. h. die Liebe Gottes zu den Menschen und die Liebe der Menschen zu Gott. Wahrscheinlich verdankt Krishna diese Einschätzung einer stärker werdenden Sehnsucht nach einer persönlichen und liebevollen Gottheit, die zugleich philosophischen Betrachtungen genügen kann.

❖ Krihnas Name bedeutet »**der Dunkle**«. Auf den Bildern wird er oft mit blauschwarzer Hautfarbe gezeigt.

❖ Krishna wurde auch zur beliebtesten Herabkunft (»**Avatara**«) des Gottes **Vishnu** und neben Shiva zur faszinierendsten göttlichen Gestalt der Hindus.

Eine Gottesvision – Krishnas göttliche Gestalt

In der Bhagavadgita bittet Arjuna, der König der Pandavas, den Krishna, er möge sich ihm in seiner göttlichen Gestalt zeigen. Er wolle ihn in seiner Gottheit schauen. Krishna erfüllt diesen Wunsch gern und verleiht dem Arjuna ein göttliches Auge, damit er ihn sehen kann. Damit wird Arjuna eine Erfahrung zuteil, die selbst die Götter selten oder nie machen dürfen. Mit geneigtem Haupt und gefalteten Händen schaut er den göttlichen Krishna. Er sieht ihn in einem unvorstellbar reichen Bild, das in der ganzen Religionsgeschichte seinesgleichen sucht.

Oh Gott, ich sehe in deinem Körper,
Die Götter alle und Scharen verschiedener Wesen,
Brahma, den Herrn, auf seinem Lotosthrone,
Und alle Seher und himmlischen Schlangenwesen.
Ich sehe deine Gestalt endlos in alle Richtungen
Mit zahllosen Armen, Leibern, Mündern, Augen;
Kein Ende, keine Mitte schaue ich,
Erst recht nicht deinen Anfang,
Oh du Allherrscher, Allgestaltiger.
Ich schaue dich mit Krone, Keule, Diskus,
Ein Glutbündel, nach allen Seiten leuchtend,
Rundherum schwer anzuschaun,
Unermesslich, das flammende Leuchten
Von Feuer und Sonne.
Du bist das Unwandelbare, die eine Silbe,
Von allem, das man wissen kann, das Höchste.
Du bist die höchste Wohnstatt dieses Alls,
Bist unveränderlich, Hüter der ewigen Ordnung,
Du bist der Ewige, die Geistperson, so glaub ich.
Ohne Anfang, Mitte und Ende, von unendlicher Kraft,
Mit endlosen Armen, die Sonne, den Mond als die Augen,
So schaue ich dich, dein Mund ein loderndes Opferfeuer,
Der du dies All mit deiner Glut erhitzt.
Du allein erfüllst den weiten Raum
Hier zwischen Himmel und Erde,
Und alle Himmelsrichtungen.

Bhagavadgita XI 14–19

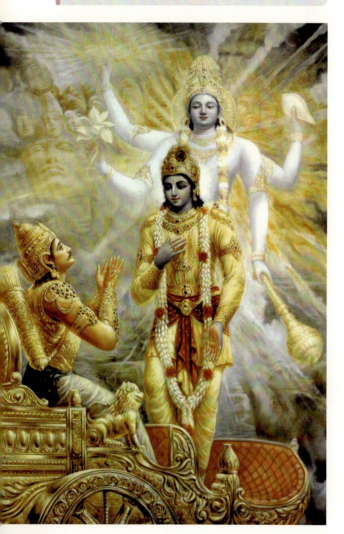

Krishna zeigt dem Arjuna seine göttliche Gestalt. Ein auch im heutigen Indien verbreitetes Bildmotiv.
Artwork »Krishna Reveals His Two-Armed Form To Arjuna« by Ramdas Abhiram Das courtesy of ©The Bhaktivedanta Book Trust International, Inc. www.Krishna.com. Used with permission.

1. Zu den **Bhakti-Bewegungen**: → S. 105.
2. Ein weiteres **Gedicht** über Krishna in den **Puranas**: → S. 29, ein weiteres Bild: → S. 61.

Der Liebhaber schöner Hirtinnen

❖ Von Krishna weiß die Tradition auch anderes zu erzählen. Da ist er ein großer **Herzensbrecher**. Den **Gopis**, schönen Hirtinnen und Melkerinnen, stellte er nach und betörte sie mit seinem unwiderstehlichen
5 Flötenspiel zu amourösen Tänzen und leidenschaftlichen Vereinigungen. Sie sind bis heute Sinnbild der menschlichen Liebe und Seligkeit, aber auch ein Symbol der Liebe zu Gott.

❖ Seine größte Liebe gilt der wunderschönen **Radha**,
10 die von den einen als seine abgöttisch Geliebte, von den anderen als seine ehrbare Gattin gepriesen wird. In der Vereinigung von Krishna und Radha sehen die Hindus die glückliche Verbindung von göttlichem Kosmos und irdischer Natur. Wie dem göttlichen Charmeur im Lauf
15 der Geschichte immer neue Abenteuer und Spiele zugewachsen sind, so wird er auch in Zukunft für weitere Überraschungen gut sein.

Krishna und die schönen Hirtinnen (»Gopis«), Illustration, 18. Jh. Die Hindus erzählen sich manche Liebesaben-teuer des charmanten Gottes mit den Hirtinnen des Landes. Einmal kam er hinzu, als sie in einem Fluß badeten. Sie wähnten sich unbeobachtet. Der Schelm raubte ihnen die Kleider, die sie am Ufer abgelegt hatten, und nahm sie mit auf einen Baum, von wo aus er die Schönen beobachtete. Die Kleider gab er nicht eher zurück, bis sie nackt vor ihm standen. Er war entzückt, aber sie waren es auch.

Krishna und Radha – die Liebenden

Harivans war ein Brahmane, der eine Sekte gründete, die Radha noch mehr verehrte als ihren Geliebten Krishna, der hier – ähnlich wie Vishnu – den Namen »Hari« trägt.

In lieblicher Laube ruhen sie beide,
Radha und Hari in kostbarem Kleide,
durch die Herbstnacht leuchtet des Vollmonds Pracht.

Der Dunkle umschlingt die goldige Schlanke
Wie der Wolkenflor des Blitzes Ranke
Verdunkelnd umfängt in gewitternder Nacht.

Sie prangen im Scharlach- und Safrangewande,
Ihre Herzen stehen in loderndem Brande,
Es weht die Luft süß duftend und kühl.

Auf Blättern und Blumen liegen die Schönen;
Er spricht zu ihr in den süßesten Tönen,
Sie wehrt ihn ab in schamhaftem Spiel.

Entzückt berührt er wieder und wieder
Ihre Brust, ihre Perlenkette, ihr Mieder.
Mit schüchternem »Nicht doch« zurück sie ihn hält.

So lieblich spielt der Erhabene, Hohe,
In Umarmungen glüht seiner Leidenschaft Lohe,
Und der Strom seiner Liebe läutert die Welt.

Harivans (1522–1587)

8. Shakti, Kali und Parvati – Die Göttinnen

❖ Im Hinduismus gilt auch: **Göttlichkeit ist weiblich**. Weiblichkeit ist göttlich. Die Frau ist das schöpferische Prinzip, sie hat eine große Nähe zu Geburt und Leben. Doch werden ihr auch unheimliche und gefährliche Kräfte zugeschrieben.

❖ In der Verehrung der »**Shakti**« liegt die weibliche Komponente der indischen Religion. »**Shakti**« heißt »**Kraft**« oder »**Energie**«. In den verschiedenen Manifestationen der Shakti sammeln sich die gegensätzlichen Eigenschaften, über die Götter und Menschen verfügen. Viele Aufgaben auf dem Weg zur Erlösung erledigen die **Götter nur mit ihrer Shakti** gemeinsam. Die schöpferische Polarität von Männlichem und Weiblichen kommt im Gott und seiner Shakti zum Ausdruck. Sie werden oft zusammen abgebildet.

❖ Der Shakti-Kult hat die **Stellung der Frau** zwar **rituell** aufgewertet, aber die **gesellschaftliche** Stellung der indischen Frauen nicht verbessert.

Vom Matriarchat zum Patriarchat

❖ In der Shakti leben wahrscheinlich Erinnerungen an **vorarische Zeiten** fort, in denen das **Matriarchat** vorherrschte und die Mutter Erde als Schoß (»**Yoni**«) aller Fruchtbarkeit verehrt wurde. Damals wurde das letzte Prinzip des Universums weiblich gedeutet. Auf die »Große Mutter« oder die »Urmutter« führte man alles Leben zurück.

❖ Die **Arier** haben das Matriarchat weitgehend durch das **Patriarchat** ersetzt. Darum gibt es in den Veden, ihren heiligen Liedern, nur wenige Göttinnen. Dass in den späteren Erzählungen Indiens die Götter eine größere Rolle spielen als die Göttinnen, dürfte an den Brahmanen liegen, die sich als Hüter der Veden ansahen und die weibliche Dimension des Göttlichen eher verdrängten. Religiöse Erinnerungen an das Weiblich-Göttliche der vorarischen Zeit sind aber nie ganz verloren gegangen.

❖ In der »**Volksreligion**« hat das Matriarchat immer eine wichtige Rolle gespielt. Von daher ist es wieder in den späteren Hinduismus eingedrungen. Ebenso wie in der Shakti-Gestalt lebt es in vielen lokalen Stammes-, Schutz- und Muttergöttinnen weiter. Auch im indischen Familienleben sind Nachwirkungen des Matriarchats bis heute zu spüren (→ S. 74).

Der Shaki-Kult

❖ Der **Shakti-Kult** ist etwa im 10. Jahrhundert nC entstanden und zählt neben dem Vishnu- und Shiva-Kult zu den Hauptströmungen im heutigen Indien.

❖ Die Shakti ist **entweder die Gattin eines indischen Gottes** oder auch die **kosmische Energie**, durch die Götter, Welten und Menschen entstanden sind und somit die weibliche Entsprechung der letzten absoluten Wirklichkeit (»**Brahman**«). Im **Tantrismus** (→ S. 72) spielt Shakti eine große Rolle.

❖ Shakti hat im Lauf der Zeit **viele Namen** angenommen. Mit ihrem freundlichen und zarten Wesen heißt sie oft **Sati** (d.h. »wahre« und »gute« Frau; → S. 81) oder **Parvati** (d.h. »Tochter der Berge«), in ihrer wilden und schrecklichen Gestalt **Kali** (d.h. »die Schwarze«) oder **Durga** (d.h. »die Unzugängliche«). Aber auch Sati und Parvati können furchtbar sein, während Kali und Durga auch liebevoll auftreten. In diesen Gestalten ist vieles zusammengeflossen, was in der indischen Religion einmal von Bedeutung war.

❖ Viele Göttinnen werden im alltäglichen Leben mit »**Ma**«, »**Mata**« oder »**Amma**« (d.h. »Mutter«) angesprochen.

Die sympathische Parvati

Seit vielen Jahrhunderten wird die Shakti unter dem Namen »**Parvati**« verehrt. Sie ist eine freundliche und schöne, zarte und mütterliche Göttin. Während Shiva (→ S. 52) noch über den Tod der Sati, seiner ersten Frau trauerte, gelang es dem Liebesgott Kama, in Shiva erneut die Liebe zu einer Frau zu entfachen. Er heiratete nun Parvati, eine Reinkarnation der Sati. Als **Gattin Shivas** spielt sie heute ihre wohl wichtigste Rolle. Mit ihren mütterlichen Zügen verkörpert sie die Gestalt der Frau, die ihrem Ehemann sanftmütig dient. Sie ist auch die Mutter des in Indien so populären elefantenköpfigen Gottes **Ganesha** (→ S. 71), der ohne Shivas Zutun allein von Parvati ins Leben gerufen wurde. In der seligen Vereinigung von Shiva und seiner Shakti Parvati sehen die Hindus ein Bild geglückter Existenz.

Die furchtbare Kali

Auch als **Kali** ist die Shakti unter den Göttinnen Indiens weithin bekannt. Sie verschlingt die Zeit und alles, was war, ist und sein wird. Ihr Anblick muss jeden erschrecken. Oft ist sie nackt oder mit einem Tigerfell bekleidet zu sehen. Sie streckt die Zunge aus ihrem bluttriefenden Mund, hat fangartige Zähne und langes ungeordnetes Haar. Wenn sie lacht und heult oder wie eine Wahnsinnige tanzt, breitet sich Schrecken aus. Ihr unförmiger Leib ist mit Leichenteilen versehen, in ihren Händen trägt sie eine Kette mit abgeschlagenen Köpfen, ein blutiges Schwert oder einen Stock mit einem Totenkopf. Ihre Opfer zerstückelt sie und trinkt deren Blut. Sie bringt Kriege und Seuchen, Überschwemmungen und Erdbeben über das Land. In ihrer urwüchsigen Kraft ist sie selbst **Shiva** (→ S. 52) überlegen. Sie tanzt auf ihm herum, während er reglos wie ein Leichnam unter ihr liegt. Als schwarzhäutige Gefährtin Shivas verkörpert sie dessen dunkle Seite. Von dieser furchtbaren Manifestation des Göttlichen erwarten die Hindus schlechthin alles. Die Anhänger Kalis zogen in früheren Jahrhunderten brandschatzend und mordend durch das Land, um mit Menschenopfern den Blutdurst der Göttin zu stillen.

❖ Für viele Inder verbirgt sich hinter dem grausamen Antlitz der Kali aber auch **eine gute mütterliche Gottheit**, die ihre Grausamkeit nur gegen die Bösen richtet, so dass man bei ihr Geborgenheit finden kann. Auch in dieser Göttin sind die **Widersprüche unserer Welt** und auch der **Frau** vereint. Sie gibt Leben und Tod, sie schafft und zerstört. Sie gebietet über das Unglück und zeigt den Weg zum Heil. Schönes und Scheußliches, Heiliges und Schmutziges gehören zu ihr, weil all diese Extreme auch zu unserer Welt gehören. Dieser Göttin ist nichts Menschliches fremd.

Gebet zu Kali

*Bei **Ramakrishna** (→ S. 108) wird Kali zur höchsten Göttin.*
O Kali, meine Mutter, voll der Glückseligkeit,
Zauberin des allmächtigen Shiva.
In deiner rasenden Freude tanzt du,
Indem du in deine Hände klatschst.
Ewige, du große erste Ursache,
Die du gekleidet bist in der Form der Leere. (...)
Du bist die Bewegerin aller Bewegungen,
Und wir sind nichts als deine hilflosen Spielzeuge.
Wir bewegen uns so, wie du uns bewegst,
Und sprechen so, wie du zu uns sprichst.

Ramakrishna (1836–1886)

Linke Seite, links: Muttergöttin(?), 2. Jh. vC. Die Schmuckscheiben wurden gesondert hinzugefügt.

Rechts: Parvati, Bronzestatuette, 12.–13. Jh. Sie ist schön, als Durga wild, als Kali auch blutrünstig.

Khali, Heiligtum in einem indischen Dorf. Die Göttin hat mehrere Arme und trägt eine Kette aus Menschenschädeln. Sie steht auf einem Dämon. Fromme Hindus haben sie mit einer Blumenkette geschmückt. Von den Hindus wird sie gefürchtet und geliebt.

Eine von Kali erwählte Frau

Cornelia Mallebrein ist Indologin an der Universität Tübingen, die in Indien intensiv Hindu-Traditionen erforscht hat. Sie berichtet:

Nach dem Besuch eines Tempels der Göttin Kali fühlte Lakshmi, Mutter von drei Kindern aus einem kleinen Dorf in Orissa, plötzlich eine ungeheure Spannung in ihrem Körper. In der Nacht geschah dann das Wunder: Die Göttin Kali nahm von ihr Besitz. Zunächst wehrte sie sich dagegen, dieser immensen Energie in ihrem Körper Raum zu geben, doch dann fügte sie sich. Seither fährt die Göttin Kali jeden Dienstag in ihren Körper: »Die Göttin hat mich ausgewählt. Was kann ich dagegen tun? Sie gibt mir die Kraft zu heilen. Frauen kommen zu mir, wenn sie sich ein Kind wünschen. Es ist der Wille der Göttin, durch mich den Menschen des Dorfes zu helfen.« Lakshmi ist in der ganzen Region bekannt. Für ihre Dienste nimmt sie kein Geld an, denn sonst würde die Göttin sie verlassen.

Cornelia Mallebrein

---

1. Was bedeutet es, dass im Hinduismus das Göttliche nicht nur in männlicher, sondern auch in **weiblicher** Gestalt erlebt wird?
2. Wie erklären sich die vielen **widersprüchlichen Eigenschaften** der Shaktis?

Die Allgegenwart der Religion

1. Alltag

❖ Für die Hindus ist die Religion die alles durchwirkende Kraft des Lebens. Jeder Tag und jedes Jahr werden von der Religion in einem Maß bestimmt, wie wir uns das kaum vorstellen können. **Eine Trennung von profanem und religiösem Bereich gibt es im Hinduismus nicht.** Alle Lebensabschnitte (»Ashramas«; → S. 76) haben eine eigene religiöse Prägung.

❖ Der **Animismus**, für den die Natur und ihre Erscheinungsformen heilig und göttlich sind, spielt im religiösen Alltag der Hindus eine große Rolle. Er reicht aus vorarischen Zeiten bis in die Gegenwart hinein.

Morgen und Abend

❖ Der Tag beginnt festlich mit einem **Lobpreis** der Schöpfung. Licht und Wasser, Ursymbole des Hinduismus, werden dabei wie selbstverständlich einbezogen. Beim Aufgang der **Sonne** und bei ihrem Untergang fühlt sich der Hindu an Gott und Götter erinnert und nimmt dies zum Anlass, sich selbst innerlich zu sammeln.

Der Tageslauf der Brahmanen (→ S. 90) ist vom Morgen bis zum Abend in eine strenge Ordnung eingebunden. Sie müssen mit dem rechten Fuß zuerst aufstehen, ganz bestimmte Gebete und Mantras sprechen, rituelle Atemübungen machen und vorgeschriebene Bäder nehmen. Wenn ein Brahmane **morgens** vor sein Haus tritt, begrüßt er zunächst mit dem Gayatri-Mantra die **Sonne** (→ S. 8, 25). Sie ist für ihn das sichtbare Zeichen für Geist und Leben, ein Symbol, das die göttliche Welt am schönsten offenbar macht. Die Hände hat der Beter dabei vor der Brust gefaltet. Nach Möglichkeit spricht er die heiligen Worte an einem Fluss oder Teich, sonst hat er einen Krug mit reinem **Wasser** in seiner Nähe. Mit dem Wasser besprengt er sich und die vier Himmelsrichtungen. So reinigt er sich schon am Morgen von seinen Verfehlungen und wird eins mit dem Göttlichen.

❖ Auch der **Abend** ist eine Zeit zum Beten. Wenn die Arbeit des Tages getan ist und Ruhe einkehrt, erinnert sich der Hindu im Kreis seiner Familie an die Götter oder an Gott. Vor allem in den höheren Kasten ist es Tradition, den Tag mit Gebeten und mit dem Erzählen der alten Mythen und Epen zu beenden.

Haus und Familie

Die Religion der Hindus lebt vor allem im **Haus**. Die **Familie** ist viel mehr der Mittelpunkt des religiösen Lebens als ein Tempel oder eine Gemeinde. In jedem Haus gibt es einen Andachtswinkel mit Bildern und kleinen Figuren der Gottheiten, denen sich die Familie besonders verbunden weiß. Seinen Göttern gegenüber fühlt sich der Hindu nicht so sehr als sündiger Mensch, nicht als gehorsamer Diener oder nichtswürdiges Wesen, sondern als **Gastgeber**. Die bunten Bilder der Götter werden täglich liebevoll begrüßt, sie werden mit kleinen Gebeten angesprochen, ihnen werden heilige Texte vorgelesen. Sie erhalten Opfergaben, Wasser und Süßigkeiten, werden gereinigt und mit duftenden Ölen gesalbt. Blumen und Blüten, Weihrauch und brennendes Licht sollen sie erfreuen. So bekommen sie wie liebe Gäste alles, was ihnen guttut. Natürlich geschieht das tägliche **Ritual** in der Erwartung, dass sich auch die Götter erkenntlich zeigen und dem Gastgeber das geben, was dieser braucht.

❖ **Gegenwärtig** verlieren die alten Bräuche an Bedeutung, weil die **moderne Lebenswelt** den Menschen keine Zeit mehr dafür lässt und den Sinn für die alten Traditionen stark mindert.

Hausaltar (→ S. 14, 42)

Die göttliche Natur

Die **Natur** ist in Indien ein göttlicher Bereich. Flüsse, Bäume und Berge sind heilig, weil sie von den Göttern kommen und wieder zu ihnen führen. In der Schönheit einer Blume oder in der Einfachheit eines Blattes leuchtet die Herrlichkeit göttlicher Schöpferkraft auf. Lebensmittel wie Reis, Butter oder Früchte sind für den Hindu nicht in erster Linie agrarische Produkte, die man zum Essen braucht und mit denen man Geld verdienen kann. Sie sind göttliche Geschenke für den Menschen und können darum als menschliche Geschenke den Göttern dargebracht werden. Die ganze Welt lässt für den Hindu das Göttliche aufleuchten.

Betende in einem indischen Fluss.

Gebrauchsgegenstände

Gegenstände des täglichen Gebrauchs, die von Menschen hergestellt worden sind, werden durch Symbolhandlungen geheiligt. Der Automechaniker nimmt am Morgen Schraubenzieher und Zange zur Stirn, drückt sie an sich und segnet sie. Ähnlich verfährt der Radfahrer mit der Luftpumpe, die Hausfrau mit ihren Löffeln und die Wäscherin mit ihrem Bügeleisen. In den Geschäften Indiens geben brennende Weihrauchstäbchen dem Raum einen eigentümlichen Duft. Manchmal hält der Besitzer sie an die Schränke, damit ihr Duft auch auf die Waren übergehen kann. Selbst das Geld in der Kasse wird nicht vergessen, weil es lebenswichtig ist. Für die Hindus ist alles, was dem Leben dient, heilig.

Fakire und Gaukler

Zum indischen Alltag gehören auch Fakire und Gaukler, die ihrem Publikum **ungewöhnliche Fähigkeiten** vorführen. Es sieht so aus, dass sie monatelang nichts essen und trinken, sich in die Erde eingraben lassen und dort lange verharren, bis sie wieder hervorkommen, tagelang auf einer Säule stehen, ein Seil in der Luft stehen lassen, Auskunft über verlorene Dinge geben oder in der Luft schweben können. Wer durch Indien reist, wird auch heute auf ärmlich gekleidete »Heilige« stoßen, die ähnliche Kunststücke vor den Augen ihrer Zuschauer vollbringen. Sie gehen barfuß über Nägelbretter, Scherben und glühende Asche, lassen Schlangen zum Flötenspiel tanzen, schlucken Feuerflammen oder springen von extrem hohen Gebäuden in nahe Gewässer.

> 1 Beschreiben Sie den religiösen Alltag bei **Christen, Juden, Muslimen** und **Buddhisten**.
> 2 Die **Natur** kann angesehen werden als (1) ein Feld für wissenschaftliche Erforschung, (2) Reservoir von Rohstoffen, (3) Stätte der Erholung, (4) Quelle der Schönheit, (5) göttlicher Bereich. Diskutieren Sie die verschiedenen Einstellungen zur Natur.
> 3 Können **wir** von dem Naturverständnis der Hindus etwas **lernen**?

Schlangenbeschwörer

2. Bilder

Themen der Bilder

Wichtige **Typen der Götterbilder** sind die Götterdreihe von Brahma, Vishnu und Shiva, der vierköpfige Brahma, Shiva als Tänzer, der elefantenköpfige Ganesha. Auch die Liebesabenteuer Krishnas mit den Hirtinnen haben die Künstler oft angeregt. Viele Götter werden mit ihrer göttlichen »Shakti« in seliger Vereinigung gezeigt. Die erotische Komponente hat in der religiösen Kunst einen hohen Stellenwert. Andere Gottheiten schauen furchterregend drein, um vom Bösen abzuschrecken. Auch die Hauptstationen unseres gegenwärtigen Weltzeitalters (→ S. 36) von den guten Anfängen bis zur letzten Katastrophe sind beliebte Themen des religiösen Bildes.

Göttliche Präsenz im Bild

Das Gottesbild ist für viele Hindus **mehr als nur ein Symbol.** In den Bildern »sehen« sie das Göttliche (→ S. 44). Wenn das Bild in einer heiligen Zeremonie geweiht wurde, kann es beim Gottesdienst **Gott selbst präsent** sein lassen. Ihm nähern sich die Hindus mit besonderer Hingabe. Im Bild begegnen sie ihrem Gott und ihrer Göttin.

Ablehnung der Bilder

❖ Für Menschen, die das Göttliche als Brahman ohne Anschaulichkeit und ohne Attribut verehren, sind Bilder des Göttlichen nicht möglich. Deshalb lehnen manche Hindus jede Bilderverehrung ab. Sie halten Bilder für unnütz, weil das Göttliche durch sie grundsätzlich nicht repräsentiert werden kann und der Mensch durch sie zum Götzendienst veranlasst wird.

❖ Reformer wie Gandhi haben die **Bilderverehrung** nicht abgelehnt (→ S. 14). Sie wussten, dass ein unanschauliches, abstraktes Gottesverständnis den meisten Menschen nicht genügt, weil sie die Bilder brauchen, um zum Göttlichen Zugang zu finden. Die Reformer bestehen allerdings darauf, dass die Bilder nicht die Götter selbst sind, sondern Symbole, die auf die Götter verweisen.

Linke Seite: Bilder in einem Devotionaliengeschäft.

❖ Der Hinduismus hat wie kaum eine andere Religion eine reiche **Bilderwelt** hervorgebracht. Sie verdankt vor allem religiösem Empfinden, aber auch dem Willen zur Kunst ihre Entstehung. Die großartigen Tempel mit ihren ausdrucksstarken Gottes- und Menschenbildern und die vielgestaltigen indischen Skulpturen nehmen in der Weltkunst einen hervorragenden Platz ein.

❖ Die Bilder ermöglichen eine Vorstellung des Göttlichen, sind Hilfen zur Meditation und zeigen Wege zum Verständnis der heiligen Gesetze.

❖ Im heutigen Indien stößt man überall auf grellbunte **Farbdrucke** mit den populären Göttern und Göttinnen. In jedem Haus, in allen Fabriken, in den meisten Autos und Bussen finden sich solche religiösen Bilder. Überall werden sie als preiswerte Poster und Plakate feilgeboten. Sie bestimmen weithin die Vorstellung vom Göttlichen beim Volk, während sie bei den Kunstexperten nicht geschätzt sind.

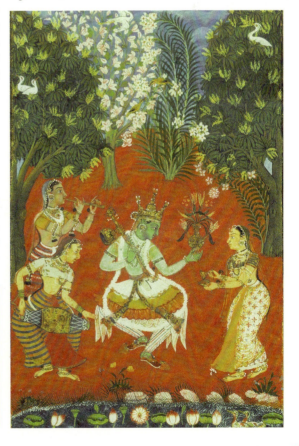

Frühlingsstimmung, Miniatur, 1670–1680. Krishna (→ S. 55) tanzt zu den Klängen von drei Frauen mit Trommel, Flöte und Zimbeln. Er selbst hält eine Laute in seiner rechten und eine Vase mit Mangozweigen in seiner linken Hand. Blühende Bäume, Vögel, geben dem Bild seinen Titel.

1 **Gott und Bild** – ein schwieriges, für die Religionen zentrales Thema. Welche Zuordnungen sind möglich? Welche Kritik gibt es?

2 Betrachten Sie einige **Bilder dieses Arbeitsbuches.** Gehen Sie auf Thema, Form und Wirkung des einzelnen Bildes ein.

3 Warum fällt es Juden, Christen und Muslimen schwer, die religiöse Bilderpraxis Indiens zu verstehen? Wie lautet das **biblische Bilderverbot** (Ex 20, 4)? Welchen Stellenwert hat es für Juden, Christen und Muslime?

3. Tempel

❖ In Indien gibt es hunderttausende **Tempel**. Überall in den Städten und Dörfern, an Flüssen und auf Bergen, in Wäldern und an schönen Orten haben die Hindus ihren Göttern Bauten errichtet. Manchmal sind die Tempel nur kleine Hütten, die aus bescheidenem Material gebaut sind. Manchmal finden wir auch herrliche Tempelbezirke und sogar ganze Tempelstädte wie Khajuraho und Madurai, für die man in Europa Vergleichbares kaum findet. Zwischen diesen beiden Extremen gibt es eine Unzahl verschiedener Tempelformen.

❖ Der **Stil** der Tempel ist von der kulturellen und sozialen Situation der Entstehungszeit, von der Landschaft, von den Zielen des Tempelbaus abhängig.

Ein Blick auf die Geschichte des Tempels

❖ In den vedischen Zeiten hatten die Arier noch keine Tempel. Die Opfer wurden damals auf Altären in der freien **Natur** dargebracht. Erst in der Zeit nach den Upanishaden wurden die ersten **Tempel** errichtet. Sie haben manche Symbolik des vedischen **Opferaltars** übernommen, so die quadratische Form, die auf die vier Himmelsrichtungen hinweist. Von den ältesten Tempeln, die aus unbeständigem Material gebaut waren, sind nur wenige erhalten. Viele Tempel, die früher von wohlhabenden Herrschern gebaut wurden, sind noch heute zu bewundern.

❖ Der Tempel ist ein Symbol der Welt und des Kosmos. Jeder Teil des Tempels muss der **Ordnung der Welt** entsprechen. Darum haben manche Tempel den Grundriss eines **Mandala**, das symbolisch die Gestalt der Welt, den Makrokosmos und den Mikrokosmos, darstellt. Der Tempel kann auch eine **Analogie zum menschlichen Körper** sein oder den mythologischen **Berg Meru** nachbilden, den die Götter zum Mittelpunkt der Welt gemacht haben.

❖ Viele Hindu-Tempel wurden seit dem 11. Jahrhundert **von Muslimen zerstört** (→ S. 134), weil sie diese Gebäude für verabscheuungswürdige Stätten des Götzendienstes hielten.

Das Gottesbild – Mittelpunkt des Tempels

❖ Der Tempel ist in erster Linie die **Wohnung der Götter**. Das Hauptbild befindet sich im **Mittelpunkt**. Von ihm strahlt die göttliche Energie in den Tempel und in die Welt. In den reicheren Tempeln ist das Bild mit kostbarem Schmuck versehen. Es wird von den Frommen liebevoll mit Blumen, Blättern und Girlanden geschmückt. Für die Zeit des Gottesdienstes (»**Puja**«) ist das Bild sogar für viele die dargestellte Gottheit selbst.

Tempel der Liebe, Khajuraho, 9.–12. Jh. In dem kleinen Ort in Zentralindien entstand eine Tempelstadt mit ungewöhnlichen Bauwerken und Skulpturen. Kenner halten diesen Tempel für einen Höhepunkt der indischen Bau- und Skulpturenkunst. An diesem Tempel wurden 872 Statuen gezählt, 226 innen und 646 außen. Er gehört heute zum Weltkulturerbe.

1 **Heilige Gotteshäuser** – Welche Bedeutung haben sie in der Religion?
2 Wodurch unterscheidet sich der Hindu-Tempel von der **jüdischen Synagoge, der christlichen Kirche und der islamischen Moschee**?

Die Allgegenwart der Religion

❖ Die **Architektur** ist gewöhnlich auf den Schrein des Bildes konzentriert, der »Embryohaus« oder »Gebärmutter« heißt und so auf den Ursprung des Lebens verweist. Das **Innere** wirkt oft dunkel und geheimnisvoll. Das Haupttor liegt im Osten, damit der erste Sonnenstrahl am Morgen das Bild treffen kann. Die **Außenwände** eines reichen Tempels sind oft mit Skulpturen reich geschmückt, die die Vielfalt der Welt widerspiegeln. Der **Tempelturm** über dem Gottesbild steht für die Verbindung von Himmel und Erde.

❖ Die **Architekten** bereiten sich oft durch wochenlanges Fasten auf ihre Arbeit vor. Die **Einweihung** des Tempels ist ein festlicher Akt, der nach alten Riten prunkvoll begangen wird.

Rituale

❖ Die Rituale und die Verwaltung eines Tempels sind in der Regel Sache der **priesterlichen Brahmanen**. Sie sind für die tägliche Verehrung des Gottes, dem der Tempel gehört, verantwortlich. Ihre Götterbildverehrung ist ein Gastritual, bei dem die Gottheit liebevoll bedient, geschmückt und gespeist wird.

❖ Es gibt **16 verschiedene Rituale**, die im Tempel angewendet werden können: Atemkontrolle, Meditation, Anrufung, Vernichtung der Sünden durch das Aussprechen eines Mantras, Sitzhaltung, Mundspülung, Bad und Speisung der Statuen, Salbung der Bilder, Blumenschmuck, Weihrauch, Geschenk, Lichterschwenken, Essen, Umherwandeln und Verneigung.

Gottesdienste

❖ Im Tempel gibt es in der Regel **keine festen Gottesdienstzeiten** und **keine Gemeinschaftsfeiern**. Die Hindus kommen **einzeln** in den Tempel, und zwar zu der Zeit, die ihnen richtig erscheint. Jeder verehrt das Gottesbild auf seine Weise. Der eine übt sich hier in Meditation, der andere tanzt und musiziert, wieder ein anderer betet und singt mit lauter Stimme. Die Kinder spielen und lärmen, manche Leute machen im Tempel sogar einträgliche Geschäfte. An jedem Tag und zu jeder Stunde kann man zum Gott oder zur Göttin beten.

❖ An **den großen Festtagen** finden in den Tempeln Gottesdienste statt. Dann kommen große Prozessionen, um das Gottesbild zu verehren. Alle Künste tragen dazu bei, den Gottesdienst zu verschönern. Architektur und Musik, Malerei und Plastik, Dichtung und Tanz haben Anteil an dem heiligen Spiel, das Geist und Herz, Gemüt und Sinne gleichermaßen anspricht.

Noch heute pilgern zu den Festen viele Hindus nach Khajuraho.

Die Künstler haben an den Außenwänden des Tempels der Liebe ausschließlich Liebespaare und Frauengestalten angebracht, die die Freuden der Liebe genießen.

4. Feste

❖ Wie es heilige Orte gibt, so auch **heilige Zeiten**. Da finden die **Feste** statt, an denen die Götter in besonderer Weise verehrt werden. Das Andenken an ihre Taten und Wunder wird im Fest gefeiert.

❖ Feste bestimmen den **Rhythmus des Jahres**. Über tausend Hindu-Feste sind bekannt. Die verschiedenen Kalender setzen die Termine für die Feste gemäß ihren unterschiedlichen Traditionen fest. Gottesverehrung und Festlichkeit des Lebens gehören für die Hindus untrennbar zusammen.

❖ Viele Hindus nehmen **nicht nur an den Festen ihrer Götter** teil, sondern auch an den Festen anderer Gottheiten. Vishnuiten feiern die Feste Shivas und Shivaiten auch die Feste Vishnus mit. Sie haben Freude daran und glauben, dass die Beteiligung an den Festen verdienstvoll ist.

❖ Die **Feste im Leben des Einzelnen**, z. B. die Hochzeit (→ S. 78 ff), werden gern an Tagen gefeiert, die nach astrologischen Befunden, z. B. Mondphase oder Sternenkonstellationen, als glückbringend gelten.

Große und kleine Feste

Es gibt in Indien große und kleine Feste, solche, die nur regionale Bedeutung haben und andere, die in ganz Indien verbreitet sind. Zu den **großen Festen** zu Ehren von Vishnu und Krishna, von Shiva und Ganesha kommen hunderttausende Menschen zusammen. Alles, was die Gläubigen aufbieten können, wird bereitgestellt, um das Fest aus dem Leben des Alltags herauszuheben. Die Menschen kampieren in der Nähe der Göttertempel, wo sie Lagerfeuer anzünden, an denen sie kochen, singen und tanzen. Wenn die große Festprozession beginnt, in der ein eigens angefertigtes Götterbild auf einem bunten Wagen gefahren wird, ist die Begeisterung unbeschreiblich. Priester und Laien, Alte und Junge, Gesunde und Kranke machen mit, um Anteil am göttlichen Segen zu erlangen. Oft werden Elefanten, Affen und Pferde im Zug mitgeführt. Wer den Zug nicht begleiten kann, schaut ihn sich wenigstens an. Manche Feste dauern eine ganze Woche und länger. Am Ende des Festes wird das Gottesbild der Natur übergeben und in einem Fluss versenkt.

Kumbh Mela

❖ Das größte Fest der Hindus heißt **Kumbh** (d. h. »Krug«) **Mela** (d. h. »Fest«). Es findet alle drei Jahre im Wechsel in vier verschiedenen Städten statt. An diesen Orten wurden einst beim mythologischen Kampf der Götter gegen die Dämonen einige Tropfen aus dem **Krug** des Nektars der Unsterblichkeit verschüttet. Dort fließt der Ganges jeweils mit anderen Flüssen zusammen. Bis zu 90 Millionen Besucher kommen für die 45-tägige Zeremonie aus dem ganzen Land hierher, um in den heiligen **Gewässern** zu baden. Nach fünfmaligem Untertauchen ist man **frei von jeder Schuld und neugeboren**.

❖ Neben den rituellen Bädern interessieren sich die Pilger besonders für die Zusammenkunft der indischen Asketen, Wandermönche und Heiligen, die »**Sadhus**« heißen. Sie fallen mit ihrer bunten, meist orangefarbenen Bekleidung und ihrer originellen Kopfbedeckung sofort auf. Manche sind ganz oder teilweise nackt. Für das Fest verlassen sie ihr unstetes Wanderleben, mischen sich unter andere Menschen und gönnen sich für ein paar Tage eine Erholung von den Anstrengungen ihres heiligen Lebens. Während der Kumbh Mela werden auch die vielen Anwärter zu neuen Sadhus geweiht.

❖ Zur Bewältigung der größten Pilgerströme, die die Welt kennt, ist eine komplizierte **Logistik und Organisation** nötig. Sie muss Verpflegung, Unterkunft, Gesundheitsfragen und Verbrechensvermeidung im Blick haben. Trotzdem kommen gelegentlich Unruhen und Streitigkeiten vor.

Divali

❖ **Divali**, am ehesten mit Weihnachten und Neujahr vergleichbar, ist in Indien ein mehrtägiges Fest, das den Jahreslauf beschließt. Es wird in der Aura von Ehrfurcht und Sittsamkeit gefeiert. Im Norden Indiens hält es die Erinnerung an die Rückkehr von **Rama und Sita** nach Ayodhya fest, nachdem sie 14 Jahre verbannt waren (→ S. 28). Im Süden steht **Krishna** im Mittelpunkt des Festes. Er wird gefeiert, weil er einen Dämon besiegt, tausende Frauen befreit und die schöne Hirtin Radha geliebt hat (→ S. 53).

❖ Die prunkvolle Feier beginnt in der Abenddämmerung einer Neumondnacht (Oktober/November). In der Dunkelheit leuchten Tausende von kleinen Öllämpchen auf. Alle Häuser in der **Stadt** und auf dem **Land** sind mit Lichtern geschmückt. Die Straßen bilden herrliche Lichterbahnen. In den Städten werden unzählige Feuerwerkskörper in die Luft geschossen. Die Menschen kleiden sich festlich, besuchen und beschenken sich gegenseitig und wünschen sich Glück. Unverheiratete Männer und Frauen zünden Lichter an, damit sie im kommenden Jahr Erfolg in der Liebe haben und einen guten Ehepartner finden.

❖ Stimmungsvoller, weil weniger laut, ist das Fest **in der freien Natur**. Berge und Seen, Bäume und Bildstöcke sind wunderbar beleuchtet. Zauberhaft wird das Fest an den Flüssen begangen. Da setzt man die Lichter auf kleine Flöße und Holzstämme, die allmählich flussabwärts treiben. Man schaut ihnen nach, bis sie endlich im Dunkel verlöschen. Die kleinen Lampen sollen die Dämonen vertreiben.

Linke Seite, unten: Zu Khumb Mela werden Ponton-Brücken gebaut, um die Pilgermassen zu lenken.
Oben: Ein Guru und seine Anhänger bei Khumb Mela.

Die Dämonin Holika wird verbrannt.

Holi

Holi, ursprünglich ein Fruchtbarkeits- und Erntefest, ist das Fest, an dem die Strohpuppe der Winterdämonin Holika verbrannt wird. Es ist auch dem Krishna geweiht, der das Fest in vergnüglichem Liebesspiel mit seinen Hirtenmädchen und seiner Lieblingsgefährtin Radha begangen haben soll. An diesem karnevalistischen Fest zu Anfang des indischen Sommers werden die normalen Verhaltensregeln außer Kraft gesetzt. Nun herrschen Erotik und Aggressivität. Die strengen Sitten des Alltags gelten nicht. Selbst die Kastengesetze werden nicht beachtet. Da darf man anzügliche Lieder singen, übermütige Spiele veranstalten, über Feuerstellen springen, andere mit Wasser begießen und rote Farbe als Symbol des Blutes verspritzen. Selbst dem verpönten Alkohol wird kräftig zugesprochen. Mancherorts werden die Götterbilder geschaukelt.

Eine junge Frau zündet zu Divali Lichter an.

> 1 **Heilige Zeiten** – Welche Bedeutung haben sie in der Religion?
> 2 Welche Feste feiern **Juden, Christen, Muslime und Buddhisten**? Suchen Sie Gemeinsamkeiten und Unterschiede.

5. Benares und Mutter Ganga

❖ Keine Stadt ist den Hindus so heilig wie **Benares** (abgewandelt von dem alten Namen »**Varanasi**«). Sie wird auch **Kashi** (d. h. »die Leuchtende«) genannt. Heute hat die Stadt an die 1,5 Millionen Einwohner.

❖ Benares liegt am **Ganges**, der für die Inder wie alle Flüsse weiblicher Natur ist. Sie nennen ihn »Ganga«, d. h. »die schnell Fließende«, oder auch liebevoll »**Mutter Ganga**«. Er ist 2 500 km lang und fließt am Golf von Bengalen in den Indischen Ozean. Kein Fluss ist göttlicher als der **Ganges**.

Eine nepalesische Pilgerin opfert Blumen und Früchte.

Legende und Geschichte

❖ Eine alte **Legende** erzählt, dass Ganga ursprünglich vom Himmel gekommen ist, als die Menschen unter einer langen Trockenheit litten. **Shiva** ist es zu verdanken, dass sie die Erde bei ihrem Aufprall mit ihren ungeheuren Wassermassen nicht zerstörte. Er fing sie mit seinen Haaren auf und gab ihr eine ruhige Bewegung. Nun konnte sie den Menschen nützlich sein. Bis heute beschützt Shiva Benares. Daher trägt die Stadt auch den Namen »die von Shiva nie Verlassene«.

❖ Die **Geschichte** der Stadt reicht bis in die Zeiten der Arier zurück. Schon im 2. Jahrtausend vC gab es hier Opferstätten. Seit mehr als 2500 Jahren pilgern Hindus an diesen Ort. Der Buddha (→ S. 96) hat hier das »Rad der Lehre« in Bewegung gesetzt, als er nach seiner Erleuchtung die erste Lehrrede hielt. Gelehrte wie Shankara (→ S. 102) haben in Benares gewirkt. Man zählt hier heute über 1500 Tempel, in denen keine Gottheit ausgeschlossen ist. Sie wohnen mit ihren Bildern in Bauten von hohem künstlerischen Wert, aber auch in ärmlichen und grellbunten Hütten.

Ufer des Ganges mit den Ghats

Große Gegensätze

Im Lauf der Zeit ist hier eine Stadt gewachsen, die wie in einem Prisma alle Facetten des Hinduismus zeigt. Am Fluss ziehen sich kilometerlange stufenförmige Befestigungen (»**Ghats**«) hin, von denen die Pilger bequem in das Wasser gelangen können und auf denen Leichenverbrennungen stattfinden. Licht und Schatten sind hier so nahe beieinander wie in keinem anderen Ort Indiens. Jährlich strömen in Benares **mehrere Millionen Menschen** zusammen. Es ist kein einheitliches Volk, das man hier antrifft: Männer, die durch lebenslange Askese zu Heiligen geworden sind (»Sadhus«), Mönche und Nonnen, die einen langen entsagungsvollen Fußmarsch hinter sich haben, Fromme, Neugierige, Touristen, Suchende, Abenteurer, üble Geschäftemacher, kleine Gauner und große Betrüger. Selbst kriminelle Elemente betreiben hier ihr Geschäft. Man weiß nicht, was einen am meisten irritiert: ein roher Aberglaube, die schamlose Ausbeutung der Pilger, die Masse der Drogensüchtigen oder die unvorstellbare Armut in den Elendsquartieren. Gleichwohl kann man Benares Respekt und Ehrfurcht nicht versagen. Man trifft hier viele Menschen von tiefem Glauben und großer Weisheit. Die Schönheit der Natur, die Herrlichkeit der Tempel, die Qualität der wissenschaftlichen Hochschulen und vor allem die Zeugnisse echter Frömmigkeit machen Benares zu einem der bedeutendsten religiösen Orte der Menschheit.

Ein Tag am Ganges

❖ Schon am frühen **Morgen**, noch bevor die **Sonne** aufgegangen ist, begeben sich Tausende von Menschen an das Ufer des **Ganges**, um an den Ghats in den Fluss zu steigen. Das Wasser des Flusses reinigt von aller Schuld. Man sieht Alte und Kranke, die sich von der Waschung Gesundheit erhoffen, und Pilger, die endlich am Ziel ihrer Sehnsucht angekommen sind. Am Ganges bekommen alle Gebete und Lieder eine besondere Intensität. Wenn die Frommen im Wasser stehen und untertauchen, dann die Hände zum Himmel erheben und Wasser über den Kopf gießen, ist alle Mühsal der Pilgerfahrt vergessen. Viele geraten in Ekstase und fühlen sich dem Paradies nahe.

❖ Das **Wasser des Ganges** ist überall in Indien beliebt. Die Pilger nehmen es mit nach Hause. Geschäfte versenden es in Flaschen in das ganze Land. Es wird für zahlreiche religiöse Handlungen als **Weihwasser** benötigt.

In Benares sterben

❖ Benares ist nicht nur Ziel irgendeiner Wallfahrt. Viele Hindus haben den Wunsch, dass die Stadt am Ganges die Endstation ihres Lebens wird. Wenn sie merken, dass ihr Tod naht, kommen sie hierhin. Wer hier stirbt, der hat entweder die Erlösung vom bösen Kreislauf erreicht, oder er kommt in die Herrlichkeit des Himmels, wo er so lange bleiben darf, bis er in einem guten Leib und in einer hohen Kaste wiedergeboren wird.

❖ Die Todesrituale am Ganges sind in Benares **alltägliche Schauspiele**. Überall in der Stadt begegnet man den Leichenzügen, die zum Ganges ziehen. Am Ufer des Flusses gibt es einen geräumigen **Verbrennungsplatz**, von dem ständig Feuerflammen und Rauchschwaden aufsteigen. Die Leichen der Männer sind in weiße, die der Frauen in rote Tücher eingehüllt. Sie liegen zunächst mit den Füßen im Wasser, bis ihre **Verbrennung** an der Reihe ist. Dann kommen die Kulis, nur Unberührbare, ziehen die Leiche aus dem Wasser und legen sie auf den Scheiterhaufen. Das Holz wird mit Butter begossen. Angehörige oder Priester finden sich nicht ein. Denn der Tod ist etwas Unreines. So vollzieht sich die Verbrennung ohne Feierlichkeit und ohne Tröstung für die Zurückgebliebenen. Wohl ist es Pflicht des ältesten Sohnes, sich an der Zeremonie zu beteiligen. Dreimal geht er mit einer brennenden Fackel um den Scheiterhaufen und zündet ihn dann an. Sofort züngeln die Flammen auf und verbrennen das Gewand des Toten und seine Gebeine. Niemand erweist dem Geschehen besondere Aufmerksamkeit. In unmittelbarer Nähe sitzen feilschend und lärmend die Geschäftemacher. Ist der Stoß niedergebrannt, werden die Aschenreste in den heiligen Fluss gestreut. Das Leben hat in Benares an der Ganga ein Ende gefunden. Es ist ein Ende, wie es sich ein Hindu nur wünschen kann.

Leichenverbrennung am Ganges

Ganges

Zu den **Puranas**: → S. 29.
Gesegnet ist der Ganges.
Wer an ihn denkt, befreit sich von Sünden.
Wer ihn sieht, steigt auf zu Vishnus Paradies.
Wer ihn trinkt, wird eins mit Gott.

Lied aus den Puranas

1 Die **Wallfahrt** ist eine alte religiöse Symbolhandlung. Welche Erfahrungen kann sie ermöglichen?
2 Benares gehört zu den großen Wallfahrtsorten der Welt. Welche Wallfahrtsorte gibt es im **Judentum, Christentum, Islam und Buddhismus**?
3 Ein weiteres **Bild** zu Benares, → S. 3.

6. Der Schutz der Kuh

❖ Die Inder sehen in der Kuh ein **Symbol des Lebens** und die **Nährmutter der Menschen**. Sie hilft als Zugtier dem Bauern beim Pflügen der Felder und spendet die kostbare Milch. Für die Landwirtschaft ist sie unentbehrlich. Ihr Kot ist bester Dung für den Acker. Die getrockneten Kuhfladen sind ein begehrter Brennstoff, der für viele Familien der wichtigste Heizstoff zum Kochen und Wärmen ist. Er wird selbst zum Schutz vor Insekten und als Desinfektionsmittel gebraucht. Für lange Zeit war die Kuh in Indien zum Leben und Überleben der Menschen unentbehrlich.

❖ Für die Hindus ist die Kuh mehr als nur ein nützliches Tier – sie ist ein Wesen, dem **religiöse Ehrfurcht** zukommt. In der Kuh achten sie die Schöpferkraft der Natur. Würden sie die Verehrung der Kuh aufgeben, so würden sie sich selbst von der Quelle ihres Lebens abschneiden. Verachtung der Kuh ist Frevel an der göttlichen Ordnung der Welt und Beginn jeder Unmenschlichkeit.

Stadien der Verehrung

Schon in den **Veden** wird der Kuh eine himmlische Herkunft zugeschrieben. Sie genoss damals hohe Verehrung, war aber noch nicht unantastbar. So durfte das Fleisch unfruchtbarer Kühe und Kälber bei besonderen Anlässen gegessen werden. Bei der Bestattung eines Menschen wickelte man einen männlichen Leichnam in die Haut einer Kuh, damit er in ihrem schützenden und wiederbelebenden Kraftfeld bleiben konnte. Eine Kuh sollte auch den Verstorbenen über den Todesfluss geleiten, durch den er vom Reich des Lebens in das Reich des Todes kommt. Seit dem **Mahabharata** gilt die Kuh als heilig und darf nicht mehr geschlachtet werden. **Brahmanen** wurden für den Gottesdienst mit einer Kuh entlohnt. Im **Szenario der Götter** sind auch solche vertreten, deren Gestalt an die Kuh erinnert. Sie sind Garanten des Wachstums und Wohlstands.

Unbequemlichkeiten und Kritik

❖ Den Hindu stört es nicht, dass er der Kuh zuliebe Unbequemlichkeiten auf sich nehmen muss. Gelassen wartet er in der **Großstadt**, wenn eine Kuh die Straße blockiert. Autofahrer nehmen Umwege in Kauf, wenn eine Kuh auf der Fahrbahn liegt. Reiche Hindus opfern viel Geld, damit alte und kranke Tiere in eigenen Heimen versorgt werden können. Das schließt nicht aus, dass sich die meisten Hindus mit einem Fußtritt zu wehren wissen, wenn eine Kuh dem Kaufladen oder Gemüsestand zu nahe kommt. Doch darf das Tier dabei nicht ernstlich verletzt werden.

❖ Im heutigen Indien gibt es auch heftige **Kritik** an der Verehrung der Kuh. Man will die Belästigungen, die von den vielen im Land umherstreunenden Tieren ausgehen, nicht mehr hinnehmen. Wichtiger noch ist das Argument, dass der Schutz der Kuh das arme Indien jährlich viel Geld kostet. Aber solch rationale Argumente können die meisten Hindus kaum überzeugen.

Eine Lehre für den Umgang mit der Natur

Vielleicht beginnt die westliche Welt angesichts ihres zerstörerischen Umgangs mit der Natur und mit den Tieren zu verstehen, dass der Schutz der Kuh in Indien in einer **tiefen religiösen Ehrfurcht vor der Natur** begründet ist. Er trägt dazu bei, die Lebensgrundlagen zu achten und zu schützen.

Schutz der Kuh

Zu Gandhi: → *S. 14, 111 ff.*

Im Mittelpunkt des Hinduismus steht der Schutz der Kuh. Für mich ist der Schutz der Kuh eine der wunderbarsten Erscheinungen in der menschlichen Entwicklung. Er führt den Menschen über seine eigene Spezies hinaus. Für mich bedeutet die Kuh die gesamte nichtmenschliche Schöpfung. Durch die Kuh ergeht an den Menschen der Auftrag, seine Einheit mit allem, was lebt, zu verwirklichen. Es ist für mich klar, warum die Kuh für diese Apotheose gewählt wurde. In Indien ist die Kuh der beste Freund, sie war das Füllhorn. Sie gab nicht nur Milch, sie machte die Landwirtschaft erst möglich. Die Kuh ist ein Gedicht des Mitleids. Man kann Mitleid an dem freundlichen Tier lernen. In Indien ist sie die Mutter von Millionen. Schutz der Kuh heißt Schutz der ganzen stummen Kreatur Gottes. Dies ist das Geschenk des Hinduismus an die Welt. Und der Hinduismus wird leben, solange es Hindus gibt, die die Kuh beschützen.

Mahatma Gandhi (1869–1948)

---

1 Beschreiben Sie verschiedene **Typen des Umgangs mit Tieren** in unserer Gesellschaft.
2 Inwiefern kann uns der indische Schutz der Kuh **nachdenklich** machen?

Die Allgegenwart der Religion

7. »OM« und die Mantras

OM

❖ Das bekannteste und höchste Mantra ist »**OM**« (richtiger in der Umschrift »**AUM**«), da das europäische **OM** den drei Buchstaben A-U-M im Indischen entspricht. In allen Richtungen des Hinduismus spielt OM eine große Rolle. Viele Hindus beten es täglich und meditieren über diese heilige Silbe. Jeder Buchstabe hat eine eigene Bedeutung. Bei der Betrachtung beginnt man bei dem »**A**« mit dem Einatmen, wodurch man sich für alles Gegenwärtige öffnet. Das Ausatmen bei dem »**U**« bedeutet Hingabe an das Göttliche. Das »**M**« versetzt in die Stille und bringt die Fülle der Welt nahe. Das Wort ist im persönlichen Gespräch tabu. Es hat keine profane Bedeutung, ist aber die konzentrierteste Kurzformel für den Hinduismus in all seinen vielen Formen.

❖ OM bezeichnet den **Odem** des Mundes und die Strahlkraft der **Sonne**. Der Atem als Prinzip des Ich und die Sonne als die Lebenskraft des Universums sind in dem Wort eins. Die **Vielfalt unserer Welt** ist in »OM« ebenso vorhanden wie die ihr zugrunde liegende **Einheit**. »OM« ist selbst das **Universum** und das Universum ist »OM«. In »OM« fallen auf mystische Weise die drei **Zeitdimensionen** Vergangenheit, Gegenwart und Zukunft zusammen. Es bezeichnet Entstehen (Geburt), Bestehen (Leben) und Vergehen (Tod). Mit »OM« wird die **göttliche Dreigestalt** von Brahma, Vishnu und Shiva angesprochen und das Absolute bzw. das Göttliche bezeichnet. »OM« bildet den Anfang und das Ende vieler religiöser Texte. Jede Rezitation der Veden beginnt mit diesem heiligen Wort. Wer »OM« nur häufig genug spricht und bedenkt, kann seinen tiefen Sinn erfassen und für sich die befreiende **Erlösung** finden.

Mantra

Ein Mantra kann sprechend, singend, flüsternd oder meditierend rezitiert werden. Oftmals hat es im Wortlaut keinen erkennbaren Sinn, hat aber eine große Wirkung auf den Menschen, weil man glaubt, dass es übernatürliche Kraft verleiht und Energien freisetzt. Wegen seines göttlichen Ursprungs wird es als Hilfe zur Entfaltung der eigenen inneren Fähigkeiten hoch geschätzt und zur Abwehr von Tieren, Krankheiten und Dämonen benutzt. Es enthält eine heilige Wahrheit und gibt Anteil an der göttlichen Schöpfungskraft. In seinem Wortklang schwingt die göttliche Welt mit. Die geheime Formel kann das Bewusstsein des Hindu verändern und ihn auf seinem Lebensweg begleiten.

OM

Gorakhnath, ein beliebter Dichter,
wurde als Heiliger und Inkarnation Vishnus verehrt.
Wer unentwegt den OM-Laut murmelt
– er sei selbst unrein oder rein –
Wird wie das Lotosblatt von Wasser
Nicht mehr befleckt von Sündenpein.
Gorakhnath (11.–12. Jh.)

Im religiösen Leben Indiens spielen Mantras eine wichtige Rolle. Schon die Verse der **Veden** sind Mantras (→ S. 24f). Ein »**Mantra**« (d. h. »Instrument des Denkens«) ist eine heilige Silbe oder ein Offenbarungswort. Es soll Meditation, Gefühl und Denken anregen. Manche Mantras sind an die Götter gerichtete Gebete, andere sind mystische Konzentrationen, wieder andere auch nur magische Zauberformeln.

1 Ein wichtiges Mantra ist das vedische **Gayatri-Mantra**: → S. 25.
2 Zum Mantra »**OM**«: → S. 8.

8. Der Guru

❖ **Guru** (d. h. »schwer«, »gewichtig«) ist ursprünglich der Titel des Vaters, der seine Söhne unterrichtet, und des Lehrers, der Alltagswissen vermittelt. In der religiösen Tradition des Hinduismus, Sikhismus und Buddhismus ist der Guru ein spiritueller Lehrer, der zur Erlösung führt. Er unterscheidet sich dadurch von einem Gelehrten oder Wissenschaftler, dass er nicht fachliches, sondern religiöses und ethisch-soziales Wissen lehrt, selbst nach den traditionellen Gesetzen lebt und bestimmte Riten durchführt.

❖ Die Gurus sind die **Nachfolger der vedischen Seher**, die göttliche Offenbarungen hörten und mitteilten (→ S. 24). In den **Upanishaden** sind zum ersten Mal **Lehrer** nachweisbar, die spirituelles Wissen vermitteln (→ S. 26).

❖ Das **Wort »Guru«** wird von Schülern benutzt, wenn sie ihren Lehrer anreden. Seit langem ist der Guru einer, der das Unwissen seiner Schüler aufhebt und sie auf den Weg des spirituellen Lebens führt. Seine Methoden sind Unterricht und praktische Einweisung in Handlungen wie Askese und Meditation. Oft ist der Schüler seinem Guru bis an sein Lebensende durch ein Treuegelöbnis verbunden.

Eine lange Tradition

Ein guter Guru befindet sich in einer langen Traditionsreihe, an deren Anfang der »**Adi-Guru**« (d. h. »erster Guru«) steht, der sein Wissen und seine Kräfte von den Göttern erhalten haben soll. Von ihm leiten sich andere Gurus ab, die die Lehre und Praxis ihres Ahnherrn weiter verbreiten. Ihre Schüler sollen sich in diese Tradition einreihen. In manchen Richtungen gilt ein Guru als unfehlbar. Im Tantrismus (→ S. 72) ist der Guru sogar ein Avatara, d. h. der vom Himmel herabgestiegene Vishnu (→ S. 50), der den Zorn der Götter abwehren kann. Viele Gurus sehen sich nur als Lehrer, die selbst nicht die Erlösung schenken, sondern einen Weg dazu zeigen. Die meisten Gurus stammen aus der Kaste der Brahmanen. Ein Guru kann aber auch zu den Unberührbaren, den »Chandalas«, gehören, wie z. B. der Lehrer des Shankara (→ S. 102).

Der Guru und seine Schüler

Heute wählen sich Hindus, die einen besonderen geistlichen Weg gehen wollen, ihren Guru. Sie leben mit ihm in einem **Ashram** (»Ort der Anstrengung«), einem klosterähnlichen Meditationszentrum. Dort werden sie von ihrem Guru mit Lehre, Meditation, Riten und Lebenspraxis bekannt gemacht. Der Schüler ist dem Guru gegenüber zum Gehorsam verpflichtet und muss täglich anfallende Arbeiten im Ashram verrichten. Seine Unterweisungen darf sich der Guru nicht bezahlen lassen, doch ist es üblich, dass sein Schüler zu seinem Lebensunterhalt einen Beitrag leistet und ihm nach der Ausbildung ein großzügiges Geschenk macht.

Ein Guru mit seinen Schülern im Kloster Kabir Math in Benares. Es ist Treffpunkt der Anhänger Kabirs (→ S. 85).

Am Ende einer langen Lehrzeit erhält der Schüler von seinem Guru in einem Weiheakt (»Initiation«) einen neuen Namen und zugleich ein **Mantra** (→ S. 69), das vom Guru mit Energie geladen und nur für ihn persönlich bestimmt ist. Nicht selten gehen die Söhne des Schülers später bei demselben Guru oder bei seinem Nachfolger in die Lehre.

Was ein Guru vermag

Meher Baba (→ S. 85) *war ein Guru, der mit 17 Jahren seine Erleuchtung gehabt haben soll. Seine Schüler nannten ihn Meher Baba (d. h. »mitfühlender Vater«). Er war der Meinung, dass man letztlich keine Worte mehr brauche und schwieg deshalb die letzten 44 Jahre seines Lebens. Für seine Kommunikation benutzte er Tafeln und Handbewegungen. In Kriegszeiten kümmerte er sich um Kranke.*

Die Kluft zwischen dem begrenzten Bewusstsein des gewöhnlichen Menschen und dem unbegrenzten Bewusstsein eines vollkommenen Meisters rührt von den Prägungen (»Sanskaras«) her, die Selbstsucht erzeugen. Diese Prägungen können aufgehoben werden durch Läuterung des Charakters, Aufopferung und selbstloses Dienen, doch nichts ist in dieser Hinsicht so wirksam wie der Beistand eines vollkommenen Meisters. Geistiger Fortschritt besteht nicht in einer Weiterentwicklung des Bewusstseins, denn dieses ist im Menschen bereits voll entwickelt, sondern in der Befreiung des Bewusstseins von den Fesseln der Sanskaras. Obwohl das Bewusstsein seinem Wesen nach in allen Seinszuständen dasselbe ist, kann es niemals vollendet sein, solange es unfähig ist, das Wissen des Unendlichen ohne den geringsten Schatten von Nichtwissen widerzuspiegeln und durch Beleuchtung aller Daseinssphären die Schöpfung in ihrem ganzen Ausmaß zu erfassen.

Meher Baba (1894–1969)

1 Einige **Biographien berühmter Gurus**: → S. 102–106, 108 ff.
2 **Vergleichen** Sie die Aufgabe des Guru mit anderen geistlichen Lehrern, z. B. einem Rabbi, Priester oder Imam.
3 Warum nennen sich heute manche **Rapper, Keyboarder, Stars und Bands** »Guru«?
4 Was halten Sie von dem Wort »**Börsenguru**«?

9. Götter, Geister und Gestirne

> Die meisten Hindus sind davon überzeugt, dass ihr Leben von **ihren Göttern**, von **guten Geistern und bösen Dämonen** bestimmt wird. Es gibt **Pockengöttinnen, Hungergespenster** und **Pflanzengötter**. Dörfer und Häuser, Wege und Stege stehen unter dem Schutz oder der Bedrohung von Geistern. Man versucht sich ihrer Hilfe zu versichern oder die Gefahren, die von ihnen drohen, abzuwehren. Dazu muss man die richtigen Rituale kennen, in die Aberglaube und Esoterik, Magie und Zauber verwoben sind. Alle diese Gestalten erwarten für ihre Leistung die entsprechenden Gaben. Es empfiehlt sich, auf ihre Ansprüche einzugehen.

Vielarmige Geister an einer Hauswand. Die schwarzen Figuren sind mit Blumengirlanden, Kronen, Ketten und Tüchern reich geschmückt. Man erwartet von ihnen Schutz und Hilfe.

Ganesha

Der beliebteste Gott in Indien ist der gutmütige, elefantenköpfige **Ganesha**, der vier Arme hat und meist auf einem Lotosblatt sitzt. Er ist bewegungsfaul und hat einen dicken Bauch, weil er so gern Süßigkeiten isst. Einen halben Zahn hat ihm nach einem Kampf sein Gegner abgeschlagen, als er sich von ihm um den Sieg betrogen fühlte. Bei ihm ist immer als sein Reittier eine Maus oder Ratte, die auf Intelligenz hinweist. In seinen Händen trägt er Symbole des Glücks und der Wiedergeburt. Ganeshas Gattinnen heißen »Erfolg« und »Intelligenz«. Viele Bus- und Autofahrer opfern seinem Bild auf den Altärchen am Straßenrand ein paar kleine Münzen, um sicher zu fahren und andere Menschen nicht in Gefahr zu bringen. Sie wissen, dass sich die Spende auszahlt.

Der Elefantengott Ganesha in einer grell-bunten Darstellung. Ähnliche Götterbilder sind überall verbreitet. Der dickbäuchige Ganesha ist die beliebteste indische Gottheit. Er ist ein Gott der Weisheit, den man vor allen wichtigen Ereignissen anruft und dem man stets verlässliche Hilfe zutraut.

Yakshas und Yakshis

❖ Die **Yakshas**, geheimnisvolle männliche Wesen, haben den Status von Halbgöttern. Sie bringen meist Glück. Um sicher zu gehen, hat man ihnen in den Dörfern unter alten Bäumen kleine Altäre errichtet, die gern mit Blumen und Blättern geschmückt werden. Oft sind sie auch auf den Türrahmen innerhalb der Häuser als schöne Jünglinge zu sehen.

❖ Ähnlich verhalten sich viele Hindus gegenüber den **Yakshis**, den weiblichen Partnern der Yakshas. Von ihrer Lebenskraft erhoffen die Leute gute Ernten und Schutz vor Krankheiten bei Mensch und Tier.

Gespenster und Geister

❖ Überall herrscht Angst vor **Gespenstern**. Manche sind blutrünstig und treiben nachts ein böses Spiel. Wer sich vor ihnen nicht vorsieht, kann seine Überraschungen erleben. Selbst nach dem Tod eines Menschen haben sie noch Einfluss auf ihn.

❖ Die **Geister der Verstorbenen** erwarten von den Angehörigen die korrekte Beachtung des Begräbnisrituals. In manchen Gegenden gibt man ihnen Wasser und Kuchen, damit sie für ihre weite Reise in die andere Welt gut gerüstet sind.

Glaube an die Sterne

Weit verbreitet ist der Glaube an die **Sterne**. In den meisten Familien, auch bei Akademikern, werden die wichtigen Fragen des Lebens durch die Astrologie beantwortet. Das Horoskop spielt bei der Suche eines Ehepartners, bei dem richtigen Zeitpunkt für ein Unternehmen, bei dem Bau eines Hauses eine nicht zu unterschätzende Rolle. Wenn etwas nicht gelingt, hat das für viele Hindus in der falschen Einschätzung der Sternenkonstellation seinen Grund.

---

1. **Aberglaube, Geisterglaube, Dämonenglaube, Sternenglaube** – gibt es so etwas auch bei uns?
2. Was soll man von diesen **religiösen Einstellungen** halten?

10. Tantra – Kontakt mit der göttlichen Welt

❖ Die frühen Anfänge des **Tantrismus**, einer esoterisch-irrational-religiösen Strömung, liegen wohl in vorarischen Zeiten. Etwa ab 500 nC tritt er deutlicher zutage. Mit den orthodoxen Hindu-Traditionen steht er im Konflikt, weist aber auch Ähnlichkeiten zu ihnen auf. Die tantrischen Lehren sind **Geheimlehren**, die man nur bei einem tantrischen **Guru** lernen kann.

❖ Seinen Namen leitet der Tantrismus von »**Tantras**« (»Gewebe«; »Text«, auch »Lehre«) genannten Texten ab, eine Bezeichnung, die auch unserem Wort »Text« zugrundeliegt. Die Tantras, die göttlichen Ursprung beanspruchen, sind ein System schwer deutbarer Schriften und Praktiken. Sie streben **Harmonie des Ich und der Welt** an. Praktizierte oder symbolisch verstandene **Sexualität** spielt dabei eine große Rolle.

❖ Die angestrebten körperlich-psychischen-geistigen Wirkungen der tantrischen Praktiken werden von den **modernen Wissenschaften nicht bestätigt**.

❖ Seit Jahrhunderten gibt es mehrere Formen des Tantrismus sowohl im **Hinduismus** als auch im **Buddhismus**.

Harmonie der bipolaren Welt

Der Tantrismus zielt auf eine **Synthese** von männlichem und weiblichem Prinzip, von Göttern und Göttinnen, von Zeit und Ewigkeit, von Relativem und Absolutem. Die beiden unterschiedlichen Pole der Wirklichkeit sollen zur Synthese gebracht werden, um so zu Freiheit und Erlösung zu finden (Moksha im tantrischen Verständnis).

❖ Die **Frau** genießt in diesem Kult als Quelle der Lebenskraft besondere Verehrung, während sie im alltäglichen Leben benachteiligt ist.

Ein kultisches Ritual

Manche Gruppen feiern prunkvolle Feste, die zur Nacht stattfinden. An ihnen nehmen gleich viele Männer und Frauen statt, ganz gleich, ob sie derselben Kaste angehören oder nicht. Sie sitzen in bunter Reihe im Kreis, murmeln Mantras und grüßen die göttliche Shakti. Dann genießen sie fünf Dinge, die als Elemente der Verehrung gelten: Wein, Fisch, Fleisch, Getreidekörner und Sexualität. Was sonst verboten ist, wird durch die Aufnahme in den Kult ein Weg zur Erlösung. Im Mittelpunkt steht die Vereinigung von Shiva und seiner Shakti. Sie ist ein Bild für die Vereinigung des Menschlichen mit dem Göttlichen.

❖ Wegen seiner kultischen **Sexualpraktiken** ist der Tantrismus weithin diskreditiert.

Die Statue zeigt die Einheit von Shiva und Shakti, halb Mann, halb Frau. Zeitgenössische Darstellung im indischen Koradi.

Shiva und Shakti

Der Text setzt voraus, dass Shiva und Shakti nur die männliche und weibliche Erscheinungsform des Ewig Einen, des Absoluten, des Brahman sind. Wenn sie hier als Gesprächspartner auftreten, so ist dies in Wahrheit ein Selbstgespräch des Göttlichen mit sich selbst. Das Wort Shivas an seine Shakti offenbart den göttlichen Rang des Weiblichen im Tantrismus.

Höre jetzt, du ausgezeichnete Frau, wie der Fromme durch Verehrung die Vereinigung mit dem Brahman erlangt. Du bist die höchste Prakriti (Urmaterie, Kraftsubstanz) des höchsten Geistes; aus dir ist die ganze Welt entstanden, du Mutter der Welt. Du bist Kali, Durga, ... Lakshmi (→ S. 56) und erscheinst alldurchdringend in vielerlei Gestalten. Am Anfang (einer periodischen Weltentstehung) warst du erhaben über Rede und Denken als »Finsternis« vorhanden, und aus dir entstand durch den Schaffensdrang des Brahman die Welt. Du bist die Urkraft und die Kraft der Kräfte, nur durch deine Kraft sind wir (Brahma, Vishnu, Shiva) fähig zu schaffen, zu erhalten und zu zerstören. Du hast unzählige Mantras, damit aber ein Shakti-Mantra wirkungsvoll wird, muss der Sadhaka (Verehrer) den alten Brauch befolgen, der die Verwendung von Wein, Fleisch, Fisch, gedörrten Körnern und die Ausübung des sakralen Beischlafs vorsieht. So wenig wie ein Spross auf einem Felsboden wächst, so wenig gedeiht die Verehrung ohne diese fünf heiligen Dinge.

Maha-Nirwana-Tantra, 4. Kapitel

Die Allgegenwart der Religion

Es gibt – vereinfacht gesagt – folgende Entsprechungen:

 (1) **Wurzelchakra** – Instinkt, Urvertrauen, Lebenswille

 (2) **Sexual- oder Sakralchakra** – Sexualität, Erotik, Gefühle, Beziehungen

 (3) **Nabelchakra** – Wille, Macht, Organisationstalent

 (4) **Herzchakra** – Liebe, Mitgefühl, Hingabe, Herzenswärme; die Verbindung zwischen den drei unteren körperlichen und den drei oberen geistig/spirituellen Chakras

 (5) **Kehlchakra** – Sprache, Inspiration, Offenheit, Kommunikation

 (6) **Stirnchakra** (»Drittes Auge«) – Erkenntnis, Intuition

 (7) **Scheitelchakra** – universales Bewusstsein, Vereinigung mit dem Absoluten.

❖ Die Chakras entwickeln sich im Lauf des menschlichen Lebens. **Störungen und Blockaden** der einzelnen Chakras bringen den Menschen in Disharmonie. Sie lassen sich durch bestimmte Methoden beseitigen, z. B. durch den Konsum von Kräutern, den Duft von Aromen, die Berührung mit Steinen, Yogaübungen. Es kommt darauf an, die Chakras in Harmonie miteinander zu halten, damit der Energiefluss das oberste Chakra erreicht und der Mensch so zu seinem höchsten Ziel kommt.

❖ Neben den Hauptchakras gibt es weitere menschliche **Nebenchakras und überpersonale Chakras**, die ebenfalls in ihrer Wirkweise und Beeinflussbarkeit zu beachten sind.

Die Chakras

❖ Im Tantrismus, der heute auch im Westen ohne klare Bindung an die Hindu-Religion verbreitet ist, spielen die »Chakras« als Energiezentren im menschlichen Körper eine große Rolle. Sie haben mit unterschiedlichen Körper- und Geistfunktionen zu tun. Das **Wort** »**Chakra**« bedeutet »Rad« oder »Diskus« und assoziiert auch ein Sonnensymbol. Das Ziel der Chakralehre ist es, den Menschen zum Bewusstsein seiner selbst, zur höchsten Einsicht und letztlich zur göttlichen Dimension zu führen.

❖ Die Chakra-Schulen sprechen von **sechs oder sieben Chakras**, die entlang der Wirbelsäule angeordnet und durch Energiekanäle miteinander verbunden sind. Durch diese könnten geheimnisvolle Kräfte von unten nach oben steigen. Die Chakras sind einzelnen Göttern, festen Symbolen, Farben und Formen der Lotosblume zugeordnet, die sich in Gestalt und Zahl der Lotosblätter unterscheiden.

Tantrische Methoden

Die tantrischen Kulte schreiben den materiellen und geistigen Erscheinungen der Welt magische Kräfte zu. Alle Dinge, vor allem Leib und Seele, werden als göttliche Wirklichkeit angesehen und können deshalb Brücken zum Heil werden. Die Mittel dazu sind Zaubersprüche, Atemübungen, das Sprechen der »Mantras« (→ S. 69), die Meditation der Mandalas, Tänze, bestimmte Haltungen der Hände und des Sitzens sowie erotisch-sexuelle Praktiken. Im Kult suchen die Tantriker Kontakt mit der göttlichen Welt und streben Erlösung an, die vor allem durch »Genuss« (»Bhukti-Mukti«: → S. 40) erreicht wird.

---

1 Beschreiben Sie **auffällige Merkmale** des Tantrismus.

2 Wie erklären Sie sich, dass der Tantrismus und insbesondere die Chakralehre heute so viele Anhänger auch in der **westlichen Gesellschaft** finden (→ S. 122 f)? Versuchen Sie auch, sich selbst ein Urteil zu bilden.

Die moralische Ordnung des Lebens

1. Dharma – Das oberste Gesetz

❖ Die Lehre vom Dharma ist die religiöse und philosophische **Grundlage der Hindu-Ethik**. Sie gibt dem Hindu eine Antwort auf die Frage, die alle Menschen in den verschiedenen Kulturen und Religionen stellen: **Was soll ich tun?** Was soll das Ziel meines Lebens sein?

❖ Der **Dharma** ist das oberste Gesetz der Welt und die Ordnung, die die Gesellschaft zusammenhält. Er ist ewig gültig. Seine Gesetze verpflichten alle Lebewesen. Sie schützen die Lebensgrundlage der Welt. Zum Dharma gehören:

• die **Naturgesetze**, z. B. der Kreislauf der Welten, der Ablauf von Tag und Nacht, jeder Stern, Berg und Fluss.

• alle **ethischen Normen**, an die sich jeder Mensch entsprechend seiner Kaste und seinem Lebensstadium (Ashrama: → S. 76) zu halten hat. Jugendliche haben einen anderen Dharma als Greise, Männer einen anderen als Frauen, Brahmanen einen anderen als Krieger.

• eine gerechte **Staats- und Rechtsordnung**, die dafür Sorge trägt, dass alle Gesetze eingehalten und Übertretungen bestraft werden.

Dharma
Zum Mahabharata: → S. 28.
Dharma bedeutet den Fortschritt aller Geschöpfe; darum ist Dharma alles, was Fortschritt und Wachstum bringt. Dharma bedeutet, dass die Geschöpfe davor bewahrt bleiben, einander Schaden zuzufügen… Dharma ist das, was alle Geschöpfe erhalten kann.

Aus dem Mahabharata 12, Santi Parva X 10–11

Sanatana Dharma – Das universale Gesetz
Einen ähnlichen, aber noch gesteigerten Begriff hat der Hindu in dem Begriff »**Sanatana Dharma**« (→ S. 11), d. h. »**ewiges Gesetz**«, »**ewige Ordnung**«, »**ewige Wahrheit**«. Er ist für sie die universale, ewige Ordnung der Welt, die im Gegensatz zum vergänglichen Weltgetriebe steht. Der Begriff meint in erster Linie die Außerzeitlichkeit und Außerweltlichkeit des Dharma. Letztlich ist er im Brahman begründet.

Dharma – Die Bestimmung des Menschen
❖ Für den **Mensch**, der diesem ewigen Gesetz unterliegt, ist der **universale** Dharma zugleich **individuell**. Er dient der Ordnung des Lebens und bringt für ihn allgemeine und persönliche Pflichten mit sich. Sie werden in den verschiedenen Richtungen unterschiedlich konkretisiert. Für einige Lehrer besteht der Katalog der allgemeinen und absoluten Pflichten aus diesen zehn Geboten:

(1) Nichtverletzen
(2) Wahrhaftigkeit
(3) rituelle, geistige und moralische Reinheit
(4) Absehen von Diebstahl
(5) Mildtätigkeit
(6) Geduld,
(7) Selbstkontrolle
(8) Ruhe
(9) Gastfreundschaft
(10) Vergebung.

Der individuelle Dharma ist für die Gegenwart, Vergangenheit und Zukunft des Menschen von höchster Bedeutung.

❖ **Gegenwart:** Die Beachtung des **individuellen Dharma** gewährt dem Einzelnen eine **gute persönliche Entwicklung** und ist zugleich die Voraussetzung für ein **positives soziales Klima**. Der persönliche Dharma bezieht sich auf religiöse Rituale, ethische und soziale Tugenden, alltägliche Regeln für Kleidung, Hygiene und Essen.

❖ **Vergangenheit:** Der Mensch ist in seiner biologischen, geistigen und sozialen Grundverfassung der Lohn früherer Taten (»**Karma**«). Sein Leben ist das **Ergebnis einer universalen ethischen Kausalität der Vergeltung**. Ob er als Mann oder Frau, Weiser oder Dummkopf, Brahmane, Krieger oder Kaufmann, Angehöriger einer Kaste oder Kastenloser geboren wird, ist nicht ein göttliches Geschenk und auch nicht blinder Zufall, sondern hängt davon ab,

---

1 Was bedeutet für Sie die Frage: »**Was soll ich tun?**« im Blick auf den Augenblick, die nähere Zukunft, die wichtigsten Bereiche des Lebens, das Leben im Ganzen? Welche Antworten kennen Sie aus Ihrem Lebensbereich, aus der Philosophie/Ethik, aus der Religion?

2 Zum Dharma eines **Kriegers**: → S. 30; zum Dharma eines **Freudenmädchens**: → S. 88.

Der Dharma bestimmt in unterschiedlicher Weise den Kosmos, die Natur und den Menschen. Er ist sogleich Universalgesetz, Naturgesetz und Moralgesetz.

wie er mit seinem Dharma umgegangen ist. Was er ist, hat er selbst in seiner früheren Existenz durch sein richtiges oder falsches Verhalten gegenüber seinem Dharma bewirkt.

40 ❖ **Zukunft:** So sehr der Mensch auch durch die Vergangenheit bestimmt ist, so wenig ist sein Schicksal für die Zukunft vorbestimmt. Von ihm selbst, von seinen **freien Taten**, hängt ab, was er sein wird. Dafür kann er in seinem Leben viel tun, wenn er seine Pflichten
45 gegenüber den Göttern, den Weisen (Gurus), den Vor- und den Nachfahren erfüllt und die inneren Feinde seines Dharma in sich besiegt. Er kann nur richtig leben, wenn er auf seine Bestimmung achtet, die sich aus seinem eigenen »Dharma« ergibt.

Sechs innere Feinde

Ram Adhar Mall (→ S. 23, 121) ist der Überzeugung, dass die ethischen Grundlagen der Philosophie zwar in unterschiedlichen Traditionen beschrieben werden, aber im Kern identisch sind. Er setzt sich für Toleranz im Leben und Denken ein.
Die Hindu-Ethik spricht von sechs inneren Feinden, die besiegt werden müssen, wenn der Mensch sich auf den Weg der wahren Tugend begibt. Diese sechs inneren Feinde sind (1) übertriebene Sinneslust, (2) Zorn, (3) Hochmut, (4) Gier, (5) innere Verwirrung und Ohnmacht und (6) Feindschaft.

Ram Adhar Mall (geb. 1937)

Die Goldene Regel

Der Dharma der einzelnen Kasten oder Lebensabschnitte ist zwar verschieden, die »Goldene Regel« gilt aber für alle. Darin stimmt der Hinduismus mit den anderen Religionen überein.
(1) Höre nun den Kern der Sittenlehre,
höre ihn und lass von ihm dich leiten:
Was dir selbst zu dulden leidvoll wäre,
darfst du auch den anderen nicht bereiten.
(2) Wessen Brot du durftest essen
und in wessen Haus du durftest ruhn,
dem sollst du in Worten und in Werken
und auch in Gedanken Gutes tun.

Indische Sprüche

2. Die vier Lebensstadien

❖ Es gibt eine **Stufenordnung** des Lebens, in dessen jeweiligen Phasen unterschiedliche Pflichten zu beachten sind und unterschiedliche Werte verwirklicht werden sollen. Sie führt von einfachen Anforderungen über die Standespflichten bis zur Vollendung des Menschen. »Dharma« und »Moksha« sind leitende religiöse Ideen dieser Ordnung.

❖ Insgesamt gibt es **vier Lebensstadien (»Ashramas«)**, die die Männer der drei oberen Kasten (»Varnashrama-Dharma«: → S. 86) durchlaufen sollen. Sie gelten nicht für Shudras, Kastenlose und auch nicht für Frauen. Die Frauen sollen wohl dem Mann in seinem jeweiligen Lebensabschnitt zur Seite stehen.

Schüler – Brahmacarin

Der Hindu ist zunächst **Schüler** (»Brahmacarin«), der in dieser ersten Phase vor allem die Pflichten der Religion erlernen muss. In dieser Zeit lebt er bei einem Brahmanen (»Guru«). Am Anfang steht ein Aufnahmeritus in eine der drei oberen Kasten, bei dem der Schüler **eine heilige Schnur** erhält. Sie erinnert an die Nabelschnur und zeigt ihm, dass er durch das Wissen seines Lehrers geradezu zum zweiten Mal geboren wird. Jetzt zählt er zu den sogenannten »**Zweimalgeborenen**« (→ S. 90). Seine wichtigste Aufgabe ist es, die heiligen Schriften zu studieren. Die Kastenregeln, die für Essen, Trinken und Ehe wichtig sind, gehören ebenso zum weiteren Lernpensum dieser Phase wie soziale Dienste und praktische Arbeiten im Haushalt. Völlige sexuelle Enthaltsamkeit ist in dieser Zeit seine Pflicht. Zum Schluss der Ausbildung flüstert ihm der Guru sein persönliches Mantra, den »Spruch des Lehrers«, ins Ohr, das ihn im weiteren Leben stets begleitet. Am Ende dieses Zeitabschnitts, der mit einem großen Fest endet, entlohnt der Schüler seinen Guru mit wertvollen Geschenken.

Familienvater – Grihastha

Daran schließt sich mit der Ehe die Stufe des **Familienvaters** und Haushaltsvorstands (»Grihastha«) an. Hier kommen Sexualität und der Drang nach Macht und Einfluss zu ihrem Recht. Pflicht ist es nun Söhne (!) zu zeugen, Reichtum zu erwerben, Gastfreundschaft zu pflegen und andere von dem erworbenen Besitz zu unterstützen. Die Pflichten der Eheleute haben in dieser Phase besondere Bedeutung.

Im Ruhestand – Vanaprastha

Wenn der Familienvater alt geworden ist, die Kinder versorgt sind und der erste Enkel geboren wird, soll er sich mit seiner Frau zurückziehen. Früher wurde er oft **Waldbewohner** (»Vanaprastha«), heute zieht er sich meist im Haus zurück. Jetzt kann er für sich und mit seiner Frau das tun, was bislang im Leben vernachlässigt wurde. Beide sollen anspruchslos leben, Opfer darbringen, über die heiligen Texte meditieren und vor allem das eigene Leben bedenken.

Asket – Sannyasin

Diese Stufe leitet über zu der vierten Lebensphase des wandernden **Asketen** (»Sannyasin«), der auf alles verzichtet, nichts mehr besitzt, nun völlig allein ist und nur noch vom Betteln lebt. Er kümmert sich auch um das Wohl seiner Mitmenschen und schenkt ihnen Anteil an seiner Lebenserfahrung. Seine Gedanken kreisen vor allem um Atman und Brahman (→ S. 46). Durch intensive Meditation versucht er, die endgültige Befreiung aus dem ewigen Kreislauf der Welt zu erlangen und so zur Erlösung (»Moksha«: → S. 40 ff)) zu kommen.

Heutige Praxis

In der Realität folgen nur noch wenige Hindus diesem von der Tradition empfohlenen Lebensweg. Die meisten kommen **nicht über das zweite Stadium hinaus** und das vierte ist auch nicht obligatorisch. Aber die vier Ashramas behalten dennoch ihren Sinn. Sie zeigen dem Hindu idealtypisch, wie sein Leben verlaufen soll.

---

1. Welche typischen **Lebensphasen** gibt es bei uns?
2. Haben diese auch ein spezifisches **Ethos**?

Die moralische Ordnung des Lebens

3. Ethos der Laien und Asketen

> In den Lebensstadien der Hindus gibt es Grundwerte, die im alltäglichen Leben der **Laien** eine große Rolle spielen. Andere Werte stammen aus der Ethik der **Yogis**, **Asketen** und **Einsiedler** (»Mönche«), haben aber heute über diesen Bereich hinaus in Indien eine große Bedeutung.

Ethos der Laien

- **Artha** (d. h. **Wohlstand**, Besitz, Vermögen), das Bemühen um den Lebensunterhalt, auch um Reichtum und Einfluss, gilt vor allem für die Kasten der Kshatriyas, Vaishyas und Shudras und ist im zweiten Lebenstadium legitim.
- **Kama** (d. h. **Sinneslust**, Begierde, Verlangen) hat ebenso wie Sinnlichkeit, erotische Lust und sexuelle Befriedigung in Indien einen hohen Stellenwert. Die natürlichen Anlagen des Menschen dürfen zu ihrem Recht kommen, da selbst Götter wie Krishna mit schönen Hirtinnen ein intensives Liebesleben führen (→ S. 55). Auf vielen Bildern und in unzähligen Gedichten wird die Liebe zwischen Mann und Frau verherrlicht. Ganze Tempel – z. B. in Khajuraho – sind fast nur mit erotischen Figuren geschmückt (→ S. 63).

Ethos der Asketen

Aus dem **Ethos** der Yogis, Asketen und Einsiedler kommen andere Tugenden, die den Weg zu einem Leben im Geist und zur Erlösung ebnen.

- **Gewaltlosigkeit** (d. h. **Ahimsa**) bedeutet, keinem Lebewesen, weder Mensch noch Tier, Leid anzutun und auf jegliche Gewalt zu verzichten.
- **Besitzlosigkeit** (d. h. **Aparigraha**) praktiziert der, welcher auf sein Hab und Gut verzichtet, freiwillig arm ist und vom Betteln lebt.
- **Keuschheit** (d. h. **Bramacarya**) bedeutet, auf die Ausübung seiner Sexualität zu verzichten (»Zölibat«). Diese Einstellung zielt auf die Überwindung und Beseitigung der Begierde und Sinneslust.

Das Kamasutra

Es gibt in Indien eine bemerkenswerte erotische Literatur. In dem weltbekannten »**Kamasutra**«, einem »Leitfaden der Erotik«, der aus dem 4. Jahrhundert nC stammt, führt der **Verfasser Vatsyayana** seine vielfältigen Anregungen zu erotischer Verführung letztlich auf göttliche Offenbarung zurück. Zwischen Liebesspiel und Gottesverehrung gibt es hier keine Kluft. Sexualität ist ein Weg, mit der göttlichen Welt eins zu werden. Darum gehört sie in den religiösen Bereich. Der Verfasser selbst soll sein Leben lang zölibatär und asketisch gelebt haben. Bei uns wird das Werk oft als Handbuch anstößiger Sexualpraktiken gesehen.

Heutige Sexualmoral

Heute ist die **Sexualmoral** in Indien sehr streng. Männer und Frauen, die sich öffentlich küssen, werden von der Polizei mit Schlägen daran gehindert. Erst recht sind Szenen mit sexuellem Inhalt in Film, Fernsehen und Presse – von Ausnahmen abgesehen – ausgeschlossen. Voreheliche Beziehungen sind streng untersagt. Das Mädchen soll als Jungfrau in die Ehe gehen. Aber auch der Mann soll vor der Hochzeit keine sexuellen Beziehungen unterhalten. Überall ist eine gewisse Strenge zu beobachten, die seit der muslimischen und vor allem auch seit der englischen Herrschaft aufgekommen ist. Die Engländer brachten die puritanischen Maßstäbe des Viktorianischen Zeitalters ins Land.

Links: Die Verführung eines Asketen. Miniaturmalerei, 18. Jh Es brennt nicht nur das Kohlenfeuer in der Nacht.

Oben: Zärtliches Liebespaar, Elfenbein, 17. Jh. nC. Die Freude der Liebe ist für viele Hindus eine Erfahrung des Göttlichen. Die Liebesvereinigung symbolisiert für sie die Einheit des Menschen mit Gott.

> 1. **Wohlstand/Reichtum und Sinnlichkeit/Begierde** – Welche ethischen Probleme sind mit diesen Begriffen verbunden? Welche unterschiedlichen Einstellungen in Religion und Ethik kennen Sie dazu?
> 2. Diskutieren Sie das schwierige Problem der **Gewaltlosigkeit**. Gewaltlosigkeit bei **Gandhi**: → S. 113.
> 3. Freiwillige **Armut** und **Verzicht auf die Ausübung von Sexualität** – Welche Einschätzungen gibt es dazu im Christentum und in unserer Gesellschaft?

4. Ehe und Familie

Die Familie – Mittelpunkt des Lebens
Zu Martin Kämpchen: → S. 118.
In der Familie besitzen Inder aller Kulturschichten ihren Lebensmittelpunkt. Zur Familie zu gehören bedeutet, einen in seinen sozialen Rechten und Pflichten klar umrissenen Platz zu besitzen, von dem jeder das Maß der eigenen Autorität und Servilität ableiten kann. Die eigenen Fähigkeiten gelten dabei als eher sekundär. Die gesellschaftlichen Grundhaltungen sind Herrschen oder Dienen: Es gibt ein Über-mir und ein Unter-mir, selten Partnerschaft. Die mythischen oder mythologisierten Vorbilder verkörpern Familienwerte, auch eine Unzahl von populären Hindifilmen preisen die konventionellen Tugenden der Mutter, des Vaters, des älteren Bruders, der Ehefrau und bestärken somit die Familie als kulturellen Mittelpunkt, verhindern aber auch gesellschaftliche Entwicklungen, etwa die Emanzipation der Frauen oder die Lösung von eklatanter Ungerechtigkeit.

Martin Kämpchen (geb. 1948)

Traditionelle und moderne Formen
Heute gibt es in Indien kein einheitliches Ehe- und Familienbild mehr. Einerseits bestehen alte, traditionelle Formen fort. Andererseits setzen sich unter dem Einfluss der Moderne neuere Vorstellungen von Ehe und Familie durch, die denen gleichen, die bei uns üblich sind.

❖ Die **Familie** gehört zu den alten Institutionen Indiens. Eine ihrer Grundregeln schreibt vor, dass sich Mann und Frau respektvoll behandeln und alles für das Wohl der Kinder tun sollen. Nicht weniger ist es Aufgabe der Eheleute, für ihre Eltern zu sorgen, den Ahnen die ihnen zustehenden Opfer zu bringen und die Verehrung der häuslichen Götter zu besorgen.
❖ Das **physische Leben, die sozialen Bindungen und die religiöse Tradition** sollen durch die Ehe erhalten werden.
❖ Seitdem die Arier das Patriarchat eingeführt haben (→ S. 56), hat Indien ein **patriarchalisches Familienmodell**. Der **Vater** ist in der indischen Großfamilie das Oberhaupt für Ehefrau, Kinder, die Ehefrauen seiner Söhne, für Enkelinnen und Enkel und, wenn es sich die Familie leisten kann, für Bedienstete. Nach dem Tod des Vaters übernimmt meist der **älteste Sohn** die Rolle des Vaters. Mit diesem Wechsel sind häufig heftige Konflikte verbunden.
❖ **Heute** findet dieses Familienmodell nicht mehr kritiklos überall Zustimmung.

Die Partnerwahl
Auch heute ist es in Indien noch weithin üblich, dass Frau und Mann nur innerhalb ihrer Kaste heiraten. Viele jungen Leute suchen sich nicht selbst ihren Lebenspartner/ihre Lebenspartnerin. Die Wahl wird von dem Familienältesten, den Eltern oder von guten Freunden getroffen. Sie richtet sich nach Alter, Wohlstand, Ausbildung, Schönheit, Hautfarbe, Größe, Gesundheit und vor allem Mitgift. Vor der Hochzeit sehen sich die jungen Leute oft nicht oder nur für kurze Zeit. Wenn bei dieser Vorstellung einer den anderen ablehnt, wird weiter gesucht. Sonst wird der Hochzeitstermin festgelegt. Dieser Praxis liegt die Auffassung zugrunde, dass gegenseitige Liebe nicht Voraussetzung einer Ehe ist, sondern sich erst im Lauf der Ehe entwickeln kann. – Moderne Inderinnen und Inder heiraten heute auch außerhalb ihrer Kaste und praktizieren die Liebesheirat.

Mitgift
Der Vater der Braut zahlt der Familie des Bräutigams eine Mitgift dafür, dass dieser nun für den Lebensunterhalt seiner Frau zu sorgen hat. Stammt der Bräutigam aus einer höheren sozialen Gruppe als die Braut, kann die Höhe der Mitgift den Vater der Braut arg in Bedrängnis bringen, zumal er auch noch die Hochzeitsfeier ausrichten muss, die tagelang dauert und an der alle Verwandten, Bekannten und Nachbarn, oft hunderte Gäste, teilnehmen. Sie alle erwarten üppige Köstlichkeiten, beste Getränke und originelle Unterhaltung. Töchter können eine arme Familie in den finanziellen Ruin treiben. Zwar ist das Brautgeld seit 1961 offiziell verboten, aber in der Realität Indiens spielt es immer noch eine große Rolle.

Braut und Bräutigam
❖ Die **Braut** wird für dieses Ereignis festlich geschmückt. In einem langen und komplizierten Prozess wird sie an Kopf, Händen und Körper mit Henna (pflanzliches Mittel zur Körperbemalung, abwaschbar) bemalt und geschminkt (Tattoos). Sie trägt kostbaren Schmuck, der ihr Eigentum auch in der Ehe bleibt. Das Hochzeitsgewand besteht aus teurem Stoff, der oft leuchtend rot ist und viele Verzierungen aufweist. Aller Schmuck soll gewährleisten, dass die Braut an diesem Tag die schönste Frau ist und dem Bräutigam und seiner Familie gefällt.

Die moralische Ordnung des Lebens

❖ Der **Bräutigam**, oft in einem weißen Anzug, wird von seiner Familie und seinen Freunden in einer Prozession zum Haus der Braut geleitet. Die Mutter der Braut begrüßt ihn mit einer brennenden Butterlampe, malt ihm mit einem Finger einen glückbringenden Punkt auf die Stirn, streut Reiskörner aus und hängt ihm einen Blumenkranz um.

Hochzeitsritus

❖ Braut und Bräutigam machen bei der Trauung sieben heilige Schritte um ein heiliges Feuer. Dabei zählt der Bräutigam die Aufgaben einer guten Ehefrau auf und nennt die sieben Dinge, die sie nun miteinander verbinden. Sie tut den ersten Schritt für die Nahrung, den zweiten für die Kraft, den dritten für den Wohlstand, den vierten für das Glück, den fünften für die Kinder, den sechsten für die Viehherden und den siebten für den Gatten. Dann bittet der Bräutigam die Braut um Treue und um viele Söhne. Von Töchtern ist nicht die Rede. Wenn die Frau ihrem Mann stets in absoluter Treue verbunden bleibt, wird sie mit ihm in der anderen Welt vereint leben dürfen.

Worte des Bräutigams

Am Ende des Hochzeitsritus nimmt der Bräutigam die Hand der Braut mit den Worten:
Ich nehme deine Hand,
auf dass ich Glück und Wohlstand gewinnen möge.
Ich bin der Geist, du bist die Ruhestatt;
ich bin das Wort, du die Melodie;
ich bin der Samen, du das Feld;
ich bin der Himmel, du die Erde.

In Haus und Familie des Mannes

Nach der Eheschließung muss die **Frau ihre eigene Familie verlassen** und in das Haus des Mannes ziehen. Dort nimmt sie zunächst den untersten sozialen Rang ein. Sie stößt oft auf Vorbehalte und Ablehnung und bekommt hier die meiste Arbeit, so dass sie abends völlig erschöpft ist. Ihre Aufgaben: den Haushalt pflegen, putzen und waschen, auf dem Feld helfen, für das Vieh sorgen, spinnen und weben, Lasten schleppen und Brennholz sammeln. Sie darf nichts tun, was dem Mann missfällt. Immer ist sie an das Haus gebunden, wo sie nicht nur ihrem Mann, sondern auch den Schwiegereltern gehorchen muss.

---

1 Wo sehen Sie **Unterschiede** zu unserer Lebenspraxis bei Partnerwahl, Mitgift, Hochzeit, Ehe, Kindern usw.?

2 Die **Familie** – ein immer aktuelles Thema. Welche Bilder von der Familie gibt es in unserer Gesellschaft?

Söhne

Erst nachdem die Ehefrau **Söhne** geboren hat, verbessert sich ihr Status in der Familie. Söhne sind für sie selbst wichtig, weil nur durch die Geburt und Erziehung von Söhnen das »Unglück«, Frau zu sein, wiedergutgemacht werden kann. Darum muss sie den Söhnen stets unterwürfig und dankbar sein. Für ihren Gatten sind die Söhne sogar von religiöser Bedeutung. Nur ein Sohn kann beim Tod des Vaters für diesen die vorgeschriebenen Sterberiten ausführen, die für sein Wohlergehen im Jenseits notwendig sind. So besteht die wichtigste Aufgabe der Gattin darin, ihrem Gatten Söhne zu schenken. Söhne sind als Kinder in Indien sehr willkommen. Sie kosten später bei ihrer Eheschließung kein Geld und tragen zum Ansehen der Familie bei.

Töchter

❖ Dagegen gilt es in den Familien weithin immer noch als Unglück, eine **Tochter** zu bekommen. Oft werden Frauen so lange geschwängert, bis sie einen Sohn geboren haben. Eine Tochter mindert die Ehre der Familie. Ein Vater, der nur Töchter hat, kann seines Lebens nicht mehr froh werden. Erst recht ist es für die Frau eine Schande, wenn sie nur Töchter bekommt. Mädchen sind schon deshalb unerwünscht, weil sie später bei der Heirat erhebliche Kosten für Mitgift und Hochzeit verursachen. Töchter, die nicht verheiratet werden können, geraten in einen schlechten Ruf.

❖ Wie unerwünscht Mädchen sind, zeigt die Tatsache, dass in Indien **weibliche Föten** massenhaft abgetrieben werden, obwohl die staatlichen Gesetze die Tötung

Ungeborener verbieten und Tests untersagt sind, die das Geschlecht des Fötus bestimmen können. Früher wurden die Neugeborenen in Milch ertränkt, vergiftet oder bei lebendigem Leib verbrannt, heute werden die Föten meist abgetrieben. Durch diese leicht zu handhabende Praxis ist die Zahl der Abtreibungen noch gestiegen. Im Jahr 2007 soll es in Indien täglich 7000 Abtreibungen gegeben haben. Das Ergebnis dieses furchtbaren Serienmordens besteht darin, dass heute in Indien auf 1000 Männer nur 927 Frauen kommen, während es weltweit 1050 sind. Den Mädchen, die heranwachsen, lässt man nicht dieselbe Gesundheitsfürsorge und Ernährung zukommen wie den Jungen.

Kinderehen

Alte Sitten Indiens sehen vor, die Töchter schon vor der ersten Menstruation zu verheiraten. So können die Väter die Sorge um sie rasch loswerden. Die höchst fragwürdigen **Kinderehen** sind in indischen Dörfern noch verbreitet, obwohl sie seit 1929 gesetzlich verboten sind. Das Alter vieler Mädchen bei der Hochzeit liegt heute unter 15 Jahren. Manche Brahmanen erklären die Kinderehe mit dem Eindringen des Islam in Indien. Den Muslimen sei es durch ihre Religion verboten gewesen, sich verheiratete Frauen zu nehmen. Um die indischen jungen Mädchen vor den Muslimen zu schützen, habe man sie schon früh verheiratet.

Ehescheidung und Tod eines Partners

Die Ehe ist monogam und die **Ehescheidung** verpönt. Sie kommt erheblich seltener vor als in der westlichen Welt. Der Mann soll, wenn seine Frau gestorben ist oder die Ehe kinderlos bleibt, neu heiraten. Ihm steht nach dem Tod seiner Frau der Weg zu einer anderen Ehe und damit zu einer neuen Mitgift offen. So will es sein Dharma.

Das Los einer Witwe

Die Frau darf nicht mehr heiraten. So will es ihr Dharma. Ihr Leben verläuft nach der Trennung von ihrem Mann oder nach seinem Tod oft in trostloser Einsamkeit und Trauer. Früher haben sich Frauen manchmal nach dem Tod ihres Mannes mit ihm verbrennen lassen (→ S. 81).

Das Los einer Witwe war schrecklich, weil man annahm, sie bringe nur Unglück. Eine Witwe wurde von ihrer Umgebung verachtet. In der Regel hatte sie kaum mehr die Chance, an den Freuden des Lebens Anteil zu haben. Von allen wurde sie gemieden, zu keinem Fest zugelassen und nur zu den niedrigsten Arbeiten gebraucht. Sie musste sich die Haare abschneiden lassen und durfte nur ärmlichste Kleidung tragen. Selbst von den eigenen Kindern wurde sie verachtet. Gelegentlich gab es auch moralischen Druck, der Witwen in den Tod zwang. Man machte die hinterbliebene Frau für den Tod des Mannes verantwortlich, weil sie offensichtlich nicht gut genug für ihn gesorgt hatte, ganz gleich, was die Ursache seines Todes war.

Die Frauen

Zu Yajnavalkya: → S. 38, 48.

I. 52 Ohne die Keuschheit gebrochen zu haben, heirate der Mann eine Frau mit gutem Zeichen, die nicht früher verheiratet war, die er liebt, die nicht verwandt mit ihm ist, eine jüngere.

76 Wer eine Frau verlässt, welche seinen Befehlen gehorcht, willig ist, treffliche Söhne gebiert und freundlich spricht, soll den dritten Teil seines Vermögens bezahlen, und, wenn er kein Vermögen hat, die Frau ernähren.

78 Weil uns Welten, Unendlichkeit und Erreichung des Himmels durch Söhne, Enkel und Urenkel zuteil werden, deshalb muss man die Frauen ehren und wohl bewachen.

82 Von dem Gemahl, den Brüdern, dem Vater, den väterlichen Verwandten, Schwiegermutter, Schwiegervater und Schwägern und von allen Verwandten sind die Frauen zu ehren durch Schmuck, Kleidung und Essen.

83 Sie aber, das Hausgerät in Ordnung haltend, geschickt, heiter, Ausgaben meidend, erzeige ihren Schwiegereltern Verehrung, ihrem Gatten sei sie ergeben.

85 Der Vater soll sie schützen als Mädchen, der Gatte als Verheiratete, die Söhne aber im Alter; wenn diese fehlen, ihre Verwandten; niemals soll die Frau von sich selbst abhängen.

Yajnavalkya (4. Jh. nC)

5. Witwenverbrennung

❖ Eine **Witwenverbrennung** ist die rituelle Verbrennung einer Frau nach dem Tod ihres Mannes. Dies geschah oft in einer aufwendigen Zeremonie, bei der ein Brahmane, die Söhne, Musikanten und Schaulustige anwesend waren. Dabei lag die Frau neben dem Leichnam ihres Mannes auf dem Scheiterhaufen oder hatte ihn auf ihrem Schoß. Während sie gemeinsam verbrannt wurden, gab es religiöse Rituale und Gesänge.

❖ Oft tat die Frau diesen Schritt freiwillig, weil sie darin eine religiöse Pflicht sah, auf ein Wiedersehen mit dem Mann und eine gute Wiedergeburt hoffte. Oft stand sie dabei aber auch unter religiösem und sozialem Druck, dem sie nicht widerstehen konnte.

Die Göttin Sati – Das Vorbild

Die **Witwenverbrennung** (»**Sati**«) ist wohl nach Sati, der Gattin Shivas (→ S. 56), benannt, die sich nach einer alten Erzählung selbst ins Feuer geworfen hat, weil sie darüber aufgebracht war, dass ihr Gatte Shiva von den Göttern missachtet wurde. Die Frauen, die so dem Beispiel der Göttin folgten, wurden in Indien sehr verehrt.

Ein Blick auf die Geschichte

Ob es schon in den Veden eine Andeutung auf die Witwenverbrennung gibt, ist umstritten. Dagegen finden sich eindeutige Zeugnisse im Mahabharata und in den Puranas (→ S. 28f). Lange wurde dieser Brauch vor allem in der Kriegerkaste und auch unter Brahmanen praktiziert. Selbst Konkubinen waren davon nicht ausgeschlossen. Aber die Witwenverbrennung war niemals die Regel. In manchen Regionen und Zeiten war sie selten oder auch unbekannt.

Die Praxis in der Gegenwart

Die Engländer haben die Witwenverbrennung 1829 verboten. Das Gesetz konnte den Brauch stark eindämmen, aber nicht ganz verhindern. Bis heute kommt es gelegentlich vor, dass sich eine Witwe verbrennt. Weltweit Aufsehen erregte die Verbrennung der 18-jährigen **Roop Kanwar** 1987 in Rajastan auf dem Scheiterhaufen ihres Mannes. Die Dorfbewohner sprechen von einem freiwilligen Akt und verehren sie als Heilige, während Untersuchungen von Frauenrechtlerinnen ergeben haben sollen, dass die Frau unter der massiven Holzlast um Hilfe geschrien habe. An der Verbrennung nahmen tausende Zuschauer teil. Sie wurde sogar in den Medien übertragen. Anschließend fanden Massenwallfahrten von Anhängern der Witwenverbrennung zum Ort ihres Todes statt. Der Fall führte zu einer Verschärfung des Verbots, was aber weitere Einzelfälle nicht verhindern konnte. 2006 und 2008 wurden weitere Witwenverbrennungen bekannt.

Eine indische Frau hat sich auf den brennenden Scheiterhaufen mit dem Leichnam ihres Mannes gelegt, 1972.

Ein Brahmane verteidigt Sati

Herbert Kühn erzählt von einem Gespräch, das er auf seinen Reisen mit einem Brahmanen geführt hat.

Der Brahmane: »Vor einigen Jahren, als ich auch hier saß und betete, sprang plötzlich die Witwe auf den Scheiterhaufen, streckte sich neben dem Leichnam aus und schlang den Arm um den toten Gatten, sie übergoss sich selbst mit der geschmolzenen Butter und die Flammen schlugen über den beiden zusammen.«

»Hat sie niemand daran gehindert?«, fragte ich.

»Niemand, im Gegenteil, alle haben ihr bei dem Opfer geholfen. Ihr Tod bringt die ewige Vereinigung mit dem Gatten im Jenseits und die Befreiung von allen Sünden. So viel Haare sie an ihrem Körper hat, so viel Jahrtausende kann sie im Himmel verweilen, ohne wiedergeboren zu werden. Wer könnte sie an solcher Zukunft hindern?«

»So glauben die Hindus noch immer, dass der Flammentod der Witwe die Erlösung bringe?«

»Gewiss, wir glauben das nicht, wir wissen es, wissen es durch unsere heiligen Bücher. Und das Verbot des Verbrennungsopfers ist doch eine Einmischung in unsere Religion, wenn die Engländer auch immer erklären, dass sie sich nicht in unsere Religion einmischen wollen.«

»Und wie denkt das Volk darüber?«, frage ich.

»Das Volk denkt genau so wie ich, ich denke so wie das Volk. Eine Frau, die sich selber für ihren Gatten in den Flammen opfert, wird eine Sati, eine Heilige. Ihr Opfer ist der höchste Beweis treuester Liebe bis über den Tod hinaus. Überall in Indien wird jener Frauen mit Ehrfurcht gedacht, die sich im Tode selbst opferten, überall stehen zu ihrem Gedenken Steine, überall werden die Steine mit Blumen geschmückt.«

»Aber vielleicht haben sich die Frauen nur geopfert, weil sie das furchtbare Los der Witwen fürchten«, warf ich ein.

»Für uns ist die Veranlassung ohne Bedeutung, die Tat ist alles. Wenn eine Witwe sich geopfert hat, dann ist sie heilig.«

Herbert Kühn (1895–1980)

> Diskutieren Sie die **Gründe** für die Witwenverbrennung.

6. Die neue Rolle der Frau

❖ Die Rolle der Frau ist im Hinduismus **widersprüchlich** wie die Religion selbst. Klassische Texte und die Lebenswirklichkeit der Frauen klaffen oft auseinander.

❖ In alten Zeiten gibt es in Indien eine hohe Wertschätzung der Frau. Die Veden und alte Gesetzbücher sprechen sogar von einer Gleichberechtigung von Mann und Frau. Sie wissen, dass es nur dann Glück und Freude gibt, wenn im Haus eine tüchtige und liebenswerte Frau lebt. Diese religiös begründete Hochschätzung der Frau ist in Indien nie ganz vergessen worden.

❖ Seit langem sind aber die **Rollen von Mann und Frau** unterschiedlich gewichtet. Im Verhältnis zum Mann ist die Frau oft nur ein Wesen zweiter Klasse. Das zeigt die Rolle der Frau in der traditionellen patriarchalischen Familie (→ S. 78ff) und ihr Anteil an den Analphabeten des Landes mit 70–80 Prozent, während er bei den Männern 50 Prozent ausmacht. Doch geht von der Frau, wenn sie Mutter ist, auch unter diesen Verhältnissen eine Macht aus, die ihr von allen Hindus zugeschrieben wird.

❖ **Heute** sind viele Inderinnen nicht mehr bereit, die traditionelle Frauenrolle zu übernehmen. Sie wollen ihr Leben so führen, wie es ihnen richtig erscheint.

---

1 Die **Rolle der Frau im Hinduismus** – diskutieren Sie das »heiße Eisen«. Beziehen Sie dabei **Sita**, die Gattin des Rama, als Leitbild der Ehefrau ein: → S. 28.

2 Was bedeutet es, wenn in indischen Dörfern die Hälfte der Mädchen zwischen vierzehn und sechzehn Jahren **nie eine Schule** besuchen kann und wenn 70 – 80 % der Frauen **nicht lesen und schreiben** können?

3 Unabhängig von der gesellschaftlichen Diskriminierung der Frau kommt dem Weiblichen **im göttlichen Bereich** eine wichtige Bedeutung zu: → S. 56 f.

4 Was wissen Sie über die Rolle der Frau in den **anderen großen Religionen**?

Gleichheit von Mann und Frau

Im Grunde sind Mann und Frau zwei Hälften einer Substanz. Sie sind gleich unter jedem Aspekt. Beide sollen darum allezeit zusammen sein. Ihr Anteil an aller Tätigkeit, der weltlichen wie der religiösen, sei gleich.

Rigveda V 61, 8 (→ S. 24f)

Frauen sind Götter

Frauen sind Götter, sie sind das Leben, sie sind der Schmuck. Weilt mit euren Gedanken stets bei den Frauen.

Vishnu (→ S. 50f)

Frauenpower

❖ Seitdem Indien 1947 seine Unabhängigkeit von der britischen Kolonialmacht erreicht hatte, nehmen einige Frauen in Gesellschaft und Politik eine führende Rolle ein. **Indira Gandhi** (nicht verwandt mit Mahatma Gandhi) konnte 1966–1977 und 1980–1984 Ministerpräsidentin werden. Ihre Schwiegertochter, die in Italien gebürtige **Sonia Ghandi**, ist schon seit 1998 Präsidentin der derzeit regierenden Kongresspartei. Voraussetzung für solche Karrieren ist allerdings, dass die **Frauen aus privilegierten Familien** kommen. Die Töchter aus den reichen und angesehenen Familien dürfen an den Hochschulen und im Ausland studieren, wo sie von westlichen Ideen beeinflusst werden. Solche Biographien waren lange eine Ausnahme.

❖ Um diesen Missstand abzuschaffen, entstand seit den 1970er Jahren eine beachtliche Frauenbewegung, die sich zuerst gegen die straflosen Vergewaltigungen der Frau, gegen die Witwenverbrennung und die Mitgift bei der Hochzeit wandte. Aus kleinen Anfängen wurde eine breite Kampagne zuerst in den Städten, dann auch in den Dörfern Indiens. Demos, Plakate, Lobbyarbeit, Protestsongs und Straßentheater sorgten für eine breite Resonanz.

❖ Bald forderte diese Bewegung die **Gleichberechtigung** der Frauen in Gesellschaft, Politik und Religion. Sie hatte schon beachtliche Erfolge. Ein Verfassungszusatz von 1992 schreibt vor, dass in Dörfern und Gemeinden ein Drittel der Gremiensitze Frauen vorbehalten sein soll. Seitdem sind etwa eine Million Frauen in politische Positionen gelangt, sind aber auch damit noch überall unterrepräsentiert. Im indischen Parlament in Neu Delhi gibt es heute (2010) bei 545 Abgeordneten 59 Frauen (11%). Nach dem Entscheid des Oberhauses (2010) sollen künftig in den Parlamenten in Neu Delhi und in den Bundesstaaten 33 Prozent der Sitze als Frauenquote reserviert werden.

Hemmnisse und Schwierigkeiten

❖ Die Frauenbewegung **findet nicht überall Anklang**. Für viele indische Frauen, die stark in der Hindu-Religion verwurzelt sind, ist es noch undenkbar, ihre traditionelle Rolle zu verlassen. Von dieser Religion erhalten sie die entscheidenden Muster, wie sie leben, empfinden und ihr Dasein deuten können.

❖ Das Aufkommen des religiösen **Fundamentalismus** (→ S. 120 f) wurde seit den 90er Jahren des vorigen Jahrhunderts zur größten Herausforderung der indischen Frauenbewegung. Es gab Massenvergewaltigungen und Zerstörung von Häusern und Moscheen, an denen sich auch fanatisierte Hindufrauen beteiligten. Dadurch wurde die Solidarität der Frauen gestört.

Die Rolle des Vaters

Maitreyi Devi, eine bengalische Dichterin, erinnert sich im Rückblick auf ihr Leben daran, wie ihr Vater, ein bekannter Philosoph, ihre Jugendliebe zu dem rumänischen Religionswissenschaftler Mircea Eliade rücksichtslos zerbrochen und sie gezwungen hat, einen ihr unbekannten Mann zu heiraten, der nicht zu ihr passte. Über die dominante Stellung des Vaters schreibt sie in einem Brief:

Es ist nicht nur in unserem Haus so, sondern in jedem Haushalt ist der Herr des Hauses die wichtigste Person. Er zählt 95 Prozent und alle anderen zusammen nur 5 Prozent. Das heißt, dass seine Wünsche, seine Bequemlichkeit am wichtigsten
5 sind; die anderen werden kaum beachtet. In unserer Familie ist diese Haltung ausgeprägter als in anderen Familien; der Herr des Hauses ist auch die dominierende Gottheit. Wenn er krank ist, kann es keinen anderen Gedanken in unseren Köpfen geben, schon gar nicht in Mutters. Mutter muss Nacht um
10 Nacht wachen und ihn versorgen, ohne Müdigkeit zu zeigen – und natürlich akzeptiert er diesen unermüdlichen Dienst als etwas, das ihm zusteht. Das ist die Einstellung aller indischen Männer; die Gattin wird belohnt durch die Arbeit selbst, durch ihr Vergnügen beim Dienst am Gemahl und vielleicht durch das
15 religiöse Verdienst, das sie dadurch erwirbt; aber der Mann muss noch nicht einmal dankbar sein.

Maitreyi Devi (1914–1990)

Die Frauenbewegung – vielfältig, lebendig

Urvashi Butalia, indische Schriftstellerin und Verlegerin, war 1984 Mitbegründerin des ersten feministischen indischen Verlags. Sie hat über zwanzig Jahre lang an der Universität Delhi unterrichtet und zahlreiche Bücher veröffentlicht, wofür sie mehrere Preise erhielt.

Mit Recht lässt sich sagen, dass sie (die Frauen) in außergewöhnlichem Maß unterdrückt werden, und ebenso wahr ist, dass sie außergewöhnlich selbstbewusst und vielleicht sogar außergewöhnlich frei sind.
In den achtzehn Jahren, da Indien von einer Frau (Indira Gandhi) regiert wurde, haben auch Gewalt und Diskriminierung gegen Frauen massiv zugenommen. Dieser Befund ist für Indien nicht ungewöhnlich. Wer das Land besucht, wird Hun-
5 derte von Frauen in allen möglichen Berufen sehen: Ärztinnen, Krankenschwestern, Lehrerinnen, Ingenieurinnen, Wissenschaftlerinnen – und wird gleichzeitig in der Presse täglich eine

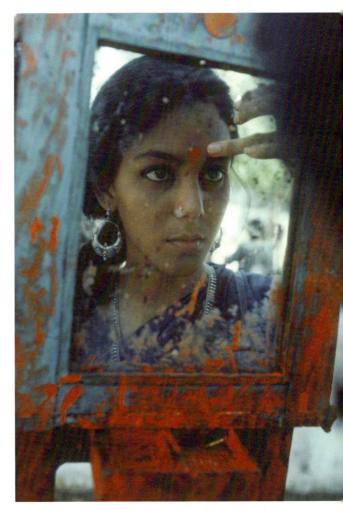

Eine verheiratete Inderin bringt mit einem Blick in den Spiegel einen roten Punkt auf der Stirn an, der Glück bringt.

üble Blütenlese von Vergehen jeder Art gegen Frauen finden. Die Frau als Staatsoberhaupt und als Gewaltopfer: das sind lediglich Extrempunkte auf der Skala einer wesentlich komple- 10 xeren Realität. (...)
Die indische Frauenbewegung ist präsent und lebendig. Dass sie nicht als einheitliche Strömung auszumachen und zu definieren ist, mag der Grund dafür sein, dass sie nicht in ihrer ganzen Breite wahrgenommen wird; richtigerweise müsste man 15 aber gerade in dieser Pluralität eine Stärke sehen. In einer Kultur, die so vielfältig und so traditionsreich ist wie die indische, ist es nicht einfach, Verhältnisse zu ändern, welche – wie die meisten Anliegen der Frauenbewegung – die Grundlagen der Gesellschaftsstruktur betreffen.
20

Urvashi Butalia (geb. 1952)

7. Sarojini Naidu – Eine aktive Politikerin

Obwohl die Situation der Frauen in Indien unbefriedigend ist, gab und gibt es immer wieder einzelne Frauen, deren Stimmen in der Öffentlichkeit gehört werden. Zu ihnen gehörte **Sarojini Naidu**, die sich erfolgreich politisch betätigte und sich Seite an Seite mit Mahatma Gandhi für tiefgreifende Reformen in Indien einsetzte.

Eine unkonventionelle Frau

Sarojini Naidu wurde 1879 in einer angesehenen Brahmanenfamilie geboren und wuchs dort in offener und großzügiger Atmosphäre auf. Sarojinis ungewöhnliche Begabung war schon früh erkennbar. Mit 11 Jahren schrieb sie ihre ersten Gedichte in Englisch, der Sprache der damaligen Kolonialmacht. Mit zwölf Jahren begann sie ihr Studium an der Universität Madras. Als sie 16 Jahre alt war, verliebte sie sich in einen Arzt aus einer niedrigeren Kaste. Weil die sonst toleranten Eltern diese Verbindung ablehnten, schickten sie Sarojini zum Studium nach London und Cambridge. Sie hofften, dass ihre Tochter in England auf andere Gedanken kommen und ihre Liebe vergessen werde. Aber sie hatten sich getäuscht. Nach drei Jahren kam Sarojini nach Indien zurück und heiratete ihren geliebten Arzt. Die Ehe, aus der vier Kinder hervorgingen, wurde glücklich, zumal der Gatte seiner Frau freie Hand für ihre vielfältigen politischen und sozialen Aktivitäten ließ. Während ihres Studiums in England trat sie in literarischen Zirkeln auf, wo ihre Schönheit, ihr Geist und Witz bewundert wurden. Mit ihren Gedichten wollte sie ihren englischen Freunden indisches Denken und Fühlen nahebringen.

An der Seite von Mahatma Ghandi

❖ In England lernte sie 1914 Mahatma Gandhi kennen. Von ihm empfing sie wichtige Impulse für ihr Leben. Als erste Frau schloss sie sich seinem legendären Salzmarsch (→ S. 112) an, von dem Frauen zunächst ausgeschlossen waren. Viele andere Frauen folgten ihr und erzwangen ihre Teilnahme. Von da an widmete sich Sarojini Naidu der **Politik** mit dem Ziel, **Indien von der Herrschaft der britischen Krone zu befreien**. Im Befreiungskampf stand sie in vorderster Linie. 1925 wurde sie auf Vorschlag Gandhis die erste Präsidentin der Kongresspartei. Auf ausgedehnten Reisen in viele Länder der Welt propagierte sie Gandhis Ideen. Obwohl sie ihn sehr verehrte, konnte sie ihn manchmal im Spott »kleiner Mann« oder »Mickymaus« nennen. Das tat der tiefen Freundschaft beider keinen Abbruch, weil sie in seiner Umgebung als eine autorisierte Närrin galt, die sagen durfte, was sie wollte. Gandhi bezeichnete sie wegen ihrer lyrischen Begabung respektvoll als »indische Nachtigall« und als »Lotosgeborene«.

Sarojini Naidu neben Gandhi auf dem Salzmarsch (→ S. 111), 1930.

❖ Eine wichtige Aufgabe des Befreiungskampfes bestand für Sarojini Naidu darin, **die Situation der Frauen in Indien zu verbessern** und politische Gleichberechtigung für sie zu erreichen. Dabei war sie keine radikale Feministin. Sie wollte die Männer nicht ausgrenzen, sondern in alle Bemühungen einbeziehen. Vor allem setzte sie sich für das Wahlrecht der Frauen ein. Nach dem 2. Weltkrieg trat sie zusammen mit Gandhi mutig für ein friedliches Zusammengehen von Hindus und Muslimen ein, ohne dass beide die blutigen Katastrophen verhindern konnten, die 1947 zur Abtrennung des islamischen Pakistan von Indien führten (→ S. 135f). Sie starb 1949. Heute ist diese begabte Frau in Indien eher vergessen. Aber vielleicht werden sich die indischen Frauen doch wieder an ihr Beispiel erinnern.

Worte zu Gandhis Tod

*Sarojini Naidu sagte in einer **Rundfunkansprache** an das indische Volk am 1. Februar 1948, dem Tag nach der Ermordung Mahatma Gandhis durch einen fanatischen Hindu:*
Was jammert ihr herum? Wäre es euch lieber, wenn er an Altersschwäche oder einer Verdauungsstörung gestorben wäre? Dieser gewaltsame Tod ist der einzige, der ihm gebührt (...) Wenn wir jetzt glauben, dass nun alles mit seinem Tod verloren sei, wozu waren dann unsere Liebe und Loyalität ihm gegenüber gut? Sind wir nicht seine geistigen Nachfahren, die Verwalter seiner großen Ideale? Sind wir nicht da, um seine Arbeit fortzusetzen, sie durch gemeinsame Anstrengung noch größer zu machen? Die Zeit der Trauer ist vorbei.
Sarojini Naidu (1879–1949)

1 Auf einer internationalen Konferenz hat Sarojini Naidu 1947 einmal gesagt: **»Indien hat schon immer seine Frauen verehrt.«** Wie kann sie diesen Satz angesichts der indischen Realitäten verstanden haben?
2 Zum Leben und zur Bedeutung **Gandhis:** → S. 111ff.
3 Zu **Mira Alfassa**, einer anderen indischen Frau: → S. 106.

8. Worte indischer Weiser

Neue Gotteserfahrungen

Kabir, von Beruf Weber, war ein indischer Mystiker, der von der indischen Bhakti-Mystik (→ S. 30, 43) und vom islamischen Sufismus beeinflusst war. Diese mystische Richtung war seit dem Aufkommen des Islam in Indien nach 1192 auch Hindus bekannt geworden. Kabirs Sympathie dafür wirft die Frage auf, ob er mehr Hindu oder mehr Muslim war. Deutlich wandte er sich gegen die Intoleranz von Hindus und Muslimen und vertrat schon früh das Ideal einer einigen Menschheit. Er suchte einen natürlichen Weg zu Gott. Auch viele praktische Weisheitslehren stammen von ihm.

Suchst du mich? Ich sitze neben dir. Meine Schulter an deiner. Du wirst mich nicht in den Stupas, nicht in einem indischen Tempel, noch in Synagogen, noch in Kathedralen finden. Nicht in den Massen, nicht in Kirtans (heiligen Gesängen), nicht in Beinwickeln um deinen eigenen Hals und nicht durch das Essen von nichts anderem als Gemüse. Wenn du mich wirklich suchst, dann kannst du mich immer sehen – du findest mich in dem kleinsten Haus der Zeit. Kabir sagt: Student, sag mir, was ist Gott? Er ist der Atem innerhalb des Atems.
(...)
Der Mensch, der gütig und freundlich ist, der Rechtschaffenheit praktiziert, der passiv bleibt inmitten der weltlichen Angelegenheiten, der alle Kreaturen der Erde als sein eigenes Selbst ansieht, der erlangt das unsterbliche Sein und der wahre Gott ist immer mit ihm.

Kabir (1440–1518)

Selbstsucht, Gemeinheit, Hass

Zu Sri Aurobindo: → S. 106.

Selbstsucht ist die einzige Sünde, Gemeinheit das einzige Laster, Hass das einzige Verbrechen. Alles andere lässt sich leicht in Gutes umkehren, doch diese drei widersetzen sich hartnäckig der Göttlichkeit.

Sri Aurobindo (1872–1950)

Körper und Geist

Zu Meher Baba: → S. 70.

Der Wert der materiellen Dinge hängt ab von der Rolle, die sie im Leben des Geistes spielen. An sich sind sie weder gut noch schlecht. Sie werden gut oder schlecht, je nachdem, ob sie den Ausdruck des Göttlichen fördern oder behindern. Nehmen wir zum Beispiel den Platz, der dem physischen Körper im Leben des Geistes zukommt. Es ist falsch, einen unversöhnlichen Gegensatz zwischen »Fleisch« und »Geist« aufzustellen. Eine derartige Entgegensetzung endet fast unweigerlich in einer uneingeschränkten Verdammung des Körpers. Der Körper stellt sich der geistigen Erfüllung nur dann in den Weg, wenn er um seiner selbst willen verwöhnt und verzärtelt wird. Seine eigentliche Aufgabe aber ist, dem Geist zu dienen. Der Reiter braucht ein Pferd, wenn er in den Kampf ziehen soll, doch das Pferd kann zum Hindernis werden, wenn es dem Reiter den Gehorsam verweigert. In gleicher Weise muss der Geist in Materie gekleidet werden, wenn er in den vollen Besitz seiner eigenen Möglichkeiten gelangen soll, wobei der Körper zum Hemmnis werden kann, wenn er sich weigert, den Forderungen des Geistes zu folgen. Fügt sich der Körper aber den Forderungen des Geistes so, wie es ihm geziemt, wird er zum Werkzeug der Herabkunft des Himmelreichs auf Erden. Dann erfüllt er seine Aufgabe als Medium zur Freisetzung des göttlichen Lebens und wird mit Recht Tempel Gottes auf Erden genannt.

Meher Baba (1894–1969)

Der Weg zu Gott

Paramahansa Yogananda war ein indischer Yogi und Schriftsteller, der von seinen Schüler als bedeutsamer Guru und Avatar (→ S. 50) verehrt wurde.

»Ich finde, dass ich überhaupt keine Fortschritte in der Meditation mache. ich sehe und höre nie etwas«, sagte ein Schüler.
Der Meister erwiderte: »Suche Gott um seiner selbst willen! Die höchste Gotteserfahrung ist die Seligkeit, die man aus der unergründlichen Tiefe des eigenen Herzens aufsteigen fühlt. Trachte nicht nach Visionen, Wundererscheinungen oder phantastischen Erlebnissen. Der Weg zu Gott ist kein Zirkus!«

Paramahansa Yogananda (1893–1952)

❖ Der Hinduismus hat viele weise Lehrer (»Gurus«: → S. 70) und ausgezeichnete **Weisheitsschulen** hervorgebracht, die noch heute ihre Nachwirkungen haben.

❖ Während im **Westen** mehr ein **rationales Wissen** und sachliche Objektivität gesucht wird, wie sich in zahllosen Wissenschaften zeigt, suchen die **indischen Weisen** eher einen Weg zu sich selbst (»**Atman**«: → S. 26). Sie wollen durch Meditation, Yoga, ethische Praxis und Gottesverehrung Wege finden, die es ermöglichen, den Menschen besser zu verstehen, ihn in Harmonie zu dem universalen Weltgesetz (»Sanatana Dharma«: → S. 11, 74) zu bringen und so Erlösung (»Moksha«) zu finden. Ihre Lehren umfassen praktische Lebensklugheit, ethische Pflichten, asketische Übungen, philosophische Einsichten und religiöse Impulse.

Weisheitstexte von **Tagore**: → S. 107; von **Ramakrishna**: → S. 108 f; von **Vivekananda**: → S. 110; von **Gandhi**: → S. 111 ff.

Das Kastenwesen

1. Ein religiöses Gesellschaftssystem

❖ Orthodoxe Hindutheologen lehren, dass die Zugehörigkeit zu einer **Kaste** den Hindu zum Hindu macht. **Hindu ist demnach, wer von Geburt an zu einer bestimmten Kaste gehört**. Darum kann man in der Regel nicht in den Hinduismus eintreten. – Die indischen **Reformer** halten diese Auffassung für falsch. Sie betreiben Mission und lehren, dass man Hindu vor allem dadurch wird, dass man die Grundlehren des Hinduismus annimmt und befolgt (→ S. 110).

❖ Das Kastensystem war nie unwandelbar und starr. Es hat sich immer den Gegebenheiten der Zeit angepasst und dadurch oftmals soziale Stabilität bewirkt. Ohne große **Flexibilität** hätte es die Jahrhunderte nicht überleben können.

❖ Mit dem Kastenwesen hat der Hinduismus eine **religiös fundierte Gesellschaftsordnung**, für die sich **in den Weltreligionen keine Parallele** findet.

Kaste, Varna, Jati – Die Begriffe

❖ Das Wort »**Kaste**« kommt von dem portugiesischen Wort »casta«, d.h. »Gattung«, »Gruppe von Lebewesen«. Als die Portugiesen im 16. Jahrhundert nach Indien kamen, stießen sie auf Gruppen von Menschen, die sich durch Reinheitsvorschriften, bei der Wahl eines Ehepartners und beim Essen erheblich voneinander unterschieden. Das Wort »Kaste« weckt heute bei Indern Unmut und wird daher von ihnen eher gemieden.

❖ »**Varna**« (d.h. »Schleier«, »Farbe«, später auch »Kaste«) ist seit den arischen Zeiten die Bezeichnung für unterschiedliche gesellschaftliche Gruppen. Das Kastensystem heißt im Indischen »**Varnashrama**«. Das Wort, das um 1000 vC erstmals erwähnt wird, deutet möglicherweise darauf hin, dass sich die hellhäutigen arischen Eroberer schon früh von den dunkelhäutigen Ureinwohnern des Landes abgesondert und eine Trennung auf Grund der Hautfarbe betrieben haben. Hier könnte eine alte Form der Apartheidpolitik vorliegen, die für die Arier vor allem den Zweck hatte, in einer neuen Umwelt gegenüber der alteingesessenen Bevölkerung die eigene religiöse und ethnische Identität zu schützen. Aus den vier Hauptgruppen sind die vier Hauptkasten geworden.

❖ »**Jati**« (d.h. »Geburt«, »geboren«) ist heute die indische Selbstbezeichnung für die Kasten und die vielen Unterkasten. Das Wort weist darauf hin, dass man von Geburt an dazu gehört.

Soziale Strukturierung

❖ Durch das Kastenwesen hat der Hinduismus bis heute eine höchst **differenzierte Binnenstrukturierung**.
Ursprünglich unterscheidet die Hindu-Religion **vier Kasten** (»Varnas«):
(1) die **Brahmanen**: Priester, Kenner und Lehrer der heiligen Schriften
(2) die **Kshatriyas**: Krieger, Könige, Adelige, Landbesitzer, höhere Beamte
(3) die **Vaishyas**: Bauern, Händler, Geschäftsleute, Handwerker
(4) die **Shudras**: Tagelöhner, Arbeiter, Sklaven

❖ Diese Vierteilung ist eher eine idealtypische als eine reale Beschreibung der indischen Sozialordnung. Sie hat es in dieser klaren Form wohl nie gegeben. Im Lauf der Jahrhunderte haben sich zahllose **Unterkasten** (»Jatis«) gebildet, die nur mühsam den vier Kasten zugeordnet werden können. Man schätzt, dass es im heutigen Indien **2000 bis 3000 Jatis** gibt. Darin enthalten sind die Jatis der **Unberührbaren**, die außerhalb der vier klassischen Kasten (»Varnas«) leben. Ferner gibt es eine große Zahl von Indern außerhalb aller Varnas und Jatis (→ S. 92 f).

Drei Regeln

Die Kastenordnung bestimmt die gesellschaftliche Stellung der Hindus und den Rhythmus ihres Lebens. Das zeigen **drei Regeln**, die für das Kastenwesen kennzeichnend sind.
(1) **Trennung**: Die Zugehörigkeit zu einer Kaste trennt von den anderen Kasten. Dazu zählt vor allem das, was »roti aur beti« (d.h. »Brot und Tochter«) betrifft. Man darf nur mit Kastenangehörigen zusammen essen und nur

---

1. Welche **Einwände** lassen sich aus der Sicht der europäischen Aufklärung und auch aus der Sicht der **biblischen Religionen** gegen das Kastenwesen erheben? Dazu: → S. 131.
2. Warum ist das Kastensystem aus der **Sicht des Hinduismus** gerecht?
3. Diskutieren Sie die sozialen **Vor- und Nachteile** des Kastenwesens.
4. Gibt es auch **in unserer Gesellschaft** Schranken zwischen verschiedenen Gruppen, die an die indische Kastenordnung erinnern?

innerhalb der eigenen Kaste heiraten (**Endogamie**), weil nur so die Reinheit der Kaste gewahrt bleibt. Nicht selten sind heute die Wohnviertel der Städte nach Kasten aufgeteilt. In den Dörfern leben die drei oberen Kasten in der Regel im Zentrum, die Shudras am Rand, die Unberührbaren außerhalb der Ortschaft in eigenen elenden Siedlungen.

(2) **Spezialisierung**: Die Arbeiten, die einer verrichten darf, hingen früher allein von der Kaste ab. Jeder musste sich an die speziellen Berufsmöglichkeiten seiner Kaste halten. Eine freie Berufswahl außerhalb der Kaste war nicht möglich. Ein Brahmane wurde nicht Soldat und ein Kshatriya verkaufte keine Fische. Im heutigen Indien ist die Berufswahl freier geworden.

(3) **Sozialer Rang**: Das Sozialprestige eines Menschen hängt von seiner Kaste ab. Ein Brahmane steht auf der höchsten Stufe der indischen Hierarchie, ein Shudra auf der niedrigsten, die Unberührbaren befinden sich außerhalb dieser Ordnung.

Frevel gegen die Kastenordnung

Die **Vermischung** der Kasten gilt als **Frevel gegen den eigenen Dharma** (→ S. 74 f), der nicht gesühnt werden kann, aber trotzdem heute vor allem in den Städten, weniger in den Dörfern, häufig vorkommt. Viele Hindus glauben, dass die Katastrophe der **Endzeit** (→ S. 36) nahe bevorsteht, wenn die Kastenschranken nicht mehr beachtet werden, wenn sich also Brahmanenfrauen mit Männern niedriger Kasten oder gar mit Unberührbaren einlassen oder wenn Shudras sich gegenüber höheren Kasten als Herren aufspielen.

Varna – Karma – Moksha

❖ Viele Hindus ertragen das Kastensystem (»**Varna**«) mit größtem Gleichmut. Es ist für sie eine religiöse Grundgegebenheit, die nicht angetastet werden kann. Weder Gott noch die Götter sind dafür verantwortlich.

❖ Die Zugehörigkeit zu einer bestimmten Kaste oder auch zu der Gruppe der Unberührbaren gilt deshalb nicht als ungerecht, weil sie der Lohn der Taten (»**Karma**«) aus einem vergangenen Leben ist. Wer heute als Brahmane lebt, hat sich diese privilegierte Kastenzugehörigkeit früher verdient und darf sie darum guten Gewissens genießen. Wer heute als Unberührbarer sein Dasein fristet, ist in einer seiner vorigen Existenzen schuldig geworden, so dass er nun seinen früheren Taten gemäß lebt.

❖ Die soziale Ungleichheit erscheint den meisten Hindus auch deshalb nicht unerträglich, weil sie hoffen, dass sich ihr Los nach diesem Leben in einer neuen Wiedergeburt zum Besseren wendet. Von der Kastenzugehörigkeit hängt weder der ethische Standard noch die Erlösung (»**Moksha**«) des Menschen ab. In jeder Kaste kann man sein Lebensziel erreichen und verfehlen.

❖ Im Übrigen ist die Kastenordnung **keine ewige unwandelbare Ordnung**. Es gab einmal eine kastenlose Zeit und es wird sie wieder geben. Durch die bösen Taten der Menschen kam sie zustande und nach der Wiederkehr einer neuen Welt braucht sie nicht von neuem zu entstehen, wenn die Menschen nur gut handeln werden. Der jetzige Weltenlauf ist aber für die Dauer seiner Existenz durch das Kastenwesen bestimmt.

Die Brahmanen (→ S. 92 f) haben den (»Varnas«) Farben zugeordnet, die die Kasten werten und abwerten. Weiß als Farbe der Brahmanen steht für Reinheit, Klarheit; Rot als Farbe der Kshatriyas und Vaishyas deutet auf Mut und Leidenschaft hin; die Farbe der Shudras ist schwarz, was auf Dunkelheit und Faulheit hinweist. Unter den vier Kasten befinden sich noch zwei weitere Gruppen: die Kastenlosen und die Nicht-Hindus (z. B. Christen und Muslime)

2. Der Dharma der Kasten

> Der Vielfalt der Kasten entspricht eine **Vielfalt des Ethos**, weil jede Kaste ihren spezifischen **Dharma** (→ S. 74 f) hat. Die Dharma-Lehre gibt den Hindus Orientierung für ihr Leben und Handeln.

Unterschiede der Aufgaben

Die **Bhagavadgita** (XVIII, 41–44; → S. 30 f) beschreibt die Aufgaben der Kasten so:
Das Handeln der Brahmanen, Kshatriyas und Vaishyas und auch das der Shudras unterscheidet sich je nach den Eigenschaften ihrer inneren Natur.
* Weisheit, Selbstbeherrschung, Friedfertigkeit, Reinheit, Aufrichtigkeit und Wissen bilden die Pflichten eines **Brahmanen** entsprechend seiner Natur.
* Heldenhaftigkeit, Kraft und Ausdauer, Standhaftigkeit auch in der Schlacht, Großzügigkeit und Führungsqualitäten sind die Pflichten eines **Kshatriyas** gemäß seiner Natur.
* Ackerbau, Viehzucht und Handel sind die Aufgaben eines **Vaishyas**.
* Aufgabe der **Shudras** ist es, niedere Dienste zu verrichten.
frei nacherzählt

Soziale, ethnische und kulturelle Funktion

* Die **soziale Funktion** der Kasten besteht darin, für alle ihre Mitglieder zu sorgen. Die Kaste ist die indische **Solidargemeinschaft**, die den Alten, Kranken und Arbeitslosen das Existenzminimum sichert. Ohne die Kasten fiele die indische Gesellschaft in ein soziales Chaos, da der Staat kaum in der Lage wäre, die entsprechenden Leistungen aufzubringen. In den Millionenstädten sind die Jatis oft die einzige Möglichkeit für auswärtige Arbeitssuchende, Unterkunft und Nahrung zu finden.
* Durch die indische Kastenordnung ist die **ethnische und kulturelle Identität** vieler kleinerer Gruppen in Indien erhalten geblieben. Ihre Gemeinschaft und Kultur sind nicht durch Vermischung in größeren Verbänden aufgesogen worden.

Ethische Differenzierung

Eine Handlung, die innerhalb einer Kaste geboten ist, kann in einer anderen Kaste verboten sein. Ein Brahmane darf vieles nicht essen, was einem Krieger oder Handwerker durchaus erlaubt ist. Eine Kurtisane erfüllt ihre Pflicht, wenn sie ihre Gunst ohne Ansehen der Person verschenkt und zu einem hohen Kshatriya nicht liebenswürdiger ist als zu einem niedrigen Shudra. Das ist ihr Dharma, während eine solche Handlung einer Brahmanenfrau strikt untersagt ist. Das Freudenmädchen hat genauso ein eigenes Ethos und damit eine eigene Würde wie die Gattin des Priesters.

Der König und die Kurtisane

Das »**Milindapanha**« ist ein altes Epos, das ein Gespräch des griechischen Königs **Milinda** (Melandros) mit dem buddhistischen Mönch **Nagasena** erzählt, in dem deutlich wird, dass die indischen Kasten ihr spezifisches Ethos haben. Die Schrift ist eines der frühesten Zeugnisse für den **Kontakt Indiens mit Europa**.
Ein König stand mit seinem Gefolge an den Ufern des Ganges, der vom Hochwasser angeschwollen und über die Ufer getreten war. Im Anblick des Stromes fragte er: »Gibt es einen, der diesen mächtigen Ganges wieder stromaufwärts fließen lassen kann?« Manche Minister hielten die Sache für schwierig, andere sogar für unmöglich. Da war aber auch eine Kurtisane am Strand, die des Königs Frage vernommen hatte. Sie sagte zu ihm: »Ich bin eine Kurtisane, die von ihrer Schönheit lebt. Mein Gewerbe ist das niedrigste. Aber durch einen Akt der Wahrheit kann ich den Ganges beeinflussen.« Und sie vollzog einen Akt der Wahrheit. Sofort floss der gewaltige Ganges stromaufwärts. Der König staunte und wollte nun wissen, was dieser Akt der Wahrheit sei. Sie sei doch eine Diebin und Betrügerin, eine Lasterhafte und eine käufliche Sünderin, die von der Ausbeutung der Narren lebe. Da antwortete die Kurtisane: »Es ist wahr, Majestät, ich bin, was ihr sagt. Aber selbst ich, das schlimme Weib, besitze einen Akt der Wahrheit, durch den ich die Menschen- und Götterwelt auf den Kopf stellen könnte.« Der König war erstaunt und bat um eine weitere Erklärung. »Majestät, wer immer mir Geld gibt, welcher Kaste er auch angehört, ich behandle alle gleich. Einen Kshatriya begünstige ich nicht, einen Shudra verachte ich nicht. Frei von Verachtung und Schmeichelei diene ich allen, so gut ich kann. Dies ist mein Akt der Wahrheit, der selbst den Ganges stromaufwärts fließen lässt.«
Aus dem Milindapanha (1. Jh. nC)

---

1 Das Kastensystem hat ein **partikulares Ethos**, das einzelne Gruppen verpflichtet. Dahinter steckt auch ein **universales Ethos**, das für alle gilt, allgemeingültig ist und unbedingt zu befolgen ist. Es besagt, dass jeder Einzelne seinem Dharma (→ S. 74 f) folgen muss. Lassen sich in diesem indischen Kastenethos Stärken und Schwächen erkennen?

2 Gibt es Parallelen im **europäischen/christlichen Ethos**?

3. Die Ursprünge

Die mythologische Begründung – Purusha

In den Veden findet sich ein alter Mythos, in dessen Mittelpunkt **Purusha** *(d.h. »Mann«, »Person«) steht. Er ist ein kosmischer männlicher Urkörper, der von den Göttern geopfert wird. Am Anfang der Zeit entließ er das weibliche Schöpfungsprinzip aus sich und ließ von diesem die Welt gebären. Aus seinen Gliedern entstanden auch die* **vier Varnas** *und ihre unterschiedliche Wertung. Drei Viertel von ihm bleibt als das Unsterbliche im Himmel, ein Viertel von ihm kommt auf die Erde.*

Diese alte Vorstellung spiegelt die damalige Gesellschaftsordnung wider und legitimiert zugleich die Vorrangstellung der Brahmanen. Weil die Kastenordnung von Anfang an besteht und göttlich ist, darf sie nicht angetastet werden.

Als sie (die Götter) Purusha zerlegten, wie viele Teile haben sie gemacht?
Was wurde sein Mund, was seine Arme, was seine Schenkel, was seine Füße genannt?
5 Der Brahmane war sein Mund, seine Arme wurden zum Krieger, seine Schenkel zum Vaishya, aus den Füßen ging der Shudra hervor.
Rigveda X 90, 11 f

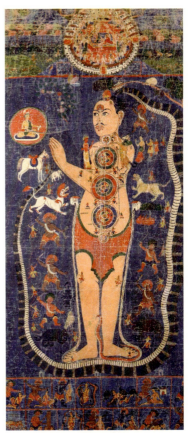

Purusha, 18. Jh. – die tantrische (→ S. 72) Version des Urmenschen weicht von der Beschreibung in den Veden ab.

Die ethische Begründung

In späteren Zeiten hat sich mehr der **ethische Gedanke** durchgesetzt. Danach ist das Kastenwesen durch das Karma zu erklären. Ohne Karma gäbe es keine Kasten. Die Kaste, in der der Mensch jetzt lebt, ist der Lohn
5 oder die Strafe für seine Taten in einem früheren Leben. Hat er nach dem ethischen Verständnis des Hinduismus gut gelebt, gehört er jetzt einer guten Kaste an. Wer brutal, gierig oder betrügerisch war, lebt jetzt in einer niedrigen Kaste oder außerhalb der Kasten.

Die historische Begründung

10 In historischer Sicht liegt der Ursprung der drei oberen Klassen in der Zeit der **Arier**. Ihre Priester, Krieger und Bauern setzten sich von der einheimischen Bevölkerung ab. Durch Heiratsverbot suchten sie ihre Eigenart in einer neuen Welt zu wahren, in der sie zahlenmäßig
15 zunächst unterlegen waren. Die Einheimischen mussten Arbeiter und Sklaven stellen, die mit der Zeit die vierte Kaste bildeten oder zu keiner Kaste gehörten.

Die ökonomische Begründung

Verwandt damit ist die **wirtschaftliche Erklärung**. Danach liegt der Ursprung des Kastensystems in der
20 Arbeitsteilung von Priestern und Kriegern, von Handwerkern/Bauern und Sklaven/Knechten.

Die ethnische Begründung

Viele Volksgruppen und Stämme, die irgendwann in den Hinduismus aufgenommen wurden, konnten dort als Unterkasten weiterleben. Sie brauchten dort nicht alle ihre Sitten, Riten und Mythen aufgeben. Manchmal 25 wurden auch Familien und Berufsgruppen zu neuen Kasten. Darum haben sich in Indien so viele religiöse und ethnische Gruppen erhalten.

Entstehung durch Betrügereien

Viele Unberührbare erklären die Ungleichheit der Kasten durch **betrügerische Manipulationen der Brah-** 30 **manen** und verweisen auf eine Erzählung, nach der selbst der göttliche Krishna von einem Unreinen Butter annahm und so ihren Stand für immer aufwertete.

> Die Ursprünge des Kastenwesens liegen für uns im Dunkel der Geschichte. Wir wissen nicht, wann und zu welchem Zweck es eingeführt worden ist. Die Theorien über die Ursprünge des Kastenwesens unterscheiden sich dadurch, dass sie auf mythisch/religiöse, ethische, politische, wirtschaftliche oder ethnische Ursachen hinweisen. Sie schließen sich gegenseitig nicht aus. Vermutlich haben mehrere Faktoren Anteil an der Kastenstruktur des Hinduismus.

4. Die vier Hauptkasten

❖ Die **Brahmanen, Kshatriyas** und **Vaishyas** bilden die drei oberen Kasten. Sie nennen sich die **»Zweimalgeborenen«** (→ S. 76). Am Ende der Pubertät erhalten sie eine heilige Schnur, die sie von nun an tragen sollen. Diese symbolisiert eine neue Nabelschnur, an der sie zum zweiten Mal geboren werden. Von jetzt an dürfen sie die heiligen Schriften lesen.
❖ Die **Shudras** zählen – ebenso wie die **Kastenlosen** – zu den **»Einmalgeborenen«**.

Die Brahmanen

❖ Die oberste Kaste bilden die **Brahmanen**. Ihr Name bedeutet »Kenner des **Brahman**« (→ S. 48), also jenes letzten Prinzips, auf das alle Wirklichkeit gründet.

❖ Sie sind **in vedischer Zeit Priester**, die das Recht haben, die religiösen Zeremonien und die Opferriten durchzuführ-

ren. Da die heiligen **Opfer** zur Beeinflussung der Götter früher sehr wichtig erschienen, die Kenntnis der Opferformeln aber den Brahmanen vorbehalten war, hatten diese einen großen Einfluss. Oft waren sie gefürchtet und zu manchen Zeiten galten sie sogar selbst als Götter. Man glaubte, dass das, was sie ankündigten, auch eintreffe. Ihr Fluch ist bis heute ein großes Unglück für die Betroffenen.

❖ Als die Bedeutung der Opfer abnahm, kamen auf die Brahmanen andere Aufgaben zu, so das Studium der heiligen Schriften, die Lehre der alten Tradition und die Kenntnis der Sanskrit-Sprache. Man findet unter den Brahmanen aller Zeiten **gelehrte Kenner der Religion, der Geschichte und der Grammatik**. Ohne das Wissen und das geschulte Gedächtnis der Brahmanen wäre die mündliche Überlieferung der heiligen Schriften nicht möglich gewesen.

❖ Ihren **Lebensunterhalt** sollen sie sich **nicht selbst verdienen**. Jede auf Erwerb ausgehende Tätigkeit verunreinigt sie. Das, was sie zum Leben brauchen, soll ihnen von den Angehörigen der anderen Kasten geschenkt werden. Diese können sich so Verdienste für den Himmel und für eine gute Wiedergeburt erwerben. Diese Idealvorstellung wurde aber nicht immer realisiert. Wenn die Brahmanen zu zahlreich waren oder wenn ihr Ansehen gelitten hatte, mussten sie auch Erwerbstätigkeiten übernehmen. Das war immer ein Zeichen für das Schwinden ihres Einflusses.

❖ Den Rechten der Brahmanen stehen viele **Pflichten** gegenüber. In kultischen Dingen müssen sie strenge Disziplin wahren. Sie dürfen sich nicht verunreinigen und müssen viele Reinhaltungsgesetze beachten. Straßenkehrer oder Witwen sollen sie nicht anschauen, weil man glaubt, dass von diesen Personen Unheil ausgeht. Der Genuss von Fleisch (besonders Rindfleisch), Alkohol und Drogen ist ihnen verboten. Ihre Speisen sollen sie sich von einem Nicht-Hindu oder von einem Hindu aus einer niedrigen Kaste zubereiten lassen. Ein strenges Gesetz legt ihnen auf, nur innerhalb ihrer Kaste zu heiraten.

❖ Die große Kaste der Brahmanen ist seit langem in **hunderte Unterkasten** aufgeteilt, die sich nach Herkunft, Reichtum, Einfluss und Ansehen stark unterscheiden.

❖ **Heute** vollziehen Brahmanen häufig die religiösen **Riten bei Geburt, Hochzeit und Beerdigung**. Sie üben fast **jeden Beruf** aus. Viele sind in hohen Stellungen der Wirtschaft und Verwaltung tätig. Bei großen Festen werden sie gern als Zeremonialköche angestellt, weil man sicher ist, dass ihre Speisen rein sind. Die meisten haben nur ein dürftiges Einkommen.

Götter ...

*Die **Brahmanas** sind alte heilige Texte, die die Veden interpretieren.*

Zweierlei Arten Götter gibt es: die (eigentlichen) Götter
und die eifrig studierenden, gelehrten Brahmanen;
diese sind die menschlichen Götter.
Mit Opfergaben erfreut man die Götter,
mit Opferlohn die Menschengötter,
die eifrig studierenden Brahmanen.
Beide (Arten von) Göttern verleihen dem Opfernden Wohlbefinden.
Aus den Brahmanas (um 1000 vC)

... oder Schurken?

*Zu den **Darshanas**: → S. 32.*
Nichts anderes sind die Spenden an die Ahnen
als ein Erwerbsquell unserer Brahmanen.
Die die Veden ausgesonnen haben,
Nachtschleicher sind es, Schurken, Possenreiter.
Aus den Darshanas (im 500 vC)

 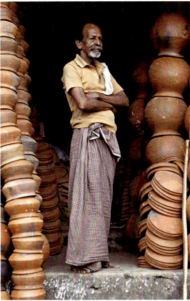 

Die Kshatriyas

Die zweite Kaste bilden die **Kshatriyas**, die Fürsten, Adligen und Krieger. Auch sie genießen ein hohes Ansehen. Sie müssen die Gesellschaft schützen und dabei folgende Aufgaben erfüllen: Kämpfe gegen die äußeren Feinde, Aufrechterhaltung der inneren Ordnung, Sorge für das Recht, Strafgewalt. Für sie gilt nicht das Hindu-Ideal der Gewaltlosigkeit (→ S. 77), wie es schon für König Arjuna in der Bhagavadgita nicht galt (→ S. 30 f). Sie sind die Hüter der Kastenordnung. Was den Brahmanen untersagt ist, z. B. Fleischgenuss und Jagdvergnügen, ist ihnen erlaubt. Ihren Unterhalt durften sie früher von dem bestreiten, was sie erbeutet und gewaltsam an sich genommen hatten.

Die Vaishyas

Die **Vaishyas** sind Bauern, Viehzüchter, Geschäftsleute und Handwerker. Sie treiben auch Handel und verleihen Geld. Die wirtschaftlich notwendigen Aufgaben für die Gesellschaft werden von ihnen erfüllt. Unter den Vaishyas sind viele reiche Leute. Die meisten jedoch tun ihre täglichen Pflichten, ohne damit Schätze anzuhäufen.

Die Shudras

Heute bilden die Shudras mit über 600 Millionen Menschen die Mehrheit der indischen Bevölkerung. Sie dürfen die Veden und andere heilige Schriften nicht lesen. Ihre Aufgabe besteht darin, die niedrigen Dienste zu verrichten und ihre Arbeitskraft in den Dienst der Gesellschaft zu stellen. Ihnen fehlt das Wissen der Brahmanen, die Macht der Kshatriyas und der Einfluss der Vaishyas. Sie sind Gärtner, Fischer, Hirten, Töpfer, Weber, Gerber. Es kommt nicht selten vor, dass auch Shudras beachtlichen Reichtum erwerben und sogar Brahmanen als Diener oder Koch anstellen. Viele strenge Vorschriften, die für die Angehörigen anderer Kasten gelten, brauchen von den Shudras nicht eingehalten werden. Sie dürfen alles essen und trinken, sind jedoch auch an strenge Heiratsregeln gebunden.

Kämpfe um die Vorherrschaft

Häufig gab es Rivalitäten und **Kämpfe um die Vorherrschaft in der Kastenordnung**, insbesondere zwischen den Brahmanen und Kshatriyas. Tatsächlich standen diese zeitweilig an der Spitze des Kastensystems. Vishnu selbst musste in seiner sechsten Herabkunft (→ S. 50) in solche Kämpfe eingreifen und den Brahmanen ihren obersten Rang gegenüber den kriegerischen Fürsten sichern. Auch die zu wirtschaftlicher Macht gelangten Vaishyas ordneten sich nicht immer in die Kastenhierarchie ein. Ihr Reichtum erlaubte es ihnen oft, sich dem Einfluss der Brahmanen zu entziehen.

Linke Seite: Brahmanen vor einem Tempel.
Oben links: Eheschließung von Kshatriyas. Oben Mitte: Ein Vaishya, hier ein Händler mit Tonwaren. Oben rechts: Shudras bei der Wäsche im Fluss und beim Aufhängen zum Trocknen.

---

1 Zur Rolle der Brahmanen **in vedischer Zeit:** → S. 24 f; zum **Tagesablauf** der Brahmanen: → S. 58; zur **Kritik** an den Brahmanen durch den Buddha und Mahavira: → S. 96, 98.
2 Wer nimmt **in den anderen Religionen** die Rolle der Brahmanen ein?

5. Die Unberührbaren

❖ Von den ca. 1,1 Milliarden Bewohnern des Landes zählen heute (2011) schätzungsweise **250 Millionen** (22 %) Inder zu denen, die von den Hindus der höheren Kasten als **unberührbar** angesehen werden.

❖ Davon gehören ca. **170 Millionen** (»scheduled castes«) zu den hunderten **Jatis** unterhalb der vier klassischen Kasten (»Varna«). Als **Außenseiter** der Gesellschaft leben sie fast immer in unvorstellbarer wirtschaftlicher Armut und sind kultisch **unrein**. Obwohl sich ihre Situation rechtlich gebessert hat, werden sie in der Gesellschaft auch heute weithin als unrein und nicht gleichberechtigt angesehen. Weil sie oft untereinander zerstritten sind, können sie für ihre Befreiung kaum wirkungsvoll eintreten.

❖ Hinzukommen **80 Millionen** Nachkommen der Ureinwohner (»scheduled tribes« und »**Adivasi**«) und Nachkommen später besiegter und unterworfener Stämme. Sie gehören weder den Kasten noch den Jatis an. Dasselbe Los teilen auch die Nachkommen derer, die aus einer Kaste ausgestoßen wurden oder die aus unrechtmäßigen Mischehen hervorgegangen sind, etwa die Kinder, die ein Brahmane mit einer Frau aus einer niederen Kaste hat. Sie alle gelten als kastenlos.

❖ Zu den Menschen außerhalb der vier Kasten zählen in Indien heute auch die **Muslime und Christen**. Obwohl sie von ihren religiösen Voraussetzungen her die Kastenordnung ablehnen, halten sie sich in ihrem alltäglichen Leben in Indien weithin an Grundregeln der Kastenordnung (Kontakte, Speisen, Heirat u. a.).

Die Namen

❖ Die Bezeichnung »**Kastenlose**« ist problematisch. Sie ist dann korrekt, wenn man sie auf die vier Hauptkasten (»Varnas«) bezieht, weil sie nicht dazu zählen. Sie ist aber nicht richtig, wenn man sie auf die Jatis bezieht, weil sie zu diesen – bis auf Ausnahmen – gehören.

❖ In den alten Texten werden sie als »**Chandalas**« (d. h. »die Niedrigsten unter den Niedrigen«) bezeichnet. Die Angehörigen einer dieser niedrigen Jatis heißen »**Parias**« (d. h. »Trommler«). Manchmal wird dieser Name zu Unrecht auf alle Kastenlosen übertragen und als Synonym für sie gebraucht.

❖ Weil es zu keiner Berührung mit anderen Indern kommen darf, heißen sie auch die »**Unberührbaren**«. In vielen Fällen gilt es schon als Frevel, wenn ein Kastenloser einen anderen Inder auch nur anschaut.

❖ Gandhi nannte die Kastenlosen »**Harijans**« (d. h. »Kinder Haris« – »Vishnus« –, d. h. »Kinder Gottes«), um ihre Würde herauszustellen.

❖ Ambedkar (→ S. 95) lehnte Gandhis Bezeichnung als Schönrederei ab. Für ihn waren sie »**Dalits**« (d. h. »Unterdrückte«, »Ausgebeutete«), die sich mit ihrem sozialen Status nicht zufrieden geben dürfen und dagegen rebellieren müssen. Heute ist »Dalit« auch die Selbstbezeichnung der Unberührbaren.

Erlaubte und verbotene Tätigkeiten

Die Unberührbaren dürfen nur die **Tätigkeiten** ausführen, die andere nicht tun wollen oder tun dürfen, weil sie sich dadurch beflecken würden. Sie sind Metzger, Straßenkehrer, Leichenwäscher, Totengräber und Abortreiniger. Für viele orthodoxe Hindus stehen sie auf einer Stufe mit Hunden und unreinen Tieren. Man darf sie ohne Skrupel quälen. An ihrer Kleidung müssen sie für jedermann erkennbar sein. Sie leben in ghettohaften Siedlungen, dürfen den Dorfbrunnen nicht benutzen und das Dorf in ihrer Nähe nicht betreten. Auf den Bahnhöfen und Straßenbahnstationen haben sie solange zu warten, bis alle anderen einen Platz gefunden haben. In der Eisenbahn räumen sie stumm das Abteil, wenn ein Brahmane kommt. Früher wurde von ihnen sogar erwartet, dass sie den Zug verließen, selbst wenn sie Kinder bei sich hatten und es schon Nacht war. Dann mussten sie eben auf dem Bahnhof bis zum nächsten Zug am folgenden Tag warten.

Kastenlosigkeit als Schuld

Nicht einmal der Trost der **Religion** wird ihnen zuteil. In früheren Zeiten durften sie die heiligen Schriften nicht lesen und die Tempel nicht betreten. Ihre Unreinheit ist nicht nur ein hygienischer, sondern ein religiöser Zustand. Kein Reinigungsritual, kein Wasser und kein Gebet kann sie davon befreien. Sie müssen ihr Dasein als Schuld aus früherem Dasein (»**Karma**«) ansehen. So gibt es für sie weder Mitleid von anderen noch Grund zur Selbstachtung. Allerdings kennen viele Unberührbare die Karma-Lehre nicht oder lehnen sie ab und haben deshalb kein Schuldbewusstsein.

Gesellschaftliche Diskriminierung – wo gibt es sie auch außerhalb des indischen Kastensystems? Welche Ursachen gibt es dafür?

Unberührbar

Mulk Raj Anand, Romanautor und Kunstkritiker, beschreibt in seinem gesellschaftskritischen Bestseller »Der Unberührbare« die Geschichte des jungen Bakha, der zu den Kastenlosen zählt und Latrinenreiniger ist. In einer Schlüsselszene geht Bakha auf den Straßen einer Stadt spazieren, wo er die Häuser und Geschäfte bewundert. Er ist etwas unachtsam und in seinen Gedanken versunken, als ihm jemand entgegenkommt.

»Schau, dass du an den Straßenrand kommst, du Ungeziefer niedriger Kaste!«, hörte er plötzlich jemanden brüllen. »Warum rufst du nicht, du Schwein, und kündigst dein Herankommen an? Weißt du nicht, dass du mich berührt
5 und verunreinigt hast, du schielender Sohn eines krummbeinigen Skorpions! Jetzt muss ich ein Bad nehmen, um mich zu reinigen! Und dabei habe ich am Morgen ein neues Lendentuch und ein sauberes Hemd angezogen!«

Bakha stand überrascht und ganz verlegen da. Er war taub und stumm. Seine Sinne waren gelähmt. Seine Seele fühlte 10 nichts als Furcht, Furcht und Demut und knechtische Gesinnung. Er war es gewöhnt, grob angefahren zu werden, aber es war selten so unerwartet gekommen. Das merkwürdige, unterwürfige Lächeln, das sich in Gegenwart von Angehörigen anderer Kasten nie von seinen Lip- 15 pen verlor, wurde nun viel ausgeprägter. Er erhob den Kopf zu dem Mann, der ihm gegenüberstand, doch tat er es mit auf den Boden gerichteten Augen. Dann warf er rasch einen Blick auf den Mann und er sah ein paar blitzende Augen. 20

»Du Schwein, du Hund, warum rufst du nicht und warnst mich rechtzeitig, dass du kommst?«, schrie er, als er Bakhas Blick begegnete. »Weißt du nicht, dass du mich nicht berühren darfst?«

Bakhas Mund stand offen, doch konnte er kein einziges 25 Wort hervorbringen. Er hätte sich gern entschuldigt. Schon hatte er instinktiv die Hände gefaltet. Nun neigte er den Kopf und murmelte etwas. Aber der Mann kümmerte sich nicht um das, was Bakha sagte.

Mulk Raj Anand (1905–2004)

6. Reformversuche

In einigen Epochen der indischen Geschichte wurde gelehrt, dass das Kastenwesen mit seinen erniedrigenden Formen nicht zum Grundbestand des Hinduismus gehört. Manchmal werden betrügerische Ambitionen der Brahmanen für die Konsolidierung des Systems verantwortlich gemacht (→ S. 90). **Mythen und Legenden** wissen, dass das Kastensystem **nicht gottgewollt** ist. Es habe sich schon viel zu lange erhalten und müsse alsbald seinem Ende zugeführt werden. Vertreter des **Neohinduismus** lehren mit dem Hinweis **auf alte Traditionen**, dass alle Menschen Kinder Gottes sind und dass es deshalb keine Kasten geben darf.

Mahatma Gandhi – Reform des Kastenwesens

Mahatma **Gandhi** hat das Kastenwesen nicht strikt abgelehnt und sich für eine Kastenordnung im Sinn der Veden ausgesprochen (→ S. 14). Darin war er ein konservativer Hindu. Aber die Unzahl der Kasten, die diskriminierenden Heiratsregeln und die überflüssigen Speisetabus hat er bekämpft. Er strebte die Gleichberechtigung und Aufwertung der vielen Inder an, die als **Unberührbare** keiner der vier Kasten angehören und darum in einem Zustand permanenter Erniedrigung und Verunreinigung leben. Ostentativ und fromm zugleich nannte er sie »**Kinder Gottes**« (»Harijans«, d.h. »Kinder Haris«, d.h. »Vishnus«) und nahm auch ein Mädchen aus dieser verachteten Gruppe in seine Familie auf. Einmal sagte er, dass er nicht wiedergeboren werden wolle, aber wenn die Wiedergeburt unvermeidbar sei, wolle er als Unberührbarer wiedergeboren werden, um ihre Leiden und Sorgen zu teilen. Er wolle dann danach streben, sie aus ihrer unwürdigen Lage zu befreien. Seit Gandhi werden die Probleme klarer gesehen, aber er hatte in dieser Sache keinen nachhaltigen Erfolg.

Unberührbarkeit ist ein Verbrechen

Im Jahr 1920 hat sich Gandhi in der Zeitschrift »Young India« zu den Kasten so geäußert:

Wenn ich auch geneigt bin, für die vier Kasten der Hindus einzutreten, betrachte ich doch, wie ich schon oft angeführt, die Unberührbarkeit als ein abscheuliches Verbrechen an der Menschheit. Sie ist nicht ein Zeichen von Selbstbeherrschung, sondern ein anmaßender Anspruch auf Überlegenheit. Sie hat keinem nützlichen Zweck gedient und hat wie nichts sonst im Hinduismus eine große Zahl von Gliedern der Menschheit unterdrückt, die nicht nur in jeder Faser so gut sind wie wir selber, sondern auch in mannigfaltigen Berufen dem Land wichtige Dienste erweisen. Es ist eine Sünde, von der sich der Hinduismus je eher je lieber befreien sollte, wenn er noch länger als eine ehrenhafte und hochstehende Religion angesehen werden will.

Mahatma Gandhi (1869–1948)

Die indische Verfassung

In der Neuzeit finden wir unter dem Einfluss der europäischen Aufklärungsideen verstärkt politische Tendenzen zur **Liberalisierung** des Kastenwesens. Es zeigte sich, dass das in einer agrarisch-feudalen Gesellschaft entstandene System mit einer modernen Demokratie und der Industriegesellschaft unvereinbar ist. Als einen modernen Reformversuch muss man die indische **Verfassung** werten, die die Kastenordnung für das politisch-soziale Leben abgeschafft hat. Seitdem werden Kastenlose Universitätsprofessoren, Minister und Parlamentarier. Mit Raman Narayanan wurde 1997–2002 in Indien erstmals ein »Unberührbarer« Staatspräsident.

»Die Unberührbarkeit ist abgeschafft.«

*Nachdem die Engländer 1947 auf ihre Herrschaftsansprüche über Indien verzichtet hatten, gab sich Indien **1949** als souveräne demokratische Republik eine **Verfassung**, in der die Grundrechte der Bürger festgelegt werden. Diese Rechte stehen teilweise alten religiösen Traditionen entgegen.*

§ 15 Der Staat darf keine Bürger benachteiligen aus Gründen der Zugehörigkeit zu einer bestimmten Religion, Rasse oder Kaste oder seines Geschlechts oder seiner Geburtsstellung wegen. Keinem Bürger darf aus diesen Gründen der Zutritt zu Läden, zu öffentlichen Gasthäusern und Unterkünften oder Vergnügungsstätten verweigert werden, noch die Benutzung, von Brunnen, Teichen, Bade-Ghats, Straßen und anderen Plätzen, die der Allgemeinheit dienen.

§ 16 Alle Bürger haben zu den Staatsämtern den gleichen Zugang.

§ 17 Die »Unberührbarkeit« ist abgeschafft und ihre Aufrechterhaltung in irgendwelcher Form ist verboten. Die Durchsetzung irgendwelcher aus Unberührbarkeit sich ergebenden Rechtsnachteile soll ein gemäß den Gesetzen strafbares Vergehen sein.

Indische Verfassung (26.11.1949)

Ambedkar – Kämpfer für die Kastenlosen

❖ Bimrao Ramji Ambedkar, der **selbst in einer der untersten Kasten der Unberührbaren geboren** wurde, hat sich als Anwalt und Politiker tatkräftig für die Verbesserung ihrer Rechte eingesetzt. Seine eigenen Erfahrungen als
5 Kastenloser kamen ihm dabei zugute. Er war der erste Unberührbare, der 1912 in Bombay ein Universitätsexamen ablegen konnte. 1924 gründete er die »Organisation zum Wohl der Ausgeschlossenen«. Damals organisierte Ambedkar spektakuläre Aktionen des zivilen Ungehor-
10 sams, die überall großes Aufsehen erregten. Er veranlasste die **Kastenlosen,** aus öffentlichen Brunnen zu trinken, heilige Schriften, die die Kastenordnung sanktionieren, zu verbrennen und Hindu-Tempel zu betreten.

❖ Nachdem Indien 1947 seine Unabhängigkeit von Eng-
15 land erreicht hatte, war Ambedkar als **Minister im Kabinett Nehru** (1952–1964) an der Ausarbeitung der indischen **Verfassung** maßgeblich beteiligt. Ihm vor allem ist die rechtlich-politische Gleichstellung der Kastenlosen zu verdanken. Doch gelang es ihm nicht, die tatsächliche
20 Situation der Kastenlosen entscheidend zu verbessern und die Kastenhindus für Reformen zu gewinnen. Darum kam er zu der Auffassung, das indische Kastenwesen sei nicht reformierbar. Die Besserstellung der Kastenlosen werde aus wirtschaftlichen und aus religiösen Gründen verhin-
25 dert.

❖ Nun rief er die Kastenlosen auf, zum **Buddhismus** überzutreten. Auf das Angebot von Christen und Muslimen, Sikhs und Jainas, mit den Unberührbaren ihrer Religion beizutreten, ging er nicht ein. Für Ambedkar kam nur der
30 Buddhismus in Frage, obwohl er an seiner gegenwärtigen Verfassung viel zu kritisieren hatte. Kurz vor seinem Tod 1956 trat er zum Buddhismus über. Seinem Beispiel folgten mehr als vier Millionen Unberührbare. Heute wird Ambedkar von den Kastenlosen wie ein Heiliger verehrt. Er hat ihnen Würde und Selbstachtung geschenkt. 35

Die Religion ändern

Auf einer Konferenz der Unberührbaren verkündete **Ambedkar** *1936 in Anlehnung an das berühmte »Kommunistische Manifest« (1848) von Karl Marx, das die Proletarier zum Klassenkampf auffordert:*
Ihr habt nichts zu verlieren als eure Ketten
und alles zu gewinnen,
wenn ihr eure Religion ändert.

Bhimrao Ramji Ambedkar (1891–1956)

Fortdauernde Probleme

❖ Die juristische Abschaffung der Kastenordnung durch die indische Verfassung hat bis heute keinen vollen Erfolg gehabt, da sie nicht auch vom religiösen Bewusstsein bejaht wurde. Darum ist eine völlige Abschaffung des Kastensystems gegenwärtig noch nicht erkennbar. Solange 40 die Religion das Verhalten der meisten Inder mehr bestimmt als die Verfassung, sind die Benachteiligungen der »Unberührbaren« nicht zu beseitigen. Vielerorts dürfen die Unberührbaren auch weiterhin keinen Tempel betreten, die heiligen Schriften nicht lesen und mit einem Brahmanen 45 nicht sprechen. Selbst an Elite-Universitäten werden sie diskriminiert. Was Jahrhunderte bestimmend war, haftet in den Vorstellungen und Verhaltensmustern der Menschen so tief, dass es sich nicht rasch wegdekretieren lässt.

❖ **Orthodoxe Hindus** stehen noch immer in heftiger 50 Opposition zur indischen Verfassung, die das Kastensystem abschaffen will. Sie meinen, die neuen Gesetze seien ein Angriff auf die Grundlehren des Hinduismus von Samsara, Karma und Dharma, auf die sich das Kastensystem stütze. Ohne die Kasten verliere der Hinduismus sein Profil. Das 55 dürfe im politischen Bereich nicht gestattet werden.

❖ Die Kastenordnung hat auch deshalb bis heute ihre große Bedeutung behalten, weil bislang kein anderes System zu sehen ist, das ihre **sozialen Aufgaben** übernehmen kann.

❖ Es ist nicht absehbar, ob sich in **Zukunft** die reformeri- 60 schen Lehren durchsetzen oder ob die orthodoxen Traditionen stärker sind, die das Kastenwesen mit allen Kräften zu stützen versuchen.

---

1 Es gibt Richtungen im Hinduismus, die das Kastenwesen abgelehnt oder bekämpft haben, so der **Buddha**: → S. 96 f, die **Bhakti-Bewegungen**: → S. 43 und der **Sikhismus**: → S. 100; zum **christlichen Verständnis** der Kasten: → S. 131.
2 Warum ist es so schwer, das Kastenwesen zu **reformieren**?
3 Worin unterscheiden sich Gandhi und Ambedkar in ihrer **Kritik** des Kastenwesens?

Ursprung neuer Religionen

1. Der Buddha und der Buddhismus

❖ Die Religion der Brahmanen hat im Lauf der Jahrhunderte viel Kritik erfahren. Daraus sind **Reformbewegungen** entstanden, die zur Abspaltung von drei neuen Religionen geführt haben. An ihrem Anfang stehen **Buddha, Mahavira und Nanak**, drei große Gestalten der Religionsgeschichte, die sich mehr oder weniger weit von ihrem Ursprung entfernt und ihren Bewegungen ein neues Profil gegeben haben.

❖ Was der Inder Gautama Siddhartha, der seit seiner Erleuchtung »**Buddha**« (d. h. der »Erwachte«) genannt wird, im 5. Jahrhundert vC gelehrt hat, ist einerseits deutliche Kritik an der Religion der Brahmanen und andererseits ein Weg, auf dem alte Elemente der indischen Religion zu einem neuen Grundverständnis von Welt und Mensch umgedeutet werden.

❖ Seine Lehre ist zu einer **Weltreligion** geworden, aber nur noch ca. **10 Millionen** der insgesamt ca. 400 Millionen **Buddhisten** leben in Indien.

Achsenzeit

Die Geschichte des Buddhismus beginnt vor knapp 2500 Jahren, also etwa zu der Zeit, als in Israel die großen Propheten das Wort ihres Gottes verkündeten, in Griechenland die ersten Philosophen eine unabsehbare Geschichte des Denkens begannen und in China Konfuzius eine neue Kultur begründete. Man nennt diese Zeit mit ihren vielfältigen geistigen Impulsen »Achsenzeit« (Karl Jaspers). Damals wurde eine historische Richtungsänderung auf den Weg gebracht.

Die Anfänge

❖ Die Lebenszeit des Buddha ist auf Grund der Quellenlage nicht genau datierbar. Die neuere Forschung setzt sie in das 5./4. Jahrhundert, etwa in die Jahre **450–370 vC**. Eine historische Rekonstruktion seines Lebens ist aufgrund der eigentümlichen **Quellenlage** nicht mehr möglich. Die Schriften, die von ihm handeln, sind Zeugnisse der Verehrung, die oft in der Sprache der Legende abgefasst sind. Trotzdem lassen sich ein paar Grunddaten seines Lebens mit einiger Sicherheit angeben.

❖ Damals scharte sich eine Gemeinde von Asketen und Mönchen um **Gautama Siddhartha**, einen adeligen Inder, der in Kapilavastu im heutigen Nepal geboren wurde. Nach einem verwöhnten Leben und einer glanzvollen Ausbildung entsagte er mit 29 Jahren der Welt in dem Bewusstsein, dass alle Wirklichkeit leidvoll sei. Jahrelang war er auf der Suche nach Heil und Erlösung. Dabei wurde ihm klar, dass weder luxuriöser Reichtum noch harte Askese zum Ziel führen können. Bei den **Brahmanen** fand er **keine Antwort** auf seine Fragen. Diese wurde ihm in Uruvela in einer wunderbaren Erleuchtung zuteil, die ihm den Namen »**Buddha**« (d. h »Erwachter«, »Erleuchteter«) brachte. Nun hatte er die Erlösung gefunden. Seine neue Lehre fasste er in den »**Vier edlen Wahrheiten**« vom Leiden, (1) von seinen Symptomen, (2) von seinem Ursprung, (3) von seiner Therapie und (4) von seiner Aufhebung zusammen. Er zeigte in seinem »**edlen achtteiligen Pfad**« den Weg, der

Buddha im Lotossitz, Thailand.

1 **Wiederholen** Sie, was Sie bereits vom Buddha und vom Buddhismus gelernt haben.
2 Im Hinduismus ist der Buddha zu einer Herabkunft (»Avatara«) des Gottes Vishnu geworden: → S. 50 f. Was bedeutet diese »Hinduisierung« (→ S. 15)?
3 Zu **Bhimrao Ramji Ambedkar**, der 1956 mit über 4 Millionen Unberührbaren zum Buddhismus übertrat: → S. 95.
4 Was wissen Sie über Abspaltungen **in anderen Religionen**?

zur Vernichtung des Leidens führt und am Ende aus dem Kreislauf der immer sich wiederholenden Welten befreit. Nach einem langen Wanderleben, in dem er seine Lehre entfalten und viele Gefährten um sich versammeln konnte, verschied er hochbetagt und von seinen Zeitgenossen bewundert in Kusinara im Kreis seiner Jünger und verlöschte im »**Nirwana**«.

Die neue Religion

Seine Gefährten bildeten den Kern einer **neuen Religion**, die bis heute an Ausstrahlungskraft nichts verloren hat. Sie brachte unzählige Menschen auf einen guten Lebensweg und war ihnen eine wirksame Kraft zur Bewältigung ihres Lebens. Er existiert vor allem in drei Formen. Es gibt das »**Theravada**« (»Lehre der Ältesten«), das »**Mahayana**« (»großes Fahrzeug«) und das »**Vajrayana**« (»diamantenes Fahrzeug«). Diese Richtungen unterscheiden sich stark in ihren Lehren, in ihrem Ethos, in ihrer Geschichte und ihrem Verbreitungsgebiet. Alle stimmen darin überein, dass sie den Buddha und seine Lehre zum Maßstab ihres Lebens machen.

Das Verhältnis zur Religion der Brahmanen

❖ Viele **Grundvorstellungen** der Brahmanen über die Welt (»**Samsara**«), die Götter und die Menschen (»**Karma**«) und die Wiedergeburt (»**Punarajati**«) leben auch im Buddhismus fort (→ S. 34 ff).

❖ Wichtiger sind die **Unterschiede**. Die Lehre des Buddha stützt sich – anders als die Brahmanen-Religion – nicht mehr auf heilige Offenbarungstexte und den Glauben an die Wirksamkeit der Götter, Gebete und Opfer, sondern auf eigene Erfahrungen mit Krankheit, Alter und Tod. Das Wissen um das Leid des Daseins und um seine Aufhebung wurde nun entscheidender als die Kenntnis der Veden. Die neue Lehre weist ein starkes Moment der **Vergeistigung und Ethisierung** auf. Eine gute Tat wurde nun wichtiger als ein blutiges Opfer. Der Buddha wandte sich auch gegen unkontrollierbare Spekulationen, wie sie in den Upanishaden (→ S. 26) angestellt wurden. Gegenüber den **Brahmanen** war er ablehnend, wenn sie sich über andere erhoben und vorgaben, die Mittel zur Erlösung in ihrer Hand zu haben. An die Stelle der brahmanischen Priester traten bei ihm die Wandermönche, die für ihr Heil selbst verantwortlich waren. Darunter waren auch viele Brahmanen, die seine Lehre bevorzugten. Den Hedonismus seiner Zeit hat er ebenso scharf kritisiert wie überzogene Formen der Askese. Er entwarf ein neues Grundverständnis des menschlichen Daseins und stellte vor allem eine neue Form von Erlösung in Aussicht, die weder auf einem bestimmten Götterglauben beruht noch durch religiöse Praktiken zu erlangen ist. Wer Erlösung erlangen will, muss sich selbst auf den Weg machen und die Befreiung vom Leid in eigener Regie suchen. Der Buddha konnte für den Weg Anregungen geben. Seine Person war zur Erlösung nicht notwendig.

❖ Zwar sprach sich der Buddha nicht wie ein Sozialreformer direkt gegen das **Kastenwesen** aus, aber in seinem Gefolge gab es Unberührbare und unter dem Einfluss seiner Lehre verlor das Kastenwesen seine Bedeutung. Das war eine Voraussetzung dafür, dass der Buddhismus eine universale Religion werden konnte.

❖ Im späteren Buddhismus fanden wieder viele Elemente des Hinduismus Platz. Ihm gelang es, den Buddhismus in vielen Lehren und Praktiken zu überformen und im Lauf der Zeit sogar weitgehend aus Indien zu verdrängen (»**Hinduisierung**«: → S. 15).

Der Weg des Buddha

Sariputta war ursprünglich ein Brahmane, der schon früh den Weg zum Buddha gefunden hatte und für die neue Lehre gewonnen worden war. Die Lehre des Buddha überzeugte ihn auf der Stelle. 250 Asketen aus seiner bisherigen Brahmanenschule nahm er zum Buddha mit. Sariputta war vor allem von hoher philosophischer Intelligenz. Der Buddha ließ manche seiner Reden von ihm überarbeiten. Als Novizenmeister und Ratgeber in schwierigen Situationen genoss er einen guten Ruf. Kranke Mönche pflegte er gern. Er stand an der Spitze der Mönchsgemeinde. In der folgenden Szene hat er Grundzüge der Lehre des Buddha aufgezeigt.

Ein Wanderer, der Rosenäpfel aß, sprach zu dem ehrwürdigen Sariputta: »Verehrter Sariputta! Was ist das Nirwana?«

Ihm antwortete Sariputta: »Das Verlöschen der Leidenschaft (d. h. des Lebensdurstes, der zu den Wiedergeburten führt), der Abneigung, der Verwirrtheit (d. h. des Nichtwissens der Lehre), das wird Nirwana genannt.«

»Gibt es einen Weg zur Verwirklichung dieses Nirwana?«

»Ja, es gibt einen Weg, Hochwürden.«

»Wie ist er?«

»Dieser edle achtteilige Pfad selbst ist da zur Verwirklichung des Nirwana: rechte Ansicht, rechtes Wollen, rechte Rede, rechtes Handeln, rechtes Leben, rechte Anstrengung, rechte Achtsamkeit, rechte Meditation.«

»Gut, Ehrwürdiger, ist der Weg, gut ist die Straße zur Verwirklichung des Nirwana. Doch es ist klar, dass Anstrengung dazu notwendig ist.«

Samyutta-Nikaya IV 251 f.

2. Mahavira und der Jainismus

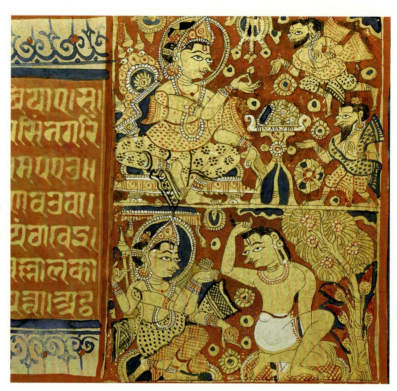

Mahaviras Weltentsagung, Miniaturmalerei aus einer Handschrift, 15. Jh. Oben links sitzt Mahavira auf seinem Thron. Er ist reich gekleidet. Vor ihm steht auf einem Tisch eine Schale mit Geld und Edelsteinen, in der schon eine Lücke klafft. Mahavira hält zwei Männern einen Edelstein entgegen. Sie eilen herbei, um die Kostbarkeit in Empfang zu nehmen. Darunter erscheint im rechten Teil des Bildes Mahavira als Asket auf einem kleinen Teppich. Er schneidet sich die Haare ab, ist nur noch mit einem Hüfttuch bekleidet und ruft mit der Linken die Erde zum Zeugen an. Ein rotblühender Baum verneigt sich ehrfürchtig vor ihm. Links neben ihm sitzt der Götterkönig Shakra, auf dessen Händen das verpackte Pilgerkleid für den Mönch liegt. Mit zwei anderen Händen hält der Gott seine Waffe und eine Bettelbüchse. Er hat einen dunkelblauen Nimbus. Das ganze Szenario erinnert an den Lebensweg des Buddha.

Die Namen

Die größte neue Bewegung neben dem Buddhismus war im Altertum der **Jainismus/Jinismus**. Seine Anhänger werden nach dem Ehrennamen »Jaina«/»Jina« (Sanskrit: »Sieger«, »Weltüberwinder«, »jemand, der seine Leidenschaften besiegt hat«) genannt. Der Gründer, der Inder **Vardhamana**, erhielt diesen Titel nach seiner Erleuchtung. Seine Freunde gaben ihm den Ehrentitel **Mahavira** (d. h. »großer Held«).

Mahavira – Der 24. Tirthankara

❖ Nach alten Überlieferungen wurde **Mahavira** um 480 oder wahrscheinlicher um 370 vC als Prinz in der Kriegerkaste geboren. Er sagte sich nach dem Tod seiner Eltern von Besitz und Macht los, wurde im Alter von 28–30 Jahren Asket, lebte allein in Wäldern und bergigen Gegenden und erlangte nach zwölf Jahren die höchste Erleuchtung. So wurde er zum **Jaina**. Er sammelte viele Mönche und Laien als Schüler um sich, entwickelte auf langen Wanderungen eine reiche Lehrtätigkeit und starb mit 72 Jahren den selbstgewählten Tod durch Fasten. So erlangte er das Nirwana. Möglicherweise waren Mahavira und der Buddha Zeitgenossen. Jedoch hat es wahrscheinlich keinen Kontakt zwischen ihnen gegeben.

❖ Mahavira ist für seine Anhänger der 24. **»Tirthankara«** (d. h. »Furtbereiter«), der die alte Lehre neu entdeckt und reformiert hat, die 23 andere Tirthankaras vor ihm schon vor Jahrtausenden verkündet hatten. Als »Furtbereiter« haben sie für sich Erlösung erlangt, stellen die Verbindung zwischen materieller und geistiger Welt her und führen die Seelen der Menschen über den »Fluss der Seelenwanderung« zur endgültigen Erlösung. Die unumstößliche Wahrheit der Lehre beruht darauf, dass die alten Tirthankaras heilig waren und über außergewöhnliche Erkenntnisse verfügten. Mahavira selbst hat nichts geschrieben. Seine Lehren sind erstmals in einem Kanon von Schriften zugänglich, die um 500 nC abgefasst wurden.

> Historisch gesehen geht der **Jainismus/Jinismus** auf **Mahavira** zurück, der im 5./4. Jahrhundert vC wesentliche Lehren der Religion der Brahmanen übernahm, aber die Veden und den Opferkult kritisierte. Der **Jainismus/Jinismus** selbst führt seine Anfänge auf die vorarische Zeit etwa im 4.-3. Jahrtausend vC zurück. Damit wäre er älter als die Religion der Brahmanen.

Ursprung neuer Religionen

❖ Seit etwa 300 vC gibt es im Jainismus zwei Gruppen, die darüber uneins sind, ob Mönche nackt – wie Mahavira – gehen oder ein weißes Tuch um die Hüften tragen sollen. Es sind die »**Luftgekleideten**« und die »**Weißgekleideten**«. Auch in anderen Fragen streiten sie um das richtige Verständnis Mahaviras.

Die Lehre

❖ Die Jainas glauben, dass ihre Lehre unerschaffen und ewig ist. Sie wird von den 24 Tirthankaras immer neu im ewigen Kreislauf der Welten offenbart. Das Universum, das keinen Schöpfergott hat, durchläuft unzählige kosmische Zyklen, in denen es Phasen des Aufstiegs und des Verfalls gibt. Hier haben auch Götter und Dämonen ihren Platz und ihre Aufgaben. Die Gegenwart zählt zu einer schlechten Weltenperiode, die durch den Verfall der Sitten und die Missachtung der heiligen Lehren verdorben wurde. Der **Mensch** ist für die Jainas eine in die Materie verstrickte Seele, die ihre Erlösung nur durch Befreiung von der Materie erlangen kann. Jede böse Tat behaftet die Seele mit einer Schuld, die sich unheilvoll auswirkt, solange die Schuld nicht aufgezehrt oder durch heilige Riten entfernt worden ist.

❖ Gute Taten haben eine gute Wirkung in der Seele (»**Karma**«) und können auch schlechtes Karma zum Verschwinden bringen. Selbstsucht, Grausamkeit, Zuchtlosigkeit und vor allem jedes Töten sind die schlimmsten Ursachen für die Bindung des Menschen an die Welt. Diese Taten verdunkeln die Seele. Durch Freundschaft und Selbstlosigkeit, auch durch Meditation und harte Askese, die bis zur Selbstquälerei und zum Sterbefasten gehen kann, wird die Seele erhellt und gelangt zur Befreiung aus dem Weltenkreislauf (»**Moksha**«). Für Mönche ist der **rituelle Hungertod** ein Ideal. Eine **Frau** kann nur erlöst werden, wenn sie zuvor als Mann wiedergeboren wird. Wenn alles Karma aufgelöst ist, steigt die Seele zu den Höhen des Universums und verbleibt dort für immer in einem Zustand der Seligkeit. Eines Erlösergottes bedarf es dazu nicht.

❖ Zu den **Anhängern** gehören nicht nur Mönche, sondern auch Nonnen und Laien. Mönche und Nonnen sind an die fünf **Gelübde** gebunden: (1) kein Töten und Zufügen von Leid, (2) keine Lüge, (3) kein Diebstahl, (4) keine Sexualität, (5) kein Besitz.

Tierethik und Gewaltlosigkeit

❖ Mahavira lehrte, dass jedes **Tier** eine **Seele** hat, die im Körper wie in einem Gefängnis lebt. Darum dürfen die Jainas selbst kleinste Tiere nicht töten, weil in ihnen die Seele eines ehemaligen Menschen leben könnte. Das Essen muss streng **vegetarisch** sein. Die Mönche tragen einen Mundschutz, um das Verschlucken auch nur einer Mücke zu vermeiden. Wenn sie sich setzen, gehen sie mit einem Wedel über den Sitz, um ja kein Lebewesen zu gefährden.

Die nackten »Luftgekleideten« halten sich für die konsequentesten Jünger Mahaviras.

❖ Dieser Vegetarismus hat seine Grundlage in der Gewaltlosigkeit (»**Ahimsa**«), dem höchsten ethischen Prinzip des Jainismus. Damit war eine heftige Kritik an den Veden und an den blutigen Opfern der Brahmanen verbunden. In **Risabha**, ihrem ersten Tirthankara, sehen die Jainas den Entdecker dieses Prinzips der Nichtgewalt.

❖ Aufgrund ihres hohen Ethos können die Jainas **nicht alle Berufe ergreifen**. Landwirte, Metzger oder Soldaten findet man unter ihnen nicht. Sie betreiben vor allem Handel und Geldverleih. Im Allgemeinen sind sie anspruchslos, aber es gibt unter ihnen auch wohlhabende Kaufleute und Bankiers.

❖ Mit ihrer Ethik der **Gewaltlosigkeit**, der **Achtung vor den Tieren**, der Unabhängigkeit von unnötigem Besitz (»**Aparigraha**«) und der Wahrhaftigkeit (»**Bramacarya**«) finden sie **heute** vermehrt Aufmerksamkeit.

Verbreitung

Der Jainismus fand in Indien starken Anklang. Viele Herrscher haben ihn gefördert. Immer konnte er seine Eigenständigkeit in der Hindu-Gesellschaft bewahren. **Heute** zählt man über 5 Millionen Jainas in aller Welt. In Indien sind es mit knapp 5 Millionen etwa 0,4 Prozent der Gesamtbevölkerung. In letzter Zeit breitet sich der Jainismus wieder stärker aus. Er hat auch Anhänger in Europa und Afrika.

Die höchste Religion

*Auf vielen **Tempeln** der Jainas ist folgender Spruch zu lesen:*
Nichttöten ist die höchste Religion.

---

1 Diskutieren Sie darüber, ob der Jainismus eher eine **Religion oder eine Philosophie/Ethik** ist.
2 **Jainismus und Buddhismus** sind neue Bewegungen, die im Umfeld der Brahmanen-Religion entstanden sind. In welche Richtung zielen die Neuerungen? Wo liegen Gemeinsamkeiten, wo die Unterschiede?
3 Finden Sie heraus, welche Anregungen **Gandhi** von den Jainas erhalten hat: → S. 111 ff.

3. Nanak und der Sikhismus

Fast zwei Jahrtausende nach den Anfängen des Buddhismus und Jainismus entstand auf dem Boden Indiens der **Sikhismus**. Sein Gründer **Nanak** kritisierte in seiner neuen Gemeinschaft scharf Grundvorstellungen der Hindu-Tradition, übernahm aber von ihr die Bhakti-Lehre (→ S. 43) und fügte sie mit Gottesglauben des Islam zusammen. So entstand eine der jüngsten monotheistischen Religionen, die bemerkenswert offen und tolerant ist. Ihre Anhänger heißen »**Sikhs**« (d. h. »Schüler«, »Jünger«).

❖ Heute gibt es über 21 Millionen Sikhs in aller Welt, davon **23 Millionen** in Indien. Die anderen leben in den USA, England, Australien und Neuseeland. 5000 Sikhs wohnen in Deutschland.

Nanak

Nanak wurde 1469 im Dorf Talvandi 60 km südwestlich von Lahore/Pakistan in einer höherkastigen Hindufamilie geboren. Er war verheiratet und hatte zwei Söhne. Eine Zeit lang verwaltete er in staatlichen Diensten ein Speicherhaus, bis er eine religiöse Berufung hatte, die sein Leben veränderte. In einer mystischen Konversion erfuhr er die Einzigartigkeit und Liebe Gottes. Seitdem trug er das Gewand der Hindu-Asketen sowie den Turban und Rosenkranz der Muslime. Er ging auf Reisen und sammelte Schüler um sich. Nanak wollte keine neue Lehre begründen, sondern die Menschen zur reinen Gottesverehrung anleiten. Seit etwa 1520 ließ er sich in Kartapur (Amritsar-Distrikt, indischer Punjab) nieder, wo er weitere Anhänger gewann und sich seine neue Gemeinschaft stabilisierte. Hier starb er im Jahr 1539.

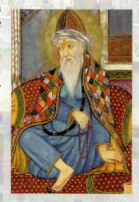

Gurmat und Adi-Granth

Die Sikhs nennen ihre Lehre »**Gurmat**« (d. h. »Lehre der Gurus«). Gott ist der »wahre Guru«, der zuerst dem Guru Nanak seine Botschaft mitgeteilt hat. Nach Nanaks Tod gab es neun weitere Gurus, die die Gemeinschaft leiteten und gegen Angriffe von Muslimen schützten. In dieser Zeit wurde **Amritsar** zum Ort des Haupteiligtums und der Wallfahrt. Der letzte Guru Govind Singh (1666–1708) setzte das heilige Buch der Sikhs, den »**Adi-Granth**« (d. h. das »Anfängliche Buch«) als wichtigste Autorität ein. Seitdem ist der »Adi-Granth« der Guru der Sikhs. Im »**Goldenen Tempel**« von **Amritsar** wird er aufbewahrt. Nicht Priester und Opfer, sondern das heilige Buch verleiht dem Raum seinen sakralen Charakter. Govind Singh gründete auch einen militärischen Orden, der die Sikhs vor dem Druck der muslimischen Moguldynastie (→ S. 135) schützen sollte. Seitdem haben die Sikhs deutlich eine militärische Prägung.

Das Grundgebet

Am Anfang des Adi-Granth stehen Worte von Guru Nanak, mit denen die meisten Sikhs ihren Tag beginnen. Das Gebet ist ihnen Mantra und Glaubensbekenntnis zugleich.

Ein Gott, sein Name ist Wahrheit, er ist der Schöpfer, er ist die höchste Wesenheit, bei ihm ist keine Angst, bei ihm ist keine Feindschaft, seine Gestalt ist zeitlos, er stammt aus keinem Schoß, er ist aus sich selbst – durch Gurus (Gottes) Gnade wird er erkannt.   *Der Anfang des Adi-Granth (17. Jh.)*

Anregungen von Hindus und Muslimen

❖ Bei den **Hindus** begeisterte Nanak die **Bhakti-Lehre**, nach der Gott den Gläubigen seine Huld in freier Liebe schenkt. Der Mensch kann für sein Heil nichts tun. Ihm nützen weder die religiösen Riten der Brahmanen noch die philosophischen Erkenntnisse der Hindu-Schulen noch die Praktiken des Yoga. Gott selbst muss sich den Menschen zuwenden, wenn er Erlösung finden soll. Er offenbart sich in einer mystischen Vereinigung im Inneren der Menschen. Weder Frauen noch Angehörige niedriger Kasten sind von seiner Liebe ausgeschlossen. Die **Kritik am Kastenwesen** kommt nicht aus einem sozialreformerischen Impuls, sondern aus einem Geist der Frömmigkeit und Liebe, der alle Unterschiede aufhebt. – Die Lehre der Hindus vom Kreislauf der Welten und von der Wiedergeburt der Menschen haben die Sikhs als selbstverständlich übernommen, während sie die Hindu-Opfer und die Verehrung heiliger Flüsse und Orte ablehnen.

❖ Bei den **Muslimen**, die Nanak damals in Indien kennengelernt hatte, schätzte er den entschiedenen Glauben an den einzigen, weltüberlegenen Gott und die mystischen Erfahrungen, die die »**Sufis**« (islamische Mystiker) machten. Diese vor allem beim Volk beliebten Frommen suchten damals schon nach Kontakten zu den Hindus. Bis in die Gegenwart kommt es immer wieder zu Konflikten zwischen Sikhs und Muslimen.

Der bekannteste Tempel der Sikhs befindet sich in Amritsar (Punjab). Er liegt auf einer Insel und hat ein goldenes Dach. Die vier Tore, die immer geöffnet sind, zeigen an, dass Menschen aus allen Himmelsrichtungen und Religionen hier Zugang zu Gott finden. Täglich finden sich hier tausende Pilger ein.

Gott und Mensch

❖ Für Nanak ist **Gott** ein Einziger (Monotheismus), Ewiger (Transzendenz), Allgegenwärtiger (Immanenz), der Schöpfer Himmels und der Erde. Dass Gott in irdischer Gestalt auf die Welt kommt (»Avatara«: → S. 50), wie die Hindus glauben, erscheint ihm unmöglich. Der Mensch kann Gottes Wesen nicht erfassen. Aber Gott offenbart sich ihm in der Schöpfung und vor allem im Herzen.

❖ Der **Mensch** findet seine Erlösung nicht durch Wallfahrten, Opferhandlungen und Mantras in den Hindu-Tempeln oder durch Pflichtgebete in den Moscheen. Er braucht keine harte Askese zu üben und soll sich an Ehe, Familie, Wohlstand und Ansehen erfreuen. Nur wenn der Mensch in sich selbst den Egoismus überwindet und die göttliche Gegenwart erkennt, kann er den Weg zur göttlichen Harmonie finden und aus dem ewigen Kreislauf befreit werden. Bei ihren Versammlungen essen die Sikhs eine Speise, die zu gleichen Teilen aus Mehl, Zucker und Butter besteht. Sie ist ihnen ein Symbol für die **Gleichheit aller Menschen**, die keine Kasten und keine Unterschiede zwischen Mann und Frau im religiösen Sinn zulässt. Trotzdem gelten Kastenregeln im Sikhismus wohl noch bei der Heirat. Die Gleichberechtigung der Frau ist auch bei ihnen noch nicht voll verwirklicht. In neuerer Zeit haben sie ganzen Gruppen von Kastenlosen Aufnahme in ihre Gemeinschaft gewährt.

Die Sikhs

Die Sikhs tragen meist Bart, Turban und Dolch, Säbel oder Schwert. Die Männer führen stolz den Nachnamen »Singh« (d.h. »Löwe«), die Frauen »Kaur« (d.h. »Prinzessin«). Viele haben als Geschäftsleute großen Erfolg, weil sie von sprichwörtlichem Fleiß sind. Ihr Mut ist berühmt.

Drei Grundsätze der Sikhs
Bete zu Gott.
Arbeite hart für deinen Lebensunterhalt.
Teile mit den anderen.

Gegenwart
Heute streben die Sikhs eine Trennung von Indien oder wenigstens Autonomie an. Als es **1984** wegen der separatistischen Bestrebungen der Sikhs zu Auseinandersetzungen mit indischen Regierungstruppen kam, wurde ihr **Goldener Tempel in Amritsar** auf Befehl der indischen Ministerpräsidentin Indira Gandhi von Hindus gestürmt und verwüstet. Bei dieser Schändung ihres Heiligtums kamen 500 Menschen um. Kurz darauf wurde Indira Gandhi von zwei ihrer Sikh-Leibwächter erschossen. Seitdem hat sich die Lage im Punjab nie mehr ganz beruhigt. Immer wieder wurden Gewalttaten verübt, die tausende Menschenleben kosteten. 2004 wurde mit **Manmohan Singh** (geb. 1932), einem herausragenden Ökonomen, der erste Sikh als Kandidat der Kongresspartei indischer Ministerpräsident. 2009 konnte er seine Mehrheit noch ausbauen und wurde in seinem hohen Amt bestätigt.

Über die Frauen
Wie kann die, die Könige gebiert, minderwertig sein?

Gleichheit aller Menschen
Da die Natur des Menschen einmalig ist, sind alle Menschen gleich, obwohl sie auf Grund verschiedener Einflüsse verschieden zu sein scheinen.

Guru Nanak (1469–1539)

---

1 Man bezeichnet den Sikhismus als eine »**synkretistische Religion**«, d. h. eine Religion, die aus verschiedenen Elementen zusammengewachsen ist. Was ist davon zu halten? Kennen Sie andere Beispiele?
2 Gibt es Vorstellungen des Sikhismus, die **modernes Empfinden** unmittelbar ansprechen?
3 Zum **Hindu-Fundamentalismus**: → S. 120 f; zum **Islam in Indien**: → S. 134 ff.

Denker, Mystiker und Reformer

1. Shankara – Lehrer der Einheit

❖ **Shankara** (788–820) gilt als einer der bedeutendsten indischen Philosophen aller Zeiten. Er war Poet, Mystiker, Heiliger und ein großer Reformator des Hinduismus. Manche halten ihn wegen seiner unübertroffenen Weisheit für eine **Inkarnation des Gottes Shiva**. Sein Name bedeutet »Heilbringer«.

❖ Seine **Lehre** stellt eine tiefsinnige Interpretation der alten heiligen Schriften dar. Er selbst wollte nur ihren ursprünglichen Sinn erschließen. In Wirklichkeit hat er spirituelle Ansätze der **Veden** und vor allem der **Upanishaden** (→ S. 26) zu dem erneuerten Lehrsystem des **Vedanta** entwickelt, das in den nächsten Jahrhunderten die **Grundlage des brahmanischen Hinduismus** und damit zu der Hauptrichtung Indiens wurde.

❖ Einflüsse des **Buddhismus** sind bei ihm unverkennbar. Besonders hat ihn die buddhistische Lehre stark beeindruckt, nach der die Welt, wie sie uns erscheint, nicht Realität, sondern Illusion ist.

Leben

Eine historisch verlässliche Rekonstruktion seines Lebens lassen die Quellen nicht zu. Nach alten Überlieferungen waren Shankaras Eltern ein frommes Brahmanenpaar. Mit sieben Jahren hatte er schon alles gelernt, was seine Lehrer ihm beibringen konnten. Bald darauf zog er als Wanderasket durch Indien. Nach intensiven Studien der heiligen Schriften wurde er zum Mönch geweiht. In **Benares** (→ S. 66), wo viele ausgezeichnete Brahmanen lebten, verfasste er bedeutende Schriften. Dabei kam es häufig zu Auseinandersetzungen mit anderen Mönchen, die seine Lehre ablehnten. Er baute Tempel und gründete Klöster. Wenn seine Lebensdaten richtig sind, **starb** er im jungen Alter von nur **32 Jahren**. Vielleicht hat man damals als Geburtsdatum aber das Jahr seiner geistigen Geburt, d. h. seiner Mönchsweihe angegeben. Dann wäre er etwa 50 Jahre alt geworden.

Legenden

Wie bei anderen beliebten Gestalten der Religionsgeschichte knüpfen sich auch an sein Leben manche **Legenden**, die die Hochschätzung für diesen Mann zum Ausdruck bringen.

❖ Seine Mutter soll lange kinderlos gewesen, dann aber ohne Zutun ihres Gatten schwanger geworden sein. Sie wollte ihren Sohn schon früh verheiraten und somit verhindern, dass er Asket und Mönch wurde. Einmal wurde er in einem Fluss von einem Krokodil gepackt. Er bat die am Ufer stehende Mutter, im Angesicht des Todes seinem Wunsch zuzustimmen, damit er gut sterben könne. Die Mutter tat es. Shankara wurde gerettet und die Mutter musste nun bei ihrer Zustimmung bleiben. Alsbald verließ er die Heimat und machte sich auf die Pilgerschaft.

❖ Er liebte es, sich mit den Großen seiner Zeit zu messen. Dabei galt bisweilen die Abmachung, dass der Verlierer in einem geistigen Wettstreit die Lebensform des anderen zu übernehmen habe. Einmal besiegte er einen berühmten König, so dass dieser ein Asket werden musste. Im anderen Fall hätte Shankara sein Mönchsleben aufgeben müssen, was für ihn unvorstellbar war.

❖ Als er einmal mit einer Frau über **Fragen der Liebe** stritt, bat er um eine Unterbrechung des Dialogs, weil er in Liebesdingen keine Erfahrung hatte. Sie wurde ihm für einige Wochen zugestanden. Auf wunderbare Weise gelang es ihm, seine Seele in den Leib eines soeben verstorbenen Königs zu bringen. Die Untertanen waren froh, ihren tot geglaubten König so rasch wiederzusehen. Shankara konnte nun im Leib des Königs mit dessen hundert Frauen die Freuden der Liebe kennenlernen und genießen. Dass er dann den Disput gewann, versteht sich von selbst.

Die Advaita-Lehre

❖ Im Zentrum seiner Lehre steht der Begriff »**Advaita**« (d. h. »Nicht-Zweiheit«), der besagt, dass alle Zweiheit – von Brahman und Atman, von Göttern und Menschen, von Subjekt und Objekt, von Zeitlichem und Ewigem, von Immanenz und Transzendenz – auf unserer Unwissenheit beruht. Einzig und allein das »**Brahman**« (→ S. 48) existiert.

---

1 Was spricht **für**, was **gegen** die Lehre Shankaras?
2 Diskutieren Sie darüber, ob das Denken Shankaras mit dem **Christentum** vereinbar ist.

Shankara mit Schülern. Miniatur, 19. Jh.

❖ Das Brahman und das Atman sind nicht zu unterscheiden. Das Selbst, d. h. der Atman, oder – anders ausgedrückt – die Seele als das Ewige in allen Lebewesen, ist das Brahman. Es gibt daher nur ein einziges Selbst. **Advaita** ist das Wesen der Wirklichkeit. Wenn das Brahman vielen Hindus auch als der Schöpfer der Welt und als Ursprung der Offenbarung erscheint, so kann es sich bei dieser traditionellen Aussage nur um ein vorletztes Verständnis handeln. Letztlich hat das Brahman keine Eigenschaften. Man kann von ihm keine Aussagen machen. Es ist leer und ohne alle Qualitäten.

❖ Überlegungen wie diese erinnern an die **negative Theologie** Europas, die der Auffassung ist, man könne von Gott nur sagen, was er nicht ist, nicht aber, was er ist. Shankaras Lehre ist auch verwandt mit dem europäischen **Monismus**, der nur eine Grundsubstanz der Wirklichkeit akzeptiert, und dem **Pantheismus**, der alle Wirklichkeit für die Wirklichkeit Gottes hält. Die Gedanken Shankaras sind aber nicht so philosophisch-spekulativ gemeint, wie das von europäischen Denksystemen gilt. Bei Shankara handelt es sich eher um eine **meditative Mystik** im Angesicht der einzigen namenlosen Wirklichkeit, vor der alles Reden verstummen muss.

Maya – Lila – Moksha

Gegen dieses radikale Grundverständnis von der Nicht-Zweiheit aller Wirklichkeit steht die unleugbare Tatsache, dass wir diese Einheit nicht wahrnehmen und stattdessen viele Wahrnehmungen und Vorstellungen von der Welt und von uns selbst haben. Wir sehen die Welt und auch uns selbst in tausend wechselnden Gestalten. Sie bestimmen weitgehend unser Leben und unsere Gefühle. Nach Shankara müssen wir allmählich erkennen, dass diese Vorstellungen trügerische Illusion (»**Maya**«) sind. Wie ein Schleier liegt Maya über der Wirklichkeit und verdeckt deren wahre Gestalt. Die Welt und die Menschen sind letztlich nur Schein, der durch das Spiel (»**Lila**«) des Göttlichen hervorgerufen wird. Zweiheit gibt es nur da, wo Unwissen ist. Obwohl wir mit dem Brahman immer schon identisch sind, fehlt uns diese Erkenntnis. Nur in der Suche nach Wahrheit und in der Entsagung von der Welt und ihrem trügerischen Schein können wir diese Einsicht gewinnen. Ohne eine letzte Anstrengung müssen wir in unserer Täuschung verharren. Solange können wir auch nicht frei sein. Erst wenn wir den Schleier der Maya durchschaut haben und uns mit dem Brahman eins wissen, kann unser Ich, das wir als individuelles Selbst erleben, mit dem Brahman verschmelzen. Das ist der Zustand der Erlösung (»**Moksha**«: → S. 40 ff).

Der Schein der Welt

Aus Nichtwissen erwächst das All.
Erkenntnis bringt es zum Verschwinden.
Die Gier allein nährt sein Entstehen,
Wer dieses weiß, kann Erlösung finden.

Der blauen Farbe in dem Himmelsraum,
Dem Dieb, für den man nachts den Pfosten hält,
Dem Trugbild, das man in der Wüste sieht, –
All diesem gleicht die unwirkliche Welt.

Im Strick erkennt man fälschlich eine Schlange,
Solange man ihn sieht in falschem Licht,
Wer richtig prüft, der findet keine Schlange, –
Die Vielheit existiert für Weise nicht.

Die gier- und hasserfüllte Welt
Ist nur ein Alpdruck in der Nacht,
Ihr Dasein wird zu leerem Schein,
Wenn man aus diesem Traum erwacht.

Wer frei von Werk das Heiligtum des Selbst
Errungen hat, jenseits von Raum und Zeit,
Für den verschwindet jeder Gegensatz,
Er kennt das All und hat Unsterblichkeit.

Shankara (788–820 nC)

2. Ramanuja – Philosoph der Nicht-Einheit

❖ Wenn die Lehre Shankaras auch viele Anhänger fand, so wurde sie doch nicht überall anerkannt. Andere Lehrer machten Einwände geltend, die aus der Tradition und der Erfahrung kamen. Hier ist vor allem **Ramanuja** (ca. 1050–1137 nC) zu nennen, der ebenfalls zu den imponierenden Gestalten des Hinduismus zählt. Seine Schriften zählen zu den überragenden theologischen Werken der Menschheit.

❖ Ramanuja war ein **Philosoph und Theologe**, dessen Lehren nicht so sehr aus einem rationalen Streben, sondern eher aus einer religiös-meditativen Veranlagung kommen. Er verstand sich selbst vor allem als **Verehrer Vishnus**, in dem er nicht einen Gott neben anderen, sondern das höchste Wesen sah.

❖ Im Vergleich zu **Shankara** vertrat er eine abgemilderte, weniger radikale Lehre. Brahman und die Welt sind für ihn zwar eins, aber zwischen beiden bestehen doch letzte unaufhebbare Unterschiede. Die Welt entspringt dem Brahman und insofern sind beide eins, aber sie hat ihre eigene Realität und insofern sind sie verschieden. Mit diesen Axiomen wurde er zu einem der großen **Lehrer der Nicht-Einheit** bzw. eines **modifizierten Monismus**.

❖ Auch die Lehre Ramanujas hat sich tief in das **religiöse Denken Indiens** eingeprägt. Heute leben seine vielen Anhänger vor allem in Südindien.

Rechte Seite: Vishnu, Bronze, Pakistan, 7. Jh. nC (→ S. 50). Diese älteste Darstellung zeigt den Gott mit drei Köpfen und vier Armen – Zeichen für seine übermenschliche Macht und seine tiefe Einsicht. Auf den Schultern sitzen ein Eber und ein Löwe. Beide Tiere waren die Erscheinungsformen (»Avataras«), die er annahm, als er vom Himmel herabkam, um den Menschen zu helfen. In den beiden vorderen Händen hält er eine Lotosblume, ein altes Glückssymbol, und ein Muschelgehäuse, Fruchtbarkeitssymbol und Waffe zugleich, die Vishnu im Kampf gegen Dämonen benutzt. Die linke untere Hand ruht auf dem radförmigen Nimbus eines Zwerges. Der Zwerg ist vielleicht die Personifikation des Rades selbst, ein Sonnensymbol für den ewigen Kreislauf. Zwischen den Füßen tritt die Erdgöttin aus einer Lotosblüte hervor.

Das Leben

Ramanuja wurde in einer Brahmanenfamilie geboren, die zu den Vishnu-Anhängern gehörte. Als sein Guru ihm die Lehren Shankaras nahebringen wollte, kam es zu einem Konflikt. Ramanuja verließ ihn und wurde Priester in einem Vishnu-Tempel. Seine Ehe war unglücklich, so dass er sich von seiner Frau trennte. Nun wurde er Asket, besuchte viele Tempel und sammelte Schüler um sich. Häufig diskutierte er mit Anhängern Shankaras. Damals entstanden seine Werke, die er auf seinen ausgedehnten Reisen propagierte. Er fand zahlreiche Anhänger, die ihn wegen seiner Menschlichkeit und Gelehrsamkeit bewunderten. Auch seinen früheren Guru konnte er nun für seine Lehre gewinnen. Aber er musste auch Verfolgungen durch einen fanatischen Shiva-Anhänger erleiden und ins Exil flüchten. Nach dessen Tod konnte er wieder an seine frühere Lehrstätte zurückkehren, wo er viele Schüler um sich versammelte und hochbetagt starb.

Der meditierende Ramanuja. Relief, 16. Jh.

Legenden

❖ Über Ramanuja gibt es viele Legenden, die den Eindruck erwecken, als habe der Gott Vishnu selbst die Richtigkeit seiner Lehre bestätigt. Danach versuchte man öfter ihn zu töten, aber immer wurde er durch Wunder gerettet. Er entdeckte verborgene Götterbilder und konnte Tempel, die die Shiva-Anhänger den Vishnu-Leuten entrissen hatten, wiedererobern. Als er eine Königstochter von einem bösen Geist befreite, gewann er die Gunst des Herrschers.

❖ Einmal wurde Ramanuja von einem seiner Gurus in ein tiefes **Geheimnis** über Shiva eingeweiht, nachdem er geschworen hatte, **es stets für sich zu behalten**. Am nächsten Tag bestieg Ramanuja den Turm eines Tempels und offenbarte allen Anwesenden dieses Geheimnis. Als der Guru ihn zur Rede stellte, bekannte er sich schuldig. Damit habe er die Strafen der Hölle verdient. Aber dieses Opfer nehme er auf sich, weil er damit den Gläubigen einen Weg zur Erlösung gewiesen habe. Sein Guru war von dieser Antwort beeindruckt und bekannte, dass er ihm unterlegen sei. Seitdem war Ramanuja der unbestrittene Leiter der Vishnu-Gemeinschaft. Sie wurde unter ihm eine offene und tolerante Religionsgemeinschaft, die von den Brahmanen bekämpft wurde, weil er z. B. das Kastenwesen (→ S. 86ff) ablehnte, das den Brahmanen eine privilegierte Stellung sicherte.

Die Lehre

❖ Wie für Shankara ist das Brahman für Ramanuja das allumfassende Sein, das in sich keine Unterschiede zulässt. Aber im Unterschied zu Shankara leugnet er, dass außer dem Brahman nichts existiert. Das Brahman besitzt von Natur aus schon die einzelnen Seelen und das materiell Unbelebte in sich als Qualitäten. Geist und Materie hängen mit dem Brahman so untrennbar zusammen wie die Attribute mit ihrer Substanz, also wie z. B. das Feuchte mit dem Wasser oder das Harte mit dem Eisen. Die periodischen Weltschöpfungen machen nur manifest, was schon immer in Gott enthalten ist, der die Materie und die Seelen als reale Größen außer sich existieren lässt.

❖ Die **Welt** ist darum auch nicht wie bei Shankara nur »Maya«, d. h. Schein und Illusion, sondern **Realität**. Insgesamt gibt es **drei Realitäten: Gott** und die **Seele** und die **Materie**. Seele und Materie sind völlig von Gott abhängig und von ihm nicht zu trennen. Aber weder die Seele noch die Materie sind mit Gott völlig identisch. Letztlich kann die Seele darum auch nicht nach dem Tod in Gott eingehen und mit ihm eins werden wie ein Tropfen im Ozean. Gott bewahrt ihr gegenüber immer seine eigene Identität. Die Seele kann selbst nicht Brahman werden. Dafür ist der Unterschied zwischen Gott und der Seele zu groß.

Ein personales Gottesbild

❖ Diese Lehre hängt bei Ramanuja mit einer **personalen Gottesvorstellung** zusammen. Für ihn hat das Brahman, das eigentlich unpersönlich ist, die personalen Züge **Vishnus**. Vishnu ist das Brahman mit persönlichem Antlitz. Ramanuja verehrt ihn und fühlt sich von ihm gehalten. Die Göttin **Lakshmi** (→ S. 50) ist die Mittlerin zwischen Vishnu und dem Einzelnen. Durch gutes Handeln (»**Karma**«), mehr noch durch das Mühen um rechte Erkenntnis (»**Jnana**«: → S. 41) und am meisten durch liebende Hingabe (»**Bhakti**«: → S. 43) kann sich der Mensch Gott nähern und zur **Erlösung** kommen. Die Liebe zu Gott führt nach dem Tod zu seiner unmittelbaren Anschauung und zum Eingehen in seinen göttlichen Bereich. Dort lebt die Seele ohne ihren Leib in vollem Glück, weil sie zu ihrem Ursprung zurückgefunden hat. Sie wird auch nicht mehr in den ewigen Kreislauf der Welten (»Samsara«) zurückkehren. Gott liebend und von ihm geliebt lebt sie in Gottes ewiger Wohnstatt und verweilt dort in ewiger Seligkeit.

❖ Alles, was der Mensch tut, kann er nur durch die **Gnade** Gottes tun. Wer vertrauensvoll seine Zuflucht in Gott sucht, der kann sicher sein, von seiner Liebe gerettet zu werden, auch wenn er einer niedrigen Kaste angehört. Ramanuja ist der **stärkste Anreger der indischen Bhakti-Bewegung** (→ S. 43) geworden, die ihre religiösen Grundideen aus der Bhagavadgita beziehen.

Trotz Einheit Verschiedenheit

Ramanuja stellt in der Einleitung seiner Schrift »Zusammenfassung des Sinns der Veden« das Verhältnis von Brahman, Einzelseelen und Materie dar. Er beginnt seine Ausführungen so:
Das Absolute bedient sich als Hilfsmittel zu seinem (kosmischen) Spiel und als seine Teile bildend (1) unendlich vieler gebundener und erlöster Einzelseelen und (2) der ungeistigen (materiellen) Substanz, die die Fähigkeit besitzt, mannigfache Entwicklungszustände zu durchlaufen, welche von den Seelen (z. B. als ihre Leiber) erfahren werden können. Das Brahman ist der innere Lenker von diesen, die alle seinen Körper darstellen und zu ihm im Verhältnis von Attributen stehen.
So ist die Urmaterie der Leib Gottes und ebenso auch jede Einzelseele. So ist Gott das (ständig beharrende) Selbst von diesen seinen Umwandlungen. Denn es heißt im Vishnu-Purana (1, 2, 18: → S. 29) »das Entfaltete ist Vishnu, und ebenso das Unentfaltete, die Einzelseele und die Zeit« und (1, 2, 31) »der höchste Gott ist der Beweger und das, was bewegt wird«.

Ramanuja (ca. 1050–1137)

Bestätigung durch Vishnu

Der Gott Vishnu soll Ramanuja durch den Mund eines Priesters verkündet haben:
Ich (Vishnu) bin die höchste Wirklichkeit; nach der richtigen Lehre besteht eine Verschiedenheit (von Gott, Einzelseele und Materie); gläubige Hingebung ist das Mittel zur Gewinnung der Erlösung.

Aus einer Biographie Ramanujas

---

1. Führen Sie ein **Streitgespräch zwischen Shankara und Ramanuja** über Gott, Mensch und Welt.
2. Zu **Vishnu**, dem höchsten Gott Ramanujas: → S. 50, zu **Bhakti**, dem für ihn besten Erlösungsweg: → S. 43.
3. In welchen Punkten steht Ramanuja der **christlichen Theologie** näher als Shankara?
4. Raymondo Pannikar (→ S. 127), ein lange in Indien lebender christlicher Theologe, meint, dass die Entdeckung von Shankara und Ramanuja für die heutige christliche Theologie ebenso wichtig sei, wie es die Kenntnis von Platon und Aristoteles in früheren Zeiten war. Was halten Sie von dieser Auffassung?

3. Reformer des Neohinduismus

> ❖ Im 19. Jahrhundert kamen verstärkt die Ideen der **westlichen Aufklärung und Säkularisierung** sowie die **Grundlehren des Christentums** nach Indien. Von diesen Bewegungen wurde der Hinduismus heftig kritisiert, aber auch stark beeinflusst.
>
> ❖ In dieser Zeit liegt der Beginn der indischen **Reformbewegung** des **Neohinduismus**, der einen Mittelweg zwischen Anpassung und Ablehnung suchte. Man diskutierte leidenschaftlich die Frage, ob säkulare und christliche Leitideen mit der großen Tradition der Hindu-Religion vereinbar seien und ob sie mit indischer Lebensart verbunden werden könnten.

Die christlichen Missionare

❖ Nachdem die Engländer 1858 die Regierungsgewalt in Indien übernommen hatten, kamen vermehrt christliche Missionare ins Land (→ S. 19, 126). Sie waren entsetzt, eine Religion zu finden, die das Kastenwesen stützte, die Aussonderung der Unberührbaren aus der Gesellschaft religiös begründete, die Kinderehe, Tempelprostitution und Witwenverbrennung zuließ sowie Fetischismus und Polytheismus propagierte. Deshalb musste sich der Hinduismus **heftige Kritik** gefallen lassen. Er bestärkte in den Engländern den Glauben an die Überlegenheit des Westens und des Christentums.

❖ Die Kolonialherren waren davon überzeugt, mit den Ideen der Aufklärung, mit den Ergebnissen der Naturwissenschaften, mit den Errungenschaften der Technik und mit den Zeugnissen der westlichen Zivilisation das in ihren Augen zurückgebliebene Indien **auf eine höhere Stufe der Kultur** heben zu können. Dazu wollten sie in Indien bessere Schulen, Straßen, Krankenhäuser, Kasernen und Büros bauen.

Indische Reaktionen

Die Reaktionen der **indischen Ober- und Mittelschicht** waren unterschiedlich, ja gegensätzlich. Viele Inder nahmen die westlichen Vorstellungen begeistert und bisweilen auch unkritisch auf, andere lehnten sie ebenso entschieden und bisweilen unkritisch ab. **Bewunderung und Hass** hielten sich die Waage. Bei dieser Polarisierung ist es bis heute geblieben.

Reformer und Reformbewegungen

❖ **Ram Mohan Roy** (1772–1833) ist der bengalische Initiator des Neohinduismus. Er gründete 1828 den »Brahma Samaj« (»Brahma-Vereinigung«). In Anlehnung an das Christentum und den Islam vertrat er einen bildfreien Monotheismus. Ihn fand er auch in der Hindu-Tradition der Upanishaden und in der Verehrung des Brahman. Als erster indischer Journalist bekämpfte er soziale Missstände und verfasste ein kleines Buch mit dem Titel »Gebote Jesu«.

❖ Dagegen war der Shiva-Anhänger **Dayananda Sarasvati** (1824–1883), der die »Gesellschaft der Arier« (»Arya Samaj«) gründete, stärker der Tradition verpflichtet, wenn er den Hinduismus vor allem auf die alten Veden gründet. Für ihn sind alle späteren guten Entdeckungen schon in den Veden enthalten. Weil die Veden das Kastensystem, die Kinderheirat, die Diskriminierung der Frauen und Witwen, die Bilderverehrung und die Vielgötterei noch nicht kennen, lehnte er diese Erscheinungen ab. Tausende von Unberührbaren schlossen sich ihm an.

❖ **Aurobindo Ghose** (1872–1950), der von abendländischen Ideen beeinflusst war, kämpfte gegen die Engländer und gründete nach einer religiösen Erleuchtung im Gefängnis die einflussreiche Schule für den »Integralen Yoga«, in dem sich Körper, Seele und Geist harmonisch zur Vollkommenheit »integrieren« sollen. Dabei verband er traditionelle indische und moderne westliche Gedanken miteinander. Sein Ashram in Puducherry wurde zum Ziel zahlloser Interessenten.

❖ Er selbst und seine tatkräftige Mitarbeiterin **Mira Alfassa** (1878–1973), die »Mutter«, verkündeten hier die Botschaft, dass der Mensch sein Bewusstsein über die Grenzen seines Ichs so erweitern und dem Licht so öffnen könne, dass Raum für das supramentale Göttliche in ihm entstehe. Das werde zu einer Verbesserung aller individuellen und politischen Verhältnisse in einem »Himmel auf Erden« führen und am Ende eine kosmische Erlösung bringen, ohne dass eine ständige Wiedergeburt befürchtet werden müsse.

❖ **Sarvapalli Radhakrishnan** (1888–1975; → S. 23, 45, 133), Philosoph und Politiker, war 1962–67 der Staatspräsident Indiens. Er hat sich um ein besseres Verhältnis zwischen indischer und westlicher Kultur sowie zwischen Hinduismus und anderen Religionen bemüht. Letztlich wollte er Religion und Wissenschaft, östliche Spiritualität und westliche Rationalität, Tradition und Moderne miteinander verbinden.

> 1 Entwerfen Sie das **Lebensbild** eines Hindu-Reformers oder einer Hindu-Reformerin.
> 2 **Orthodoxe Brahmanen** und der neuzeitliche **Hindu-Fundamentalismus** bekämpften schon früh den Neohinduismus. Welche Gründe haben sie dafür gehabt? → S. 120 f.
> 3 Warum hat der Hinduismus, warum haben Religionen überhaupt immer wieder **Reformen** nötig? Warum lassen sich religiöse Reformen meist nur schwer durchsetzen?

4. Rabindranath Tagore – Dichter in neuer Zeit

Gitanjali 119

Gitanjali (d. h. »Liedopfer«) heißt die kleine Sammlung lyrischer Gedichte, für die Tagore 1913 den Nobelpreis für Literatur erhielt. Die Gedichte sind naturverbunden, verarbeiten leidvolle Erfahrungen und suchen unkonventionelle Wege der Gotteserfahrung.

1 Ehrfurcht, Feiern, Feste, Beten,
   all das lass weg.
Hinter Riegeln im Tempel versteckt
   sitzt du – warum?
Wen, selbstvergessen, versteckt im Dunkel
   rufst du an so heimlich?
Auf die Augen, blick dich um!
   Kein Gott ist da.

2 Er ist gegangen, wo die Bauern
   die harte Furche brechen.
Wo Steinebrecher die Straße bauen
   im Schweiß das runde Jahr.
Treu bleibt er allen in Sonne und Regen,
Mit Staub sind beide Hände bedeckt.
Wirf ab, wie er, dein makellos´ Kleid,
   komm zum Staub herab.

3 Erlösung? Ach, wo Erlösung,
   Erlösung suchst du wo?
Gott selbst band sich an seine Schöpfung,
   verband mit allen sich.
Lass die Andacht, stell weg den Blumenkorb,
zerreißen mag dein Hemd, bedecken dich der Staub.
Im Opfer der Arbeit, wenn der Schweiß der Mühsal fällt
   bist du eins mit ihm.

Rabindranath Tagore (1861–1941)

❖ **Rabindranath Tagore** (1861–1941) ist der wohl bekannteste indische Dichter. Er stammt aus einer vornehmen bengalischen Familie und machte weite Reisen durch Asien, Europa und Amerika. Dreimal war er auch in Deutschland. Weltberühmt und zum Nationaldichter Indiens wurde er durch seine Lyrik, aber auch als Essayist, Dramatiker und Schriftsteller.

❖ Neben der Literatur interessierte er sich für eine Reform des indischen **Schulwesens** und errichtete eine eigene Ashram-Schule, in der pädagogische Reformideen erprobt wurden. Er setzte sich auch aktiv für eine **Verbesserung des indischen Selbstwertgefühls** ein, das durch den Status Indiens als einer britischen Kronkolonie wenig entwickelt war.

Was nutzt es, immer nur zu sammeln?

Als der Rischi Jadnjavalkja (vedischer Weiser um 600 vC) am Vorabend seines Scheidens seinem Weibe Maitreyi seine irdischen Güter übergeben wollte, damit sie im Wohlstand leben könne, rief sie aus: »Was soll ich mit Gütern anfangen,
5 die mir nicht zur Unsterblichkeit helfen?«
Welchen Nutzen hat es, wenn man immer nur sammelt und sammelt und sammelt? Wenn wir den Umfang und die Tonhöhe unserer Stimme aufs äußerste steigern, erreichen wir nichts als ein schrilles Kreischen. Musik können wir nur
10 erlangen, wenn wir den Ton zurückhalten und ihn zu rhythmischer und melodischer Vollendung formen.
Der Mensch wächst zur Riesengröße, wenn er alles an sich rafft; er gelangt zur Harmonie, wenn er sich aufgibt. In dieser Harmonie ist Friede – ein Friede, der nicht durch äußere Organisationen und Koalitionen zwischen Macht und 15 Macht erreicht wird, sondern der auf Wahrheit ruht und in Selbstlosigkeit und verstehender Liebe besteht.

Rabindranath Tagore (1861–1941)

Das Suchen nach dem noch nicht Erreichten

Wir sind wie der verirrte Vers eines Gedichts, der fühlt, dass er sich auf einen anderen Vers reimt und diesen finden muss, um zu seiner Erfüllung zu gelangen. Dies Suchen 20 nach dem noch nicht Erreichten ist der große Antrieb im Menschen, der seine besten Schöpfungen hervorbringt. Der Mensch ist sich tief bewusst, dass im Grund seines Wesens ein Zwiespalt ist. Er sehnt sich, ihn zu überbrücken, und irgendetwas sagt ihm, dass es die Liebe ist, 25 die ihn zur endgültigen Versöhnung führen kann.

Rabindranath Tagore (1861–1941)

---

1 Andere **Texte** von Tagore: → S. 22, 133.
2 Welches Gottesverständnis lehnt Tagore in seinem **Gedicht** ab? Für welches entscheidet er sich?
3 Wogegen wenden sich die beiden **Prosatexte**? Wofür treten sie ein?

5. Ramakrishna – Mystiker der Gottesliebe

Jugend
Gadadhar Chattopadhyaya lautete der ursprüngliche Name des Jungen, der 1836 in der Nähe von Kalkutta zur Welt kam. Erst später nahm er den religiösen Namen Ramakrishna an, mit dem er sich dem göttlichen Krishna weihte. Schon als **Fünfjähriger** hatte er seine **erste Entrückung,** als er unter schwarzem Himmel weiße Kraniche fliegen sah. Damals war er stundenlang ohnmächtig, aber dabei von einer tiefen Freude erfüllt. Mit neun Jahren wurde er in die **Schule der Brahmanen** aufgenommen. Das Fest schloss mit einem Missklang, weil er ein von einer Shudra bereitetes Essen zu sich nahm. Er wusste, dass er damit gegen die Kastenordnung verstieß, wollte aber ein der Frau gegebenes Versprechen nicht brechen.

Priester der Kali
Mit 20 Jahren wurde Ramakrishna Priester im Kali-Tempel von Dakshinesvar nahe bei Kalkutta. Sofort verfiel er in heftige, nicht erotische Liebe zu der Göttin Kali, wobei er ungewöhnliche Visionen hatte und in Trancezustände geriet. Tagelang war er leblos, so dass die Verantwortlichen diesen »Narren der Göttin« schon vom Tempeldienst ausschließen wollten. Eine seiner großen Visionen beschreibt er selbst so:

Eines Tages war ich die Beute einer schrecklichen Angst. Ich hatte das Gefühl, als werde mein Herz ausgewrungen wie ein feuchtes Tuch. Ich war von Leiden gequält. Beim Gedanken, dass ich diese göttliche Erscheinung nicht haben könne, schien mir das Leben nicht mehr lebenswert zu sein. Ich war entschlossen, ein Ende mit mir zu machen. Plötzlich erblickte ich das große Schwert, das im Heiligtum hing. Ich stürzte wie ein Toller darauf los, um es zu ergreifen und – plötzlich offenbarte sich mir endlich die gnadenvolle Mutter. Die verschiedenen Teile der Gebäude, der Tempel und alles andere verschwanden spurlos vor meinen Augen: Statt dessen sah ich einen Ozean des Geistes, grenzenlos, unendlich, blendend. Soweit mein Blick reichte, sah ich glänzende Wogen, die von allen Seiten her sich erhoben und mit schrecklichem Rauschen auf mich niederbrandeten, als wollten sie mich verschlingen. Ich konnte nicht mehr atmen. Vom Wirbel der Wogen erfasst, stürzte ich leblos hin. Was in der äußeren Welt vor sich ging, wusste ich nicht. Mein Inneres wurde von einer stetigen Welle unaussprechlicher, mir noch völlig unbekannter Glückseligkeit durchflutet, und ich fühlte die Gegenwart der göttlichen Mutter.

Seine Freunde fügten hinzu: Als· er wieder zum Bewusstsein kam, flüsterten seine Lippen nur das eine Wort: »Mutter!«

Ramakrishna (1876–1886)

Mystische Erfahrungen
❖ Immer wieder hatte er **ekstatische Zustände**. Sie wechselten mit Phasen innerer Leere und tiefer **Depression** ab. Eine Asketin zeigte ihm mit Hilfe von **Tantras** (→ S. 72 f) einen Weg, seine inneren Schwankungen unter Kontrolle zu bringen. Noch wichtiger war für ihn, dass ihn ein Mönch in die **Upanishaden** einführte.

❖ Als Mönch (»Swami«) wurde er mit dem fünfjährigen Mädchen Sarada Devi **verheiratet**. Diese Ehe wurde nie vollzogen, weil er sich an ein Keuschheitsgelübde gebunden wusste. Seine Gattin wurde ihm später eine gute Helferin. Nach seinem Tod wirkte sie selbst als Guru.

❖ Starke Kräfte der Reform gingen von **Ramakrishna** (1836–1886) aus. Er führte als Asket ein heiliges Leben und war durchdrungen von der Wahrheit seiner Religion. Dabei war er für alle Religionen und für alle Menschen offen.

❖ Manche Hindus sehen in ihm eine göttliche Herabkunft (»**Avatara**«: → S. 50). Er gehört zu den bedeutendsten Mystikern der Gottesliebe und ist ein geistlicher Lehrer für viele Menschen geworden.

❖ Einmal erlebte er die höchste **Entrückung** in einen Zustand der »Überbewusstheit« (»**Samadhi**«), aus dem viele nicht mehr zum Leben zurückkehren. Ramakrishna überstand diese gefährlichste aller Ekstasen und durchschaute nun die Zweiheit von Gott und Welt als Illusion (»**Maya**«). Er fühlte sich eins mit dem als unpersönlich erfahrenen Göttlichen und konzentrierte nun sein Leben auf das absolut eine Brahman. Neue **Visionen** der göttliche Mutter Kali und anderer Göttinnen hinderten ihn daran, diesen Zustand zu verabsolutieren. Allmählich glaubte er, dass man **Gott** sowohl als **unpersönliches Es** wie auch als **persönliches Du** erfahren kann. Beide Wege sind für ihn gleich bedeutsam.

Kali-Tempel in Dakshineswar; hier war Ramakrishna Priester.

Alle Religionen sind Wege zu Gott

Ramakrishna bewegte sich nicht nur in verschiedenen Richtungen des Hinduismus, sondern auch der **Islam** (1864) und das **Christentum** (1874) wurden für ihn Wege zur Gottesliebe. Er hatte nun auch Visionen Mohammeds. Mit Jesus fühlte er sich völlig eins. Er wurde für ihn zum Symbol der Liebe schlechthin und eine Herabkunft Gottes (»**Avatara**«: → S. 50, 132), ohne ihm die Einzigartigkeit zuzugestehen, die das Christentum ihm zuschreibt. Auch das Christentum und der Islam sind für ihn Wege zur Gottesliebe. Immer mehr ist er von dem Gedanken durchdrungen, dass die Gottheiten der verschiedenen Religionen nichts anderes als Manifestationen des einen Gottes sind. Darum sind Konversionen überflüssig und eine Synthese aller Religionen ist nicht notwendig.

Am Ende des Lebens

In seinen letzten Lebensjahren kamen viele Menschen zu ihm, die religiöse Fragen hatten oder Gott suchten. Als Weiser wusste er guten Rat, als Heiliger war er für sie Vorbild. 1886 starb er im Kreis seiner Schüler an Kehlkopfkrebs.

Viele Wege zu Gott

❖ Du siehst viele **Sterne bei Nacht** am Himmel, aber findest sie nicht, wenn die Sonne aufgeht. Kannst du darum sagen, dass es keine Sterne am Tageshimmel gibt? Darum, Mensch, wenn du in den Tagen deiner Unwissenheit den Allmächtigen nicht schaust, sage nicht, es gebe keinen Gott.

❖ Wie ein und dasselbe **Wasser** von verschiedenen Menschen verschieden benannt wird, – einer nennt es Wasser, ein anderer Vari, ein dritter Aqua, wieder ein anderer Pani – so wird der Eine, der Sein, Denken und Wonne ist, von den einen als Gott, von den anderen als Allah, von den anderen als Hari (Vishnu) und wieder von anderen als Brahman angerufen.

❖ Wie das **Eis**, das doch nur aus Wasser besteht, eine Zeit lang im Wasser bleibt und dann darin verschmilzt, ebenso ist der persönliche Gott nur ein Teil des Unpersönlichen. Er entsteht aus dem Unpersönlichen, bleibt dort und geht schließlich darin ein und verschwindet.

❖ Wie man mittels einer **Leiter** oder eines **Bambusstabes** oder einer **Treppe** oder eines **Seiles** auf das Dach eines Hauses gelangen kann, ebenso verschieden sind die Wege und Mittel, Gott zu erreichen, und jede Religion in der Welt zeigt einen dieser Wege.

Ramakrishna (1836–1886)

---

1. Ein **Gebet** Ramakrishnas zu Kali: → S. 57.
2. Diskutieren Sie die Frage, ob **alle Religionen gleich(wertig)** sind oder ob es einen (ethischen, humanen) Maßstab gibt, an dem sie sich messen lassen müssen (→ S. 132 f).
3. Wie verhält sich Ramakrishnas Lehre zur »**Pluralistischen Religionstheologie**«, die aus der Pluralität der Religionen auf deren Gleichwertigkeit schließt?

109

6. Vivekananda – Reformator der Religion

> Nach dem Tod Ramakrishnas übernahm sein Schüler **Vivekananda** (1862–1902) die Leitung der Gemeinde. In seiner Person verband er indische Spiritualität und westlichen Pragmatismus. Viele Inder sehen in ihm einen Heiligen. Seine Gedanken werden auch im Westen bewundert.

In den Spuren Ramakrishnas

Vivekananda hieß, bevor er Mönch (»Swami«) wurde, **Narendranath Datta**. Er hatte an englischen Schulen in Kalkutta das **europäische Bildungssystem** kennengelernt und dort mehr vom Positivismus als vom Hinduismus gehört. Bei seinem ersten Treffen mit **Ramakrishna** 1881 in Dakshinesvar kam es nicht sogleich zu einem gegenseitigen Verständnis. Der junge Student wehrte sich gegen die Faszination des Lehrers, und Ramakrishna, der auf der Stelle von Narendranath begeistert war, erwartete, dass er seinen Stolz ablege. Tatsächlich ging er eine Zeit lang als Bettler in ein **Armenviertel**. Hier entwickelte er sein Verständnis für die Notleidenden. 1884 wurde er endgültig Schüler von Ramakrishna. Er lernte die Philosophie Shankaras mit dem Gedanken von der Alleinheit des Absoluten als Höhepunkt des Hinduismus schätzen. Allmählich entwickelte sich eine so ungewöhnliche Vertrautheit zwischen beiden, dass Vivekananda beim Tod seines Lehrers mit dessen Geist völlig eins wurde. Er setzte nach dem Willen Ramakrishnas dessen Werk mit Tatkraft und Ideenreichtum fort. Aber er zog auch als Bettelmönch mit Stab und Schale barfuß von Tempel zu Tempel und übte sich dabei in harter Askese.

Vor dem Weltparlament der Religionen

❖ Vivekananda wurde mit einem Schlag weltberühmt, als er bei der ersten Sitzung des **Weltparlaments der Religionen 1893 in Chicago** auftrat. Hier fand er sich ein, obwohl er keine Einladung hatte. Bei der Eröffnung der Tagung fiel er schon auf, weil er in seinem orangefarbenen Mönchsgewand gekommen war und einen gelben Turban trug. Vor seiner ersten Rede hatte er gewaltiges Lampenfieber. Doch sie wurde zu einem überwältigenden Erfolg. Mit leidenschaftlicher Überzeugungskraft stellte er sich selbst als Mitglied des ältesten Mönchsordens der Welt und den Hinduismus als Mutter aller Religionen vor. Im Geist Ramakrishnas entwickelte er vor dem Parlament die These: »**Wir erkennen alle Religionen als wahr an.**« Damit verbunden war der Aufruf zu gegenseitiger Toleranz. Er erhielt stehende Ovationen. Über Nacht war der Hinduismus auch im Westen interessant geworden. Bei seiner Rückkehr in Indien wurde er gefeiert wie kaum je ein Mönch vor ihm. Er hatte seinen indischen Landsleuten wieder ein Gefühl für die Größe des Hinduismus gegeben.

Später versuchte er ihnen immer wieder deutlich zu machen, dass sie auch **vom Westen Anregungen** übernehmen müssten. Nur durch die Naturwissenschaften und die Technologie, das Arbeitsethos und die wirtschaftliche Produktivität lasse sich die Armut Indiens wirkungsvoll bekämpfen.

Gründer der Ramakrishna-Mission

❖ Vivekananda entwickelte auch die Idee, dass man Hindu nicht allein durch Geburt in einer Kaste sein könne (→ S. 80). Der Hinduismus sei eine **Universalreligion**, der man beitreten könne, wenn man die wichtigsten Überzeugungen des Hinduismus teile. Deshalb gründete er die **Ramakrishna-Mission**. Mit der Mission sollten die Mönche eine Aufgabe übernehmen, die dem Hinduismus bislang fremd war. Sie müssen dazu ein Studium absolvieren sowie die Religion und Philosophie Indiens genau kennenlernen. Ihren Gründer haben sie zur Kultfigur gemacht, die auf bunten Bildern und in sentimentalen Biographien glorifiziert wird. Heute gibt es mehr als 100 Zentren ihrer Arbeit in aller Welt. In **orthodoxen Hindu-Kreisen** findet diese neohinduistische Bewegung wenig Sympathie. Dort akzeptiert man keine Mission, weil für sie Hindu nur der sein kann, der in eine der Kasten hineingeboren wird.

Akzeptanz aller Religionen

Aus einer Rede Vivekanandas 1900 in Pasadena (Kalifornien) über »The Way to the Realisation of Universal Religion«:

Ich nehme alle Religionen an und verehre Gott mit ihrer Hilfe, in welcher Form sie auch immer dies tun mögen. Ich gehe in die Moscheen der Muslime und knie vor dem Kruzifix in der christlichen Kirche. Ich nehme im buddhistischen Tempel meine Zuflucht zu dem Buddha und seiner Lehre. Ich gehe in den Wald und meditiere mit dem Hindu, der dort das Licht zu sehen sucht, das das Herz von allen erleuchtet.

Aber ich will nicht nur dies tun, sondern ich werde mein Herz offen halten für alles, was noch in Zukunft kommen wird. Ist denn Gottes Buch abgeschlossen? Bibel, Veden und Koran und alle anderen heiligen Bücher sind nur Seiten aus diesem Buch. Eine unendliche Zahl von Seiten ist bisher noch nicht umgeblättert worden. Verehrung allen Propheten der Vergangenheit, allen großen Männern der Gegenwart und allen, die in Zukunft noch kommen werden.

Vivekananda (1862–1902)

---

1 Ein anderer **Text** von Vivekananda: → S. 22 f.
2 Ein Text aus dem Jahr 1997 zur **Erinnerung an Vivekanandas Auftreten in Chicago**: → S. 139.

7. Mahatma Gandhi – Politiker der Gewaltlosigkeit

Jugend und Studium

❖ Gandhi (d. h. »Krämer«) wurde 1869 in Porbandar (Gujarat, Westindien) als Sohn eines hohen Beamten und dessen vierter tieffrommen Frau in einer Kaste (»Jati«) der Vaishyas geboren. Verfehlungen in seiner **Kindheit und Jugend** belasteten ihn lange schwer. Er aß heimlich Fleisch, rauchte, stahl und besuchte ein Bordell. Aus Scham dachte er an Selbstmord, beichtete aber stattdessen seinem kranken Vater freiwillig diese Taten. So tat er schon früh einen wichtigen Schritt zur Selbsterkenntnis. Schon mit 7 Jahren wurde er mit der gleichaltrigen **Kasturbai** verheiratet. Später hat er jede Kinderheirat schwer verurteilt. Mit 16 Jahren bekam das Paar sein erstes Kind, das bald starb. In den nächsten Jahren kamen vier Söhne dazu. 1906 legte Gandhi mit Zustimmung seiner Frau das Gelübde völliger Keuschheit ab.

❖ Zum Studium der Rechtswissenschaften ging er 1888–1891 nach **London**. Dort suchte er zunächst Zugang zum englischen Gesellschaftsleben, wobei er seine innere Unsicherheit hinter nobler Kleidung, teuren Theaterbesuchen und literarischen Ambitionen verbarg. Doch allmählich richtete sich sein Interesse auf die alten Hindu-Traditionen. Er studierte die **Bhagavadgita** und entdeckte die biblische **Bergpredigt**. Am Beispiel von Kardinal Manning, der in einem Hafenstreik vermittelte, erlebte er zum ersten Mal den Erfolg gewaltfreier Methoden.

Politische Aktivitäten in Südafrika

Von 1893 bis 1915 lebte er mit Unterbrechungen in **Südafrika**, wo er erstmals politisch aktiv wurde. Hier setzte er sich gegen die Diskriminierung seiner Landsleute zur Wehr und kämpfte erfolgreich gegen die englischen Kolonialherren für das Wahlrecht und die Gleichberechtigung der im Land lebenden Inder. Er selbst wurde einmal wegen seiner Hautfarbe aus dem Zug geworfen und mehrmals von Weißen bedroht und verprügelt. In dieser Zeit beschäftigte er sich intensiv mit philosophischen und religiösen Fragen und führte einen Briefwechsel mit dem russischen Dichter Tolstoi über Probleme der Gewaltlosigkeit.

Gegen Rassismus

Gandhi schreibt über diese Zeit:

Die Belästigungen, die ich persönlich hier zu dulden hatte, waren nur oberflächlicher Art. Sie waren nur ein Symptom der tiefer liegenden Krankheit des Rassenvorurteils. Ich musste, wenn möglich, versuchen, diese Krankheit auszurotten und die Leiden auf mich zu nehmen, die daraus entstehen würden.

Mahatma Gandhi (1869–1948)

Gandhi pflegt einen Leprakranken.

❖ Zu den richtungsweisenden Reformern des Hinduismus im 20. Jahrhundert gehört **Mohandas Karamchand Gandhi** (1869–1948), der sich in seinem ganzen Leben von Grundideen seiner Religion leiten ließ. Auf das gesellschaftliche und politische Leben Indiens hat er wie kaum ein anderer eingewirkt, auch wenn er nicht alle seine großen Ziele erreichen konnte. Die Inder gaben ihm den Namen **»Vater (der Nation)«** sowie den religiösen Ehrentitel **»Mahatma«** (d. h. »große Seele«), mit dem bereits in den Veden die weisen Seher ausgezeichnet wurden.

❖ Mit Gandhi hat der Hinduismus eine Gestalt hervorgebracht, die **weit über Indien hinaus Anerkennung und Sympathie** gefunden hat. Seine gewaltfreien Aktionen haben weltweit viele Nachahmer gefunden.

Aufgaben in Indien

❖ 1915 kehrte er in seine Heimat **Indien** zurück. Für sein weiteres Leben setzte er sich vor allem zwei Ziele: (1) die menschenwürdige **Integration der Unberührbaren** in die indische Gesellschaft und (2) die **Unabhängigkeit Indiens** von der englischen Kolonialmacht. Auf diesem Weg, der nicht nur erfolgreich war, hatte Gandhi viele Widerstände zu überwinden. Sowohl die Engländer wie orthodoxe Hindu-Kreise stellten sich ihm entgegen. Mehrfach wurde er inhaftiert. Obwohl er kein Amt innehatte, wurde er zum charismatischen Führer der indischen Unabhängigkeitsbewegung. In seinem Kampf, den er immer **gewaltlos** führte, entwickelte er viel Phantasie und großen Ideenreichtum, so dass er das Volk mitreißen konnte.

❖ **Ziviler Ungehorsam, Gewaltlosigkeit und Aufsehen erregende Fastenaktionen** waren Mittel zur Erreichung seiner politischen Ziele gegen die Engländer. Dafür saß er acht Jahre im Gefängnis.

Symbole des Widerstands

❖ Manche seiner Aktionen sind weltberühmt geworden, so der **Salzmarsch** aus dem Jahr 1930, der sich gegen die Einführung einer neuen Salzsteuer durch den britischen Vizekönig richtete. Gandhi zog damals mit vielen Menschen zum Meer und kostete dort nach einem Gebet salzhaltiges Wasser. Diese Symbolhandlung wurde überall als Protest und Widerstand gegen die Steuer verstanden. Sie hatte zur Folge, dass sich viele Inder das Salz selbst besorgten und so die Steuer unwirksam machten. Damals schlossen sich ihm auch Sarojini Naidu (→ S. 84) und viele andere Frauen an.

❖ Das **Spinnrad** wurde durch Gandhi zum Symbol des Widerstands gegen die Engländer. Das Heimspinnen drosselte den Import billiger Textilien aus England und verminderte die Arbeitslosigkeit vieler Inder. Es zeigte armen Familien, wie sie zu einem kleinen Verdienst kommen konnten.

Dörfer oder Städte?

Mit seinem Mitstreiter Jawarhalal Nehru, dem späteren ersten Ministerpräsidenten Indiens (1947–1964), kam es fast zum Zerwürfnis, weil Gandhi die **Industrialisierung** Indiens nicht wollte, von der sich Nehru einen wirtschaftlichen Aufschwung des Landes versprach. Gandhi zog es vor, alle politischen Anstrengungen auf die Entwicklung der indischen Dörfer zu konzentrieren und nicht die Fehler des Westens zu wiederholen, die Landbevölkerung in die Städte zu locken. Er fürchtete die Entstehung eines modernen Proletariats, das geistig und sozial entwurzelt sein werde.

Vermittler zwischen Hindus und Muslimen

Nachdem Indien 1947 seine Unabhängigkeit von den Engländern erreicht hatte, eskalierten die Auseinandersetzungen zwischen **Hindus und Muslimen**. Massaker und Brandanschläge aus religiösen Motiven forderten ca. 250 000 Tote. Gandhi ging selbst in die gefährdete Region und konnte in den Dörfern eine erträgliche Atmosphäre herstellen. Doch sein politisches Ziel der Einigung und Einheit Indiens erreichte er nicht. Zu sehr bestanden die Muslime unter ihrem Führer **Mohammed Ali Jinnah** (1876–1948; → S. 135) auf einem unabhängigen islamischen Staat. Die Engländer unterstützten diese Politik und setzten 1947 die Teilung des Landes in einen säkularen Staat **Indien** und einen islamischen Staat **Pakistan** durch. Das hatte zur Folge, dass es zur größten Massenflucht der Geschichte kam, auf der 12–14 Millionen Hindus und Muslime ihre Heimat verließen. Der 78-jährige Gandhi suchte auf anstrengenden Märschen in den Krisengebieten und mit mehrmaligem Protestfasten dem Morden Einhalt zu gebieten. Aber er machte sich mit seinen Versöhnungsversuchen auf beiden Seiten nur Feinde. Die Muslime beschuldigten ihn, die Staatsgründung Pakistans verhindern zu wollen, radikale Hindus beargwöhnten sein Verständnis für die Muslime.

Der Tod

Nach seinem letzten Fasten, das die streitenden Religionen zur Besinnung bringen sollte, wurde Gandhi am 30.1.1948 von dem fanatischen Hindu **Nathuram Godse erschossen** (→ S. 120 f). Sein Tod löste bei nicht wenigen Hindus Freudenfeiern aus, aber die meisten Inder waren entsetzt. Sie hatten in ihm ihren Vater verloren. Sein tragisches Ende zerstörte viele Hoffnungen. Auf dem Platz, wo er in Delhi verbrannt wurde, steht heute ein Stein mit der Aufschrift seiner letzten Worte »He Rama!« (d. h. »O Gott!«) Die Feindseligkeiten zwischen Indien und Pakistan dauern bis heute an.

❖ Gandhi wurde zwölfmal für den **Friedensnobelpreis** vorgeschlagen. Auch in seinem Todesjahr 1948 war er wieder Kandidat, konnte den Preis aber posthum nicht mehr erhalten. In jenem Jahr wurde der Preis deshalb nicht vergeben.

Sympathie für andere Religionen

Gandhi fühlte sich als ein orthodoxer Hindu. Sein »**Bekenntnis zum Hinduismus**« (→ S. 14) enthält wesentliche Elemente der Religion Indiens. Aber er hat sich auch von den Ideen **anderer Religionen** beeinflussen lassen. Den strengen Monotheismus des **Islam** und den Geist der Bergpredigt Jesu hat er in sein Lebenskonzept integriert. Seine Zuneigung zu **Jesus** war groß. Dieser war für ihn einer der wegweisenden Propheten der Menschheit. Jesu Bergpredigt, sein Beten und Fasten sowie sein gewaltfreier Tod am Kreuz bewegten ihn tief. Er konnte ihn »Sohn Gottes« nennen, wenngleich nicht in dem einzigartigen Sinn, wie es Christen tun. Auch sah er in Jesus nicht den einzigartigen Erlöser der Menschheit. Aber er schwieg demütig auf die Frage, ob Jesus für sich die endgültige Erlösung schon erreicht habe.

Christen – Muslime – Hindus

Gandhi schrieb 1921 in der Zeitschrift »Young India«:
Die religiösen Ideen sind wie alles andere auf Erden dem Gesetz der Entwicklung unterworfen. Gott allein ist unwandelbar, da aber seine Lehre verkündigt wird durch den unvollkommenen Mittler Mensch, wird sie immer entstellt, mehr oder weniger, je nach der Reinheit des Mittlers. Ich möchte deshalb meine christlichen Freunde herzlich bitten, mich zu nehmen, wie ich nun einmal bin. Ich achte ihren Wunsch, dass ich denken und handeln sollte wie sie selber, und lasse ihn gelten, wie ich den gleichen Wunsch achte und gelten lasse, den die Muslime mir gegenüber äußern.

Beide Religionen sind für mich so wahr wie meine eigene. Meine eigene aber stillt alle meine inneren Bedürfnisse. Sie bietet mir alles, wessen ich zu meiner inneren Entfaltung bedarf. Sie lehrt mich beten, andere möchten sich zur Fülle ihres Wesens in ihrer eigenen Religion entfalten, nicht aber, andere möchten glauben, was ich selber glaube. So bete ich denn für einen Christen, dass er ein besserer Christ, für einen Muslim, dass er ein besserer

Die Arbet am Spinnrad hatte für Gandhi auch religiöse Bedeutung: »Das Spinnen wird mir immer wichtiger. Mir scheint, als wenn ich dabei Tag um Tag den Ärmsten der Armen und damit Gott näher komme. Diese vier Stunden sind für mich der wertvollste Teil des Tages... Wenn ich in der Gita, im Koran oder das Ramayana lese, dann schweift der Geist ab. Aber wenn ich das Spinnrad drehe oder mit dem Krempelbogen hantiere, bleibt der Geist fixiert.«

Muslim werden möge. Ich bin davon überzeugt, dass Gott dereinst nach dem fragen wird, dass Gott heute schon nach dem fragt, was wir sind, d. h. was wir tun, nicht nach dem Namen, den wir uns beilegen. Bei ihm ist Tun alles, Glauben ohne Tun nichts. Bei ihm ist Tun Glauben und Glauben Tun.

Mahatma Gandhi

Ideale des Lebens

Gandhi hatte höchst wirksame **Ideale**. Sein Grundgedanke dabei war: Wie ich selbst lebe, so wirke ich auch auf andere ein. Sein Ethos ist für ihn nicht nur ein Mittel der Politik, sondern auch ein Weg zur Erlösung.

❖ An erster Stelle ist **Satyagraha** (von »Satya«, d. h. »Wahrheit«, und »Agraha«, d. h. »Festhalten«) zu nennen. Das »Festhalten an der Wahrheit« umfasst sowohl Festigkeit gegenüber Widerstand als auch Verständnis für die Gegner. Gandhi hat sich stets bemüht, diejenigen, gegen die er kämpfen musste, nicht zu verletzen.

❖ Eng damit verwandt ist **Ahimsa** (d. h. »Gewaltlosigkeit«; → S. 77). Diese Idee, die für ihn »höchste Religion« ist, kommt nicht aus Schwäche und Feigheit. Man kann sie nur realisieren, wenn man innerlich stark ist. Sie reicht von der Zivilcourage im Einzelfall bis zum organisierten Widerstand gegen politische Systeme. Gandhi kennt allerdings auch **Grenzen der Gewaltlosigkeit**, wenn er sich dafür ausspricht, Affen zu töten, die die Ernte gefährden, oder einen Amokläufer zu erschießen, bevor er mehr Schaden anrichtet. – Die Wurzeln von Ahimsa hat Gandhi in der Bhagavadgita, im Jainismus und Buddhismus, in der Bergpredigt Jesu und in der Lehre Tolstois gefunden. Keiner vor ihm hat so wie er versucht, diese Idee in die politische Praxis umzusetzen.

❖ In seinem persönlichen Leben wurden zwei alte Tugenden von Neuem aktuell. Sie kommen ursprünglich aus einer individualistischen Asketenethik (→ S. 77), werden aber von ihm in eine politische Dimension gerückt. Sie waren ihm Mittel der Selbstzucht, die er zu leben versuchte, die aber nicht für alle gelten sollten.

❖ **Svadeshi** bedeutet Anspruchslosigkeit in der Lebensführung und Beschränkung auf das Notwendige. Er legte das Gelübde immerwährender Armut ab, weil er von allem Besitzstreben und von aller Gier frei werden wollte. Darum kleidete er sich ganz einfach und trug oft nur einen weißen Lendenschurz (»Dhoti«), den er sich um den Leib band. Jeden Fleisch- und Alkoholkonsum vermied er. Er hat keinerlei Besitz angehäuft und bei seinem Tod nichts hinterlassen.

❖ **Brahmacarya** bedeutet geschlechtliche Enthaltsamkeit. Sie darf nicht äußerliche Unterdrückung der Sinne sein, sondern muss aus einer inneren Einstellung erwachsen, die das Denken befreit und den Dienst für andere ermöglicht. Sie gelingt nur, wenn auch Nahrung, Musik und Lektüre rein sind.

Axiome zur Gewaltfreiheit

Aus einem Artikel Gandhis zum Thema »Die größte Macht« (1935):

(1) Gewaltfreiheit bedeutet Selbstläuterung, so vollkommen und so weitgehend sie nur irgend menschenmöglich ist.

(3) Gewaltlosigkeit ist der Gewalt ausnahmslos überlegen; das heißt, dass die dem Gewalttätigen zur Verfügung stehende Macht in jedem Fall größer ist, als wenn er Gewalt anwenden würde.

(4) Für Gewaltfreiheit gibt es keine Niederlage. Der Gewalt jedoch ist die eigene Niederlage sicher.

Mahatma Gandhi

---

1 **Andere Texte von Gandhi**: sein Bekenntnis zum Hinduismus: → S. 14; Gottesverständnis: → S. 44; die Unberührbaren: → S. 94; Schutz der Kuh: → S. 68; Einstellung zu Jesus: → S. 133; Sarojini Naidu: → S. 84.

2 Sowohl Gandhi wie sein **Mörder Godse** handelten aus religiösen Motiven. Auf welche Traditionen des Hinduismus konnten sich beide beziehen (→ S. 121)?

3 Welche Abschnitte aus der **Bergpredigt Jesu** (Mt 5–7) übten einen dauerhaften Einfluss auf Gandhi aus?

4 Warum kann für Gandhi das **Kreuz Christi** »eine große Wahrheit für die ganze Welt« und ein Höhepunkt der Gewaltfreiheit sein?

5 Diskutieren Sie über **Grenzen der Gewaltlosigkeit**.

6 Wer kann von einem **Buch**, einem **Film** oder einer **Fernsehsendung** über Gandhi berichten?

Herausforderungen in einer globalisierten Welt

1. Indien – Zwischen Tradition und Moderne

Indien ist heute mehr noch als früher ein **Land voller Widersprüche**. Kaum irgendwo sonst tritt der scharfe **Bruch zwischen Tradition und Moderne** so deutlich zutage wie auf dem großen indischen Subkontinent. Das Land lebt noch in Strukturen, die vor Jahrhunderten entstanden sind und ist doch längst in der Neuzeit angekommen. Es befindet sich auf dem Weg vom Schwellenland (»Dritte Welt«) zur globalen politischen und ökonomischen Großmacht.

Ungleichzeitigkeit

Ungleichzeitigkeit meint einen gesellschaftlichen Zustand, in dem zur gleichen Zeit ungleiche Epochen nebeneinander bestehen und sich mit einer Annäherung schwer tun. Dies ist in Indien in einem hohen Maß der Fall.

❖ **Tradition**: Die alten Bindungen der Religion haben weiterhin Bestand und sind vom modernen aufgeklärten Denken noch kaum berührt. Das Kastensystem steht gegen die Demokratie und den sozialen Ausgleich. Das herkömmliche Leben auf dem Land ist noch unterentwickelt. Es fehlen weithin zeitgemäß ausgestattete Schulen, Krankenhäuser, ein ausgebautes Straßennetz, eine hinreichende Stromversorgung und moderne Medien (außer Handys). Esoterik und Geisterglaube sind weit verbreitet.

❖ **Moderne**: Säkularisierungstendenzen mit neuen Denk- und Lebensformen breiten sich aus. In Wissenschaft und Technik gibt es rasante Fortschritte. Indien stellt modernste Informationstechnologien her, ist Nuklearmacht, verfügt über die viertgrößte Armee der Welt und twittert unaufhörlich. »Bollywood« produziert Hindi-Filme, die in alle Welt exportiert werden. In wissenschaftlichen Studios werden Klausuren angemessen korrigiert, die Studenten an amerikanischen Hochschulen verfasst haben. Indische Politiker, Philosophen und Theologen versuchen ständig, den Hinduismus mit den positiven Seiten der Moderne zu versöhnen.

❖ Für die Zukunft des Landes wird es von höchster Bedeutung sein, ob der **Spagat** zwischen religiöser Tradition und modernem Leben gelingt.

Zeitgenossen in unterschiedlichen kulturellen Welten.

❖ Die **größten, kaum lösbaren Probleme Indiens** sind zur Zeit der rasante Bevölkerungszuwachs, Massenarbeitslosigkeit, Gefährdung der Umwelt, Verelendung, Analphabetismus, korrupte Justiz, bestechliche Verwaltung, ein stärker werdender Nationalismus und religiöser Fundamentalismus. Es drohen eine wachsende Orientierungslosigkeit und der Verlust herkömmlicher Werte.

Flagge der Republik Indien

Daten und Zahlen

❖ Indien ist mit über **1,2 Milliarden Einwohnern** nach China das bevölkerungsreichste Land der Erde. Jeder sechste Einwohner unseres Planeten ist demnach Inder. Das Wachstum der Bevölkerung liegt bei 1,5 Prozent jährlich und ist daher immer noch Besorgnis erregend groß. In der Mitte des 21. Jahrhunderts wird Indien sogar China an Einwohnern übertroffen haben. Immer noch sind ca. 550 Millionen Bewohner Analphabeten.

❖ Bis 2009 ist es gelungen, die Kindersterblichkeit drastisch auf 30/1000 zu senken, während sie noch 2000 bei 64/1000 lag. Ein Drittel der Bevölkerung ist jünger als 15 Jahre. Das durchschnittliche Alter der indischen Bevölkerung lag 2006 bei 24 Jahren, während die durchschnittliche Lebenserwartung für Männer 63 Jahre und für Frauen 65 Jahre beträgt. Indien ist somit eines der wenigen Länder der Erde, in denen die Lebenserwartung bei Männern und Frauen fast gleich ist. Indien gehört auch zu den Ländern, in denen es deutlich mehr Männer gibt: auf 1000 Männer kommen 927 Frauen.

❖ Etwa 70% der Bevölkerung lebt **auf dem Lande**, der Rest wohnt in oft unwirtlichen Städten, viele von ihnen in den Slums der **gigantischen Metropolen**. Von den zehn größten Megacitys der Welt stellt Indien nach UN-Angaben mit drei Städten den Hauptanteil: (5) Bombay (Mumbai) mit 19 Millionen; (6) Delhi mit 16 Millionen; (8) Kalkutta mit 15 Millionen. Man schätzt, dass die Einwohnerzahl in diesen Städten bis 2025 auf 26, 22 und 21 Millionen steigt.

Demokratie

❖ Indien ist seit 1947 erstmals in seiner Geschichte ein einheitlicher Staat, der sich über den gesamten Subkontinent erstreckt. Er besteht aus vielen religiösen und ethnischen Gruppierungen, die weder eine einheitliche Sprache sprechen noch auf eine gemeinsame Geschichte zurückblicken. Paradoxerweise verdankt dieser Staat seine Existenz den englischen Kolonialherren, die dafür Sorge trugen, dass mit Indien die **größte Demokratie der Welt** entstand.

❖ Viele Hindus stehen dieser Staatsform eher skeptisch gegenüber, weil sie grundsätzliche Merkmale ihrer Religion nicht oder zu wenig beachtet finden. Die politischen Parteien und die herrschenden Familien tragen mit ihrer Korruption und Inkompetenz dazu bei, das Desinteresse an der Demokratie zu stärken. Der Fundamentalismus (→ S. 120 f) stellt den säkularen Charakter der indischen Demokratie infrage und versucht, eine **Hindu-Theokratie** zu etablieren.

Parade vor dem Präsidentenpalast in Delhi.

Indische Frauen der Gegenwart

Soziale Differenzen

Das **Elend im Land** ist noch unvorstellbar groß. Die Jahrhunderte lange Ausbeutung Indiens durch die Kolonialmächte hat zur Verarmung des Landes geführt. Damals entstand eine kleine reiche Oberschicht, die sich mit den Kolonialherren verbündet hatte. Ihr steht seitdem ein Heer von Armen gegenüber, die mangels Ausbildung keine Arbeit finden. Vor allem hat die starke Industrialisierung das Land ruiniert. Das Pro-Kopf-Einkommen der Bevölkerung ist mit 840 Dollar pro Jahr immer noch unvorstellbar niedrig. Der Hunger ist nicht endgültig besiegt, wenn sich auch die Ernährungssituation in den letzten Jahren deutlich verbessert hat.

Smog, verursacht durch eine indische Fabrik

Amtssprachen

Hindi und Englisch sind Amtssprachen. Doch hat Indien keine einheitliche Sprache, die in allen Bundesstaaten verwendet wird. Es gibt über 100 regionale Sprachen (→ S. 10).

Umweltprobleme

Aus dem Agrarland ist durch den Einfluss des Westens ein Industriestaat geworden. Dieser Prozess hat Indien gewaltige **Umweltprobleme** beschert, bei denen Wasserknappheit und Luftverschmutzung im Vordergrund stehen. In veralteten Fabriken der amerikanischen Union Carbide Corporation konnten 1984 in Bhopal gigantische Mengen giftiger Gase ausströmen, bei denen 8 000 Menschen den Tod fanden und 15 000 in den nächsten Jahren an den Folgen starben. Die Verursacher sind bis heute nicht hinreichend bestraft und die Betroffenen nicht angemessen entschädigt worden. In den Metropolen wie Bombay, Kalkutta oder Madras sind Elendsquartiere entstanden, in denen die ärmlichen Bewohner unter Smog, Gestank, Abgasen, Müll und Verkehrslärm leiden. Aus Geldmangel können die dadurch entstehenden Krankheiten in vielen Fällen nicht behandelt werden. An verschiedenen Orten sind in den letzten Jahren bereits ausgerottet geglaubte Seuchen wie

Islamisches Viertel in Mumbai (Bombay).

100 Cholera und Pest wieder registriert worden. Wirkungsvolle Maßnahmen zum Schutz der Umwelt werden kaum getroffen. Noch 2009 hat sich Indien auf der Klimakonferenz in Kopenhagen geweigert, rechtsverbindlich Zusagen für eine Reduzierung des Treibhausgasausstoßes zu machen, weil es Nachteile für das Wachstum seiner Wirtschaft befürchtet. Das alles geschieht
105 in einem Land, in dem der Hinduismus ein ausgeprägtes Gefühl für die Würde der Natur entwickelt hat (→ S. 59).

Das Problem des Fortschritts in der Geschichte

Swami B. H. Bon Maharaj ist ein indischer Religionsphilosoph.
Zweifellos hat es in der Welt technischen und kulturellen Fortschritt gegeben. Aber der Menschengeist ist nicht edler geworden. Das natürliche menschliche Glücksverlangen hat den wissenschaftlichen Fortschritt dazu benutzt, um mehr Dinge des Vergnügens zu schaffen, einschließlich sinnlicher Vergnügungen, die
5 eine verderbliche Wirkung auf den Geist haben. Es gibt heutzutage weniger Sittlichkeit und Selbstenthaltung als vor, sagen wir, hundert Jahren. Die Gesellschaft bewegt sich im Allgemeinen abwärts, bis ein Übermensch, ein Lehrer, ein Prophet des höchsten Gottes erscheint, um dem Abstieg Einhalt zu tun und die Gesellschaft auf eine höhere Stufe zu heben. Was der Mensch Fortschritt im materiel-
10 len Sinn nennt, ist vielleicht ein rückläufiger Niedergang, fort von Gott zu tiefstem Elend.

Swami B. H. Bon Maharaj (1901–1982)

1 Welche **grundsätzlichen und aktuellen** Probleme entstehen für den Hinduismus in einer demokratischen und industriellen Gesellschaft?

2 Zum **Kastenwesen**: → S. 94 f; zur **Rolle der Frau**: → S. 82.

3 Eine andere Sicht des modernen Indiens zeigt der Text von **Radakrishnan**: → S. 23.

2. Kulturelle Vielfalt

❖ In Indien gab es schon früher keine einheitliche Kultur, weil es im Land immer viele unterschiedliche Religionen, Kasten und Ethnien gab. Erst recht ist Indien heute ein **multikulturelles Land**, weil moderne, säkulare Einflüsse überall das traditionelle Leben beeinflussen und verändern.

❖ Am ehesten haben sich ältere Lebensformen auf dem Land und in der Mittelschicht erhalten, obgleich sich diese auch durch heutige Medien und technische Errungenschaften dauernd verändern. Wenn Hindus auf dem Land z. B. im Fernsehen oder im Kino Szenen aus dem Ramayana oder Mahabharata (→ S. 28 f) sehen, zünden sie jedenfalls noch für die Götter Räucherkerzen an oder verneigen sich in Ehrfurcht, als wären die Schauspieler selbst die göttlichen Gestalten.

Drei Schichten der Kultur

Martin Kämpchen (→ S. 78, 131, 138) *ging nach dem Abitur nach Indien, wo er Deutsch unterrichtete und vergleichende Religionswissenschaften studierte. Er ist als Buchautor, Journalist und Übersetzer tätig und gilt zur Zeit als einer der besten Vermittler zwischen indischer und deutscher Kultur. Er unterscheidet zum Verständnis der indischen Kultur drei Schichten.*

Die Traditionen des Volkes

Da sind zunächst die »kleinen Traditionen« der breiten Menge des armen und schulisch wenig gebildeten Volkes in den Dörfern. Diese Kultur ist an die jeweilige Regionalsprache gebunden, wird von den niederen Kasten bestimmt und orientiert sich an der oft mündlich weitergegebenen Geschichte des Hinduismus, eben an den Mythen und Epen und deren Helden. Ihr Spektrum spannt sich vom Großvater, der abends im Hof vor der Familienhütte seinen Enkeln die Legenden ihrer Religion vermittelt, bis zu Volks- und Puppentheater, Maskenspielen, Moritatensängern auf den Dorfjahrmärkten, Wandersängern mit ihren Rätselliedern, Vorträgen von vorbeiziehenden »heiligen Männern«. Im Wesentlichen schöpft diese Erzähl- und Darstellungskunst aus den großen Epen, dem Mahabharata und dem Ramayana. Ihre Helden – Rama und Sita, Krishna, Arjuna und Yuddhisthira – haben bis heute Vorbildcharakter in gesellschaftlicher wie moralischer Hinsicht. Hinzu kommen Mythen um eher lokale Gottheiten und Helden.

Da diese mythische Literatur nicht kodifiziert ist, assimiliert und kommentiert sie spontan moderne Ereignisse und Probleme. (...) So sah man Indira Gandhi (→ S. 82) als die zehnarmige (also alles könnende) Göttin Durga (Kali: → S. 56 f), das

Lebendige Verbindung von Tradition und Moderne: Experten sind der Meinung, dass die indische »Ursprache« Sanskrit eine große Ähnlichkeit mit Computer-Programmiersprachen aufweist.

Vorstadt von Mumbai (Bombay) mit Wohnkomplexen und Hochhäusern. Man baut nach dem Vorbild von Manhattan, mit Central Park und Golfplatz am Stadtrand.

Machtweib im Hindu-Olymp; und sie selbst nutzte während der Wahlkampagnen diese Projektionen aus. Fundamentalistische Hindu-Politiker haben die Emotionen des gläubigen Volkes manchmal rücksichtslos ausgebeutet. So reiste der Prä-
20 sident einer rechtsextremen Partei vor einigen Jahren auf einem Lastauto, das zu einem Triumphwagen umgebaut war, in der Rolle des Gottes Rama (→ S. 29) durch Nordindien – unter dem frenetischen Applaus von Hunderttausenden. Allerdings dürfen diese Vergegenwärtigungen die alten Archetypen und archetypischen Strukturen nicht sprengen; der Typ muss auf naiv-tatsächliche Art erkennbar blei-
25 ben. Eine verehrte Göttin nackt zu malen, wie es der Künstler Husain gewagt hat, verletzt den Archetyp, ist nicht mehr assimilierbar und erregt die Gemüter.

Die Tradition der Mittelschicht

Die kulturelle Mittelschicht verkörpert die sogenannte **»große Tradition«**, die überregional, der klassischen Kultursprache, dem Sanskrit, verpflichtet und meist von der höchsten Kaste, der Priesterkaste (den Brahmanen), dominiert ist. Auch
30 hier herrschen der Mythos und besonders die beiden klassischen Sanskrit-Epen vor. Von ihnen abgeleitet besteht ein moralischer, ritueller und sozialer Verhaltenskodex, den insbesondere die Brahmanen zu kodifizieren wussten und der vielfach ein Instrument zur Beherrschung der kulturell und wirtschaftlich »niederen« Schicht ist. Das für Indien charakteristische Hierarchie- und Feudaldenken
35 besitzt hier sein Machtzentrum.

Die Tradition der Oberschicht

Die dünne kulturelle Oberschicht verkehrt miteinander auf englisch, weil sie oft keine der Regionalsprachen mehr fließend beherrscht. Sie lebt in den Metropolen, ist westlich erzogen und gestaltet ihr Leben entsprechend; von der restlichen Bevölkerung ist sie kulturell entfremdet. Zum Leben in den Dörfern (wo rund
40 siebzig Prozent der Menschen leben) hat die Oberschicht weder eine praktische noch eine emotionale Beziehung.

Martin Kämpchen (geb. 1948)

1 Suchen Sie **Beispiele** für die verschiedenen Traditionen in Indien.
2 Diskutieren Sie, ob es eine vergleichbare Vielfalt von Traditionen auch **bei uns** gibt.

3. Hindu-Fundamentalismus

❖ Aus Protest gegen die rasante Säkularisierung, Modernisierung und Globalisierung ist ein aggressiver **Hindu-Fundamentalismus** entstanden. Seine Anhänger wollen die alten religiösen Traditionen neu durchsetzen und die Hindu-Gemeinschaft auf Kosten anderer Lebensformen stärken. Gegenüber anderen Religionen und Nationen treten sie militant auf. Sie möchten Christen und Muslime zum Hinduismus rekonvertieren und einen panindischen Hinduismus etablieren, der alle Hindus weltweit vernetzt. Zur Durchsetzung ihrer Ziele setzen sie auch **Gewalt** ein.

❖ Mit dem Hindu-Fundamentalismus entwickelt der Hinduismus, der so starke tolerante Tendenzen kennt, heftige Formen der **Intoleranz**. Er beweist, dass nicht nur monotheistische Religionen zur Gewalt neigen, wie manchmal fälschlich behauptet wird. Der Gedanke der Gewaltlosigkeit, den **Gandhi** so vorbildlich gelehrt und gelebt hat, ist dabei unwirksam geworden. Stattdessen wird sein **Mörder Nathuram Ghoze** (→ S. 112) offen verehrt. Das Land hat schon einen Teil des moralischen Kredits, den Gandhi für Indien erworben hatte, verspielt.

Kampf gegen die Demokratie

Der Hindu-Fundamentalismus strebt mit der Rückbesinnung auf die alten Hindu-Wurzeln eine eindeutige Vormachtstellung des Hinduismus im öffentlichen Leben Indiens an. Wie in alten Zeiten soll die Religion alle Bereiche des Alltags bestimmen. Die meisten Erneuerungsversuche gelten als profane Säkularisierungstendenzen und werden bekämpft. Weil die indische Verfassung die Religionsfreiheit garantiert und keine Religionsgemeinschaft bevorzugt, streben Extremisten ihre Beseitigung an. An die Stelle soll ein Hindu-Staat treten, in dem der Hinduismus **Staatsreligion** ist und allein die alten Gesetze des Hinduismus gelten. Auch die Angehörigen der anderen Religionen sollen ihnen unterworfen sein. Eine **Hindu-Theokratie** soll die moderne Demokratie ablösen, von der man behauptet, sie habe Indien ruiniert.

Ein neuer Nationalismus

❖ Die Besinnung auf die Traditionen des Hinduismus führt auch zu einem Wiedererstarken des indischen **Nationalismus**, der die Einheit und Reinheit der indischen Nation anstrebt. Er lebt aus der Überzeugung von der einzigartigen Heiligkeit des indischen Bodens, auf dem die Götter zuhause sind. Zum heiligen Indien (»Großindien«) gehören in dieser Sicht auch Pakistan mit Kaschmir, Bangladesch, Nepal, Sri Lanka, Bhutan und Teile Burmas.

❖ Die stärkste nationalistische Kraft ist die »**Bharatiya Janata Party**« (**BJP**) (d.h. »Indische Volkspartei«), die sich am rechten Rand der indischen Verfassung bewegt. Sie steht in Verbindung mit hindu-nationalistischen Organisationen. Während der Regierungszeit der BJP (1988–2004) wurde der in Indien lange bestehende Frieden zwischen den Religionen empfindlich gestört.

Fundamentalistische Parolen

❖ Hinduisiert alle Politik und militarisiert das Hindutum.

❖ Der wahre indische Patriot hat zwei Feinde: den Muslim und die säkulare Regierung.

Vinayak Damodar Sarvakar, Gründer der Hindubruderschaft

❖ Muslime sind wie die Shudras, dreckige, beschmutzte Leute. Wenn einer frech wird, dann muss er eben getötet werden.

Uma Bharati, Politikerin der Bharatiya Janata Party (BJP):
Indien braucht eine Diktatur. Ich bin ein großer Bewunderer von Hitler.

Bal Thackeray, Chef der Shiv Sena, einer einflussreichen politischen Organisation

Gewalt gegen Muslime ...

❖ Die jahrhundertealte **Feindschaft zwischen Hindus und Muslimen**, an der beide Seiten bis heute einen hohen Schuldanteil haben (→ S. 134 ff), ist in den letzten Jahrzehnten wiederholt zum Anlass neuer Gewalttätigkeiten geworden.

❖ So haben fanatische Hindu-Fundamentalisten 1992 die berühmte **Babri-Moschee in Ayodhya** (Nordindien) zerstört. Bei den blutigen Unruhen kamen Hunderte von Menschen ums Leben. In einer groß angelegten Kampagne hatte es die »Welt-Hindu-Versammlung« darauf abgesehen, in Ayodhya über dem Geburtsort des Gottes Rama (→ S. 28), auf dem seit Jahrhunderten eine Moschee stand, einen Hindu-Tempel zu errichten. Man gab vor, dass hier schon vor der Moschee ein alter Rama-Tempel gestanden habe – eine Behauptung, die sich archäologisch nicht beweisen lässt. Die Fanatisierung der Massen gelang. Brahmanen und Asketen waren maßgeblich daran beteiligt. Um weitere Ausschreitungen zu verhindern, wurde das Gelände von der Regierung abgeriegelt. Die Fundamentalisten haben ihren Plan zur Errichtung des Tempels bis heute nicht aufgegeben.

❖ Zu gewaltsamen Auseinandersetzungen zwischen Hindus und Muslimen kam es 1995 auch in **Benares** (→ S. 66 f). Am Fest der »Wasserweihe« für den Gott Shiva, bei dem die Hindus Gangeswasser über die Götterbilder gießen, versuchten die Fanatiker eine Moschee, die an einen Shiva-Tempel angrenzt, zu zerstören. Bei den Unruhen gab es an die 60 Verletzte. Die Schreckensbilanz wäre

Die Babri-Moschee in Ayodhya wird 1992 von Hindu-Fundamentalisten gestürmt.

... und Christen?

❖ In den letzten Jahren richtet sich der Hass der Hindu-Fanatiker auch gegen christliche Minderheiten, die vorher harmonisch mit der Hindu-Mehrheit zusammenlebten (→ S. 129).

❖ Im ostindischen Bundesstaat **Orissa** wurde **2008** eine Pogromstimmung gegen Christen erzeugt, als ihnen fälschlich die Ermordung eines fanatischen Hindu-Anführers zu Last gelegt wurde. Nun wurden die Christen plötzlich beschuldigt, aggressive Missionsmethoden gegen die Hindus anzuwenden. Es kam zu blutigen Ausschreitungen, bei denen mindestens 20 Christen, die als Nachkommen der indischen Urbevölkerung (»Adivasi«) keiner Kaste angehören und daher »unrein« sind, brutal ermordet wurden. Frauen wurden vergewaltigt, christliche Kirchen in Brand gesetzt und die Häuser christlicher Bewohner nach der Plünderung zerstört. Hindu-Fundamentalisten setzten sogar Belohnungen für Gewalt gegenüber Christen aus, z. B. 250 Dollar für die Ermordung eines Geistlichen. Als Folge dieser gewaltsamen Übergriffe verließen mehrere zehntausend Christen die Gegend und versteckten sich in Wäldern.

sicher noch höher gewesen, wenn nicht die meisten Hindus und Muslime der Stadt aus religiösen und wirtschaftlichen Gründen die Provokation der Hindu-Fundamentalisten abgelehnt hätten.

Warum Sonderrechte für Muslime ...

Gopal Godse, der greise Bruder des Gandhi-Mörders Nathuram Godse (→ S. 112), engagiert sich seit seiner Jugend in radikalen Gruppen. Im Gegensatz zu vielen seiner Gesinnungsgenossen spricht er offen über Ziele und Ideologie ultrarechter Hindus.

Vor der islamischen Invasion (→ S. 134 ff) waren doch alle Inder Hindus, schon seit 5000 Jahren! Die Geschichte der Moslems beginnt erst mit dem Propheten Mohammed. Warum erkennen die indischen Moslems ihre Hindu-Ahnen nicht an? Man muss den Moslems nur ihren blinden Glauben nehmen, dann werden sie wieder zu wahren Indern. Warum sollten sie auch Sonderrechte wie ein eigenes Familiengesetz oder Quotenreservierung im Staatsdienst genießen? Im Namen des Islam wollen die Araber ein Land nach dem anderen vereinnahmen. Einen Teil von Indien, nämlich Pakistan, haben sie bereits geschluckt! Wir wollen die Teilung rückgängig machen und unseren heiligen Fluss Indus zurückgewinnen.

Alle indischen Moscheen sind anstelle zuvor zerstörter Hindutempel errichtet worden, auch das Taj Mahal (→ S. 135). Sie müssen wieder zu Hindutempeln werden und könnten als Umerziehungsanstalten für Moslems dienen, damit diese lernen, mit Hindus zusammenzuleben.

Reiner Hörig (geb. 1956)

Gegen den Fundamentalismus

Zu Ram Adhar Mall: → S. 23, 75.

Auf keinen Fall darf die frühere Behandlungsweise des Hinduismus durch den Islam als Entschuldigungsgrund oder gar Rechtfertigungsgrund für die Untaten im heutigen Indien angeführt werden. (...) Nach der Unabhängigkeit (Indiens) blühte der Hindu-Nationalismus in seiner religiös-politischen Prägung und brachte den Keim der Zwietracht mit sich. Alle Mittel sind diesen religiös-politisch motivierten Hindu-Organisationen recht.

Was Indien aus dieser Misere retten kann, ist schon in der indischen Verfassung verankert. Es ist nämlich eine säkulare Verfassung, die keine Religion zur Staatsreligion deklariert, keine von ihnen privilegiert und jeder von ihnen die Religionsfreiheit zuerkennt. Gäbe man den Säkularismus auf, so wäre dies gleichbedeutend mit der Aufgabe des Hinduismus an sich, der ja durch die Jahrtausende hindurch für sein Credo: »glauben und glauben lassen« bekannt gewesen ist.

Ram Adhar Mall (geb. 1937)

---

1. Zum Verhältnis von **Hindus zu Muslimen und zu Christen:** → S. 126 ff; ein indischer **Text** von **Arundhati Roy** gegen den Fundamentalismus: → S. 136 f.
2. Was wissen Sie über den Fundamentalismus **in den anderen Weltreligionen**? Wie erklärt es sich, dass der Fundamentalismus gerade in heutiger Zeit an Stärke gewonnen hat?

4. Glück und Heil im Angebot

Seit Jahrzehnten wird dem Hinduismus eine Aufmerksamkeit zuteil, die weit über die Interessen der Indologen, Dichter, Philosophen, Ethnologen und Ökonomen hinausgeht (→ S. 20 f). Er erscheint als eine Religion, die mehr Licht als Dunkel in sich hat, den westlichen Rationalismus kaum kennt und Orientierung in einer Zeit der Unübersichtlichkeit des Lebens bietet. Ein Komplex unterschiedlicher Motive hat zu dieser Einstellung geführt.

❖ Wo das **Christentum** tendenziell an **Bedeutung verliert**, entsteht leicht die Suche nach einer alternativen Religion. Nicht wenige machen sich nach Indien auf. Sie gehen mit Neugier und hohen Erwartungen auf eine Religion zu, die sie mit ihren Lehren und Personen fasziniert.

❖ **Verlockung** des **Fremden** und die **Lust am Abenteuer** spielen eine große Rolle. Reiseberichte, Features in den Medien, Filme, Artikel in den Illustrierten und Werbung haben daran einen nicht geringen Anteil.

❖ Viele Zeitgenossen, vor allem junge Leute, üben sich zuhause und bei Aufenthalten in Indien in neue **Praktiken** ein, die alte indische Namen tragen und vielfach angeboten werden.

Yoga

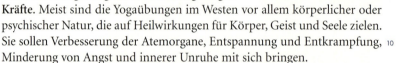

❖ Seit einigen Jahren sind es wohl Hunderttausende, die regelmäßig **Yoga-Übungen** machen. Unter ihnen sind Wirtschaftsleute, Politiker, Künstler und Lehrer. Sie erwarten davon eine Verminderung ihres alltäglichen Stresses, **Erneuerung ihres Wohlbefindens sowie eine Steigerung der vitalen und geistigen Kräfte**. Meist sind die Yogaübungen im Westen vor allem körperlicher oder psychischer Natur, die auf Heilwirkungen für Körper, Geist und Seele zielen. Sie sollen Verbesserung der Atemorgane, Entspannung und Entkrampfung, Minderung von Angst und innerer Unruhe mit sich bringen.

❖ Damit ist Yoga hierzulande zu einer bloßen Entspannungstechnik geworden, die sich weit **von den religiösen Fundamenten des Hinduismus gelöst** hat. Wer nicht an Samsara, Karma und Moksha glaubt und seinen Körper nicht nur als eine vorübergehende flüchtige Erscheinung ansieht, wer nicht ständig meditiert, dem muss Yoga letztlich fremd bleiben. In Indien ist Yoga ein Weg zur Erlösung aus dem Kreislauf der Geburten. Bei uns ist Yoga ein Weg zu Selbsterfahrung, Gesundheit und Leistungssteigerung.

Ayurveda

❖ Das **Ayurveda** (d. h. »Wissen vom Leben«) ist seit der vedischen Zeit (→ S. 24 f) bei den Hindus das System des Heilens. Man schätzt sein Alter auf 3000–4500 Jahre. Es ist damit die älteste überlieferte Gesundheitslehre, die sich auf Erfahrungen stützt, aber zugleich auch eine Philosophie und Weltanschauung ist. Im ältesten medizinischen Werk Indiens werden die Krankheiten noch auf Sünden zurückgeführt, später suchte man andere Erklärungen. Seine **Grundregel** lautet:

Was immer wir selbst tun können, um unsere eigene Gesundheit zu stärken, wirkt besser als das, was andere für uns tun.

❖ Die Kenntnis des Ayurveda war Jahrhunderte lang verloren. Heute bestreitet Ayurveda den Hauptteil des indischen Gesundheitssystem. Im Zentrum steht die Analyse der Beziehungen zwischen dem **Makrokosmos** des Universums und dem **Mikrokosmos** des menschlichen Leibes. Beide bestehen aus den **fünf Elementen** Erde, Luft, Feuer, Wasser und Äther. Um die Harmonie dieser den Körper beeinflussenden Kräfte/Energien herzustellen, bestimmt der Arzt das Verhältnis der Energien zueinander. Er wendet Methoden an, die Heilung des gestörten Verhältnisses der Elemente versprechen, z. B. richtige Ernährung für den Einzelnen, Medikamente, Fasten, Bäder, Operationen, Ölmassagen, Atemübungen, Farb- und Musiktherapie.

❖ Ayurveda weckt auch das **Interesse vieler Europäer** und hat heute auch in **Deutschland**

---

1 Zum **indischen Verständnis** von Yoga: → S. 33. Was können Sie von der Yogapraxis in **Deutschland** in Erfahrung bringen?
2 Zum **Tantrismus**: → S. 72.

Die Beatles besuchten 1968 mit ihren Frauen den Guru Maharishi (→ S. 124) in Indien.

hohe Konjunktur. In den letzten Jahren sind viele Ayurveda-Hotels entstanden, die mit angeblich authentischem Ayurveda Heilung, Reinigung, Wellness und sogar Verjüngung versprechen. Unzählige Ayurveda-Präparate werden werbewirksam angepriesen. Doch sind auf diesem Gebiet viele **Kurpfuscher** tätig, die nicht über die indischen Erfahrungen verfügen.

❖ Ein **Erfolg** ayurvedischer Methoden hängt wohl stark vom Glauben an diese Medizin ab. Er ist bislang **wissenschaftlich nicht bewiesen**. Die verschiedenen Methoden helfen nachweisbar weder bei körperlichen Krankheiten wie Diabetes oder Hepatitis, noch bei psychosomatischen Erkrankungen wie Migräne, Neuralgien oder Magenschleimhautentzündungen. Auch sollte man nicht auf ayurvedische Präparate gegen Krebs und Aids vertrauen.

Öl, Seifen und Massagen

Die Kasse klingelt. Schön, was man alles kaufen kann: Zum Beispiel eine Musik-CD namens »Ayurveda Buddha Lounge«, die helfen soll, »den Energiefluss wiederherzustellen« – für 16,99 Euro. Oder eine Kosmetikserie namens »New Veda«, in »dunkelviolettem Spezialglas«, durch das »die Produkte energetisch aufgeladen werden«. 200 Milliliter Massageöl kosten 36 Euro. Natürlich gibt es auch »Ayurveda-Räucherstäbchen«, »Ayurveda-Seife« und »Brasilianisch-Indische Ayurvedamassagen«. So groß ist die Vielfalt des Verführerischen, dass der Entspannungshungrige kaum weiß, wohin mit seinem Geld. Nur eines lässt sich schwerlich entdecken zwischen all den Angeboten der Wohlfühlindustrie: der authentische Ayurveda als »Wissenschaft vom Leben«, die Gesundheitslehre, die in Asien seit mehr als 2000 Jahren tradiert wird.

aus: Der Stern – Aktuelles Wochenmagazin

Hippies

In den sechziger Jahren entstand in den USA die **Hippie-Bewegung** (von engl. »hip«, d.h. »angesagt«), die bald auch in Europa zahlreiche jugendliche Anhänger fand. Sie lehnte sich gegen das Wohlstandsdenken, die Unbeweglichkeit und die Moral des Bürgertums auf. Ihr Motto »**Make love, not war**« – ursprünglich gegen den Vietnamkrieg – und ihre Idee von »**Flower-Power**« waren bald in aller Welt bekannt. Bei den »Blumenkindern« standen freie Liebe, Drogen und die Sehnsucht nach Ostasien hoch im Kurs. Oft waren sie langhaarig, trugen Jesuslatschen und Batikkleider. Von bürgerlicher Seite wurden sie als Aussteiger, Chaoten und Drückeberger kritisiert.

❖ Die »**Hippies**« machten sich scharenweise nach **Indien** auf, um in einer anderen Welt sich selbst zu suchen und ein heiteres und sinnerfülltes Leben zu führen. Niedrige Preise und billige Drogen lockten sie an. Sie suchten Liebe statt Gewalt, Frieden statt Krieg, Glück statt Arbeit. Oft gingen sie in einen »**Ashram**«, wo sie von einem indischen »**Guru**« ihr »**Mantra**« erhielten. Sie hofften, dort etwas über ihren Lebenssinn zu erfahren und wahre Gemeinschaft zu finden. Diese schwärmerischen Erwartungen ließen sich schon deshalb kaum erfüllen, weil die Begeisterten die Sprache des Landes nicht verstanden und keinen soliden Zugang zur Religion, Geschichte und Kultur Indiens hatten.

❖ In den siebziger Jahren wurde die Kultur der Hippies von neuen Jugendströmungen abgelöst.

Guru-Tourismus

Seit längerem gibt es auch einen intensiven Guru-Tourismus. Indische Mönche mit exotischem Aussehen und fremdartigen Namen (Yogananda, Muktananda, Thakar Singh u. a.) kommen nach Europa, um hier den Hinduismus bekannt zu machen, aber auch um viel Geld zu verdienen. Umgekehrt gehen europäische Sinnsucher nach Indien, um bei einem Guru (→ S. 70) zu lernen und zu bezahlen. In Indien ist die Einstellung zu solchen Tourismus-Gurus kontrovers. Manche Hindus sehen in ihnen Künder der ewigen Wahrheit, andere halten sie für üble Geschäftemacher, die den Hinduismus verfälschen. Man dürfe sie nicht einmal Gurus nennen, da die richtigen Gurus die Meister sind, die ihre Schüler durch heilige Lebensführung und tiefe Kenntnis der religiösen Tradition in den Hinduismus einführen.

Hare Krishna, Hare Krishna, Krishna, Krishna, Har

5. Hindus in Deutschland

> ❖ Seitdem **Vivekananda** (→ S. 110) im Hinduismus die universale Religion gesehen und einen eigenen Missionsorden gegründet hat, sind Missionare in Europa und in den USA tätig, die für den Hinduismus begeisterte Konvertiten gewinnen.
>
> ❖ Heute (2011) leben mehr als **90 000 Hindus** bei uns, die mehrheitlich zur Arbeit und zum Studium gekommen sind. Sie haben schon **Tempel** in **Hamm-Uentrop** für die Göttin Kamakshi (1997) und in **Hannover** (2009) gebaut. Ein Tempel in **Berlin**, in dem Ganesha verehrt werden soll, ist im Bau. Hier und an anderen Orten finden jährlich prunkvolle und bunte **Feste** (→ S. 62 f) statt, zu denen auch Nichthindus gern eingeladen werden.
>
> ❖ Es ist zu erwarten, dass die **Integration der Hindus gut gelingt**, dass aber der Hinduismus in Deutschland ein **anderes Profil** gewinnt, als er in Indien hat.

Sehnsucht nach einem gelungenen Leben

❖ Bei uns gibt es **Hindu-Gruppierungen**, die mit einigem Aufwand auf sich aufmerksam machen und Mitglieder durch Mission anwerben. In ihnen verbinden die Gurus indische Spiritualität mit westlicher Sehnsucht nach Glück, Selbstverwirklichung und neuem Bewusstsein. Auch bieten sie ein verständliches einfaches Weltbild, das für die attraktiv ist, die sich in unserer hochkomplexen Welt nicht zurechtfinden. **Psychologen** führen die Nachfrage auf den bei uns verbreiteten Werteverfall, auf die abnehmende Ausstrahlung der Kirchen, die pluralistische Unübersichtlichkeit und die daraus resultierende Orientierungslosigkeit zurück. Darum suchen vor allem junge Leute nach neuen Wegen. Oftmals geraten die neuen Mitglieder dieser Organisationen in psychische und finanzielle Abhängigkeit, aus der sie sich nur schwer befreien können.

Transzendentale Meditation

❖ Eine der erfolgreichsten Guru-Bewegungen weltweit ist die »**Transzendentale Meditation**« (Abk.: TM), die sich seit 2000 auch »Globales Land des Friedens« nennt. Ihr Gründer **Maharishi Mahesh Yogi** (1918–2008; → S. 123, Bild) wurde nach Angaben der Bewegung in der Kaste der Vaishyas geboren. Er gibt an, in einem Himalayakloster Erkenntnisse aus dem Hinduismus und Buddhismus gewonnen zu haben, aus denen er 1958 die Prinzipien der Transzendentalen Meditation entwickelte. 1959 reiste er in die USA, wo er zum ersten Mal TM lehrte.

❖ Nach Absolvierung eines Einführungskurses wird jedem Anhänger mit auffälliger Geheimnistuerei ein eigenes **Mantra** ins Ohr geflüstert, das er nie verraten darf. Sanskritworte wie »aim« oder »shrim«, deren Bedeutung nicht erkennbar ist, sollen ständig wiederholt werden und so zur individuellen Selbstfindung helfen. In der Meditation lernt man, das rationale Denken zu »transzendieren«, dabei zu einer völligen Entspannung zu kommen und das eigene Bewusstsein zu erfahren. Fortgeschrittenen wird in Aussicht gestellt, über der Erde zu schweben (»Yogisches Fliegen«). Der »**Maharishi-Effekt**«, d. h. die Erleuchtung der ganzen Welt, durch die negative Zeiterscheinungen wie Krieg und Krankheit beendet und positive Trends in Politik und Wirtschaft bewirkt werden, tritt dann ein, wenn wenigstens ein Prozent der Weltbevölkerung TM praktiziert. Dann wird es eine ideale Weltgesellschaft geben.

❖ Die Bewegung selbst versteht sich als »**Wissenschaft der kreativen Intelligenz**«, die höhere Bewusstseinszustände und gesteigerte Lebensmöglichkeiten verspricht. Für die Aufnahme gibt es keine Grenzen, wenn nur die hohen **Kursgebühren** bezahlt werden. Weitere Einnahmequellen der TM sind eine »Sparkasse der Erleuchtung«, ein »Versandhaus des Zeitalters der Erleuchtung«, Laden- und Restaurantketten sowie Geschäfte im Gesundheits-, Ernährungs- und Homöopathiebereich. Durch diese Einnahmequellen ist TM ein **lukratives Wirtschaftsunternehmen** geworden.

❖ TM hat mehrfach nachdrücklich versucht, die Regierungen dazu zu bringen, sich von ihr beraten zu lassen. Die Bundesregierung wurde sogar 1979 von TM wegen fahrlässiger Tötung und Körperverletzung verklagt, weil sie den Maharishi-Effekt systematisch verhindere. Alle Klagen wurden abgewiesen. Heute soll TM weltweit mehrere Millionen Anhänger haben. Unbekannt ist die Zahl, die TM wegen ihrer Praktiken und uneingelösten Versprechungen wieder verlassen haben.

Hare-Krishna-Bewegung

❖ Einen gewissen Bekanntheitsgrad haben die Anhänger der »**International Society for Krishna Consciousness**« (Abk.: ISKCON; Internationale Gesellschaft für Krishna-Bewusstsein) erlangt, die sich mit kahlgeschorenem Kopf in ihren safrangelben Gewändern auf den Straßen unserer Städte zeigen und stundenlang mit ekstatischen Bewegungen tanzen, trommeln und ihr **Mahamantra** (d. h. »großes Mantra«)

Anhänger der Hare-Krishna-Bewegung in Berlin

Herausforderungen in einer globalisierten Welt

Hare, Hare Rama, Hare Rama, Rama Rama, Hare Hare.

Das Mahamantra

»chanten«. Auf ihrer Stirn tragen sie das wie ein großes U aussehende Vishnu-Zeichen, weil sie in **Vishnu** den Gott verehren, der als **Krishna** auf die Erde gekommen ist (→ S. 50, 54). Jedes Jahr führen sie ihren traditionellen Wagenumzug durch die Innenstädte wie Köln, Berlin u. a. durch. So wollen sie das Krishna-Bewusstsein fördern, das von der Unzufriedenheit mit der westlichen Zivilisation befreit, innere Ruhe gibt, das Selbstbewusstsein stärkt und in Harmonie mit der Natur bringt.

❖ Aufgabe der ISKCON ist es, die religiösen **Offenbarungen Krishnas** hierzulande bekannt zu machen und Anhänger für ihre Gruppe zu gewinnen. Die neu gewonnenen Mitglieder erhalten nach einjähriger Probezeit das safrangelbe Gewand und einen indischen Namen. Zuvor haben sie gelobt, die 4 Prinzipien des religiösen Lebens zu befolgen: 1) kein Fleisch und Fisch, keine Wurst oder Eier; 2) keinerlei Drogen, Alkohol oder Zigaretten; 3) keine unerlaubte Sexualität (außer in der Ehe); 4) keinerlei Glücksspiel. Sie leben in der Gemeinschaft des Ordens. Auch in ihrem **Gottesdienst** ertönt ununterbrochen das Krishna-Mantra. Dazu tanzen die Gottesbrüder und -schwestern auf nackten Füßen, bewegen sich anmutig zum Rhythmus der Trommel, führen Weihrauch an ihre Nase und legen Hände und Stirn auf den Boden. Sie fühlen sich von **Bhakti** (→ S. 43) erfüllt.

❖ Der Begründer des Ordens ist **Bhaktivedanta Svami Prabhupada** (1896–1977), der in Kalkutta in einer Brahmanenfamilie zur Welt kam. Er wurde 1933 von seinem Guru mit der Missionierung der westlichen Welt beauftragt. 1959 legte er das Gelübde eines Asketen (»Sannyasin«) ab. Mit nur sieben Dollar kam er 1965 in die USA, wo er zwölf Jahre später bei seinem Tod spirituelle Yogazentren, Farmkommunen, vegetarische Restaurants hinterließ. Zum Zweck der Mission gründete er dort die ISKCON, die kurz darauf auch in Europa tätig wurde. Ihr Weltzentrum befindet sich heute in Indien. Nach seinem Tod verstrickten sich die Nachfolge-Gurus in viele Skandale.

❖ Der **Erfolg** der Hare-Krishna-Gruppe in Deutschland ist **bescheiden**. Die Anhänger machen in großem Umfang **Geschäfte** mit Parfüm, Räucherwerk, Devotionalien, Bücher, CD´s. Sie betreiben auch Diätkost-Farmen und Reformhäuser und verkaufen die vielen Bücher ihres Gründers.

Bhagwan-Bewegung

❖ Die »**Bhagwan-Bewegung**« hat ihren Namen von **Bhagwan Shri Rajneesh** (1931–1990), einem Guru aus Madhya Pradesh in Zentral-Indien. Er gründete 1974 in Poona einen Ashram. Sich selbst sah er in der Rolle des Buddha und in der Nachfolge Jesu, lehnte aber die tradierten Religionen mit ihren asketischen Idealen ab. Von seinen Anhängern ließ er sich »**Bhagwan**« (d. h. der »Erhabene«) nennen, ein Titel, der eigentlich nur dem Buddha zukommt. 1981 gründete er in Oregon/USA die »**Religion des Rajneeshismus**«. Diese spirituelle Kommune wurde schon 1985 wieder aufgelöst, nachdem das Projekt katastrophal gescheitert war, weil es exzessiven Sex praktizierte und nur noch an Profit für seinen betrügerischen Gründer interessiert war. Ab 1989 wollte er nur noch »**Osho**« – das japanische Wort für einen buddhistischen Priester – genannt werden. Wegen Steuerhinterziehung wurde er gerichtlich verurteilt und aus den USA ausgewiesen. Seit 1986 lebte er wieder im indischen Poona, wo der Orden nach seinem Tod sein Zentrum hat.

❖ Die **Mitglieder** tragen ein rot/orangefarbenes Gewand. Sie streben Selbstverwirklichung und ein neues Bewusstsein an. Die stark **synkretistische Lehre** Bhagwans enthält Elemente des Hinduismus, Tantrismus und Buddhismus, des Taoismus und Zen, der Esoterik, Mystik und Magie und der westlichen Psychotherapie. Der Gründer der Bewegung war bemüht, Genuss und Erleuchtung miteinander zu verbinden. Seine Anhänger sollen die Erfahrungen des »kosmischen Sex« machen und »**Erlösung durch Genuss**« finden. Die damit verbundenen Erwartungen machten Bhagwan anfänglich zu einem Anziehungspunkt für viele junge Leute (»Hippies«: → S. 123) auch aus Deutschland. Sie hofften durch Bedürfnisbefriedigung, Meditation und Gemeinschaft eine neue Harmonie des Lebens zu finden.

❖ Auch Bhagwan hat inzwischen ein beträchtliches **Vermögen** angesammelt. Viele Firmen, Restaurants und Diskotheken sind im Besitz des Ordens.

Sonntags werden neue Jünger der Bhagwan-Bewegung gesegnet und erhalten ihre Kette Mala und einen neuen Namen.

1. Was kann **(junge) Leute** veranlassen, sich einer Gruppe/Bewegung anzuschließen, die indische Religiosität/Harmonie/Gemeinschaft propagiert?
2. Was halten Sie von den **Versprechen, Erwartungen und Einnahmen** der verschiedenen Gruppen?
3. Indische **Hindus** machen den im Westen tätigen Hindu-Gruppen oft den **Vorwurf**, sie würden dem Hinduismus eher schaden als nützen. Was halten Sie von diesem Urteil?

Hinduismus – Christentum – Islam

1. Das Christentum in Indien

Der Kreuz der Thomaschristen

Die Thomaschristen
Nach einer alten Überlieferung kam der **Apostel Thomas** im Jahr 54 nach Indien und gründete in Madras die erste Christengemeinde. Heute leben in Malabar etwa 300 000 Thomas-Christen, die dem syrischen Ritus der mit Rom unierten Kirche angehören.

Erste systematische Missionsversuche
Die erste historisch gesicherte Begegnung zwischen Christentum und Hinduismus erfolgte 1498, als der Portugiese **Vasco da Gama** den Seeweg von Europa nach Indien entdeckte und dort landete. In seinem Gefolge kamen seit 1510 zahlreiche Missionare ins Land, die eine Christianisierung Indiens anstrebten. Sie waren voll Glaubenseifer und zugleich voll Abenteuerlust. In ihren Methoden waren sie nach unseren heutigen Maßstäben nicht wählerisch. Es kam nicht selten vor, dass sie Hindu-Tempel zerstörten und den Besitz von Hindus konfiszierten. Konvertiten wurden erhebliche Vorteile eingeräumt. Der Hinduismus mit seinen Göttern, Sitten und Kasten galt vielen von ihnen als finsteres Heidentum. Das Studium der heiligen indischen Schriften und Bräuche war Christen verboten.

Jesuiten in Indien

❖ Wichtige Änderungen in der Missionsarbeit wurden von einigen Jesuiten angebahnt. Im Jahr 1542 kam **Franz Xaver** (1506–1552), ein Mitbegründer des Jesuitenordens, nach Indien. Er war ein dynamischer Mann, der das Land erkundete, die fremde Sprache lernte und die Riten und Zeremonien der Hindus studierte. Rastlos durcheilte er weite Gebiete Indiens. Er begab sich in arme Fischerdörfer, wo er manchmal mit einer kleinen Glocke am Meeresstrand bimmelte, um die Bewohner auf sich aufmerksam zu machen. Dann sprach er sie mit einer auswendig gelernten Predigt recht und schlecht in ihrer Sprache an. Tausende Inder wurden von ihm getauft, so dass ihm oft abends der Arm vom Spenden des Sakraments weh tat. Die Einheimischen waren meist nach kurzer Belehrung zum Empfang der Taufe bereit, weil ihnen eine gute Botschaft und ein paar kleine Vorteile in Aussicht gestellt wurden. Oft sprach Franz Xaver auch Aussätzige an, die im Land sonst keine Rechte hatten. Mit ihm kam eine soziale Komponente in die Mission.

Missionstaumel
Manfred Barthel, Schriftsteller, Drehbuchautor und Kritiker, schreibt in seinem Buch »Die Jesuiten«:

König Johann III. von Portugal hielt die Briefe von Pater **Franz Xaver** aus Indien für so wichtig, dass er sie von allen Kanzeln seines Landes verlesen ließ. In einem zur Veröffentlichung freigegebenen Xaver-Brief vom Januar 1545 schildert er die Missionsarbeit in Indien: »Ich kann berichten, dass ich im Königreich Travancor (…) in einem einzigen Monat mehr als zehntausend Männer, Frauen und Kinder taufte (…) Ich zog von Dorf zu Dorf und machte Christen. In jedem Ort ließ ich eine Abschrift unserer Gebote und Gebete in ihrer Sprache zurück.«

❖ Das Christentum kann in Indien auf eine **lange Geschichte** zurückblicken. Die ersten Spuren sollen bis ins 1. Jahrhundert zurückreichen.

❖ Heute (2011) leben ca. **29 Millionen Christen** im Land, das sind 2,4 % der Gesamtbevölkerung. Davon sind etwa 20 Millionen **Katholiken**, die hauptsächlich in der ehemaligen portugiesischen Kolonie Goa an der Westküste wohnen. Sie unterhalten mehr als 700 Krankenhäuser und viele Schulen im Land.

❖ Unter den übrigen Christen überwiegen **Protestanten** und **Anglikaner**. Immer noch gibt es unter den verschiedenen christlichen Gruppen in Indien **Streitigkeiten**.

❖ Seit den neunziger Jahren des vorigen Jahrhunderts leiden die Christen im Land unter **Diskriminierung und Verfolgung** durch einen stärker werdenden indischen **Fundamentalismus** (→ S. 120).

---

1 Welche **Höhen und Tiefen** kann man in der christlich-indischen Geschichte erkennen? (→ S. 16–18)

2 Entwerfen Sie ein Lebensbild von **Franz Xaver** oder **Roberto de Nobili**.

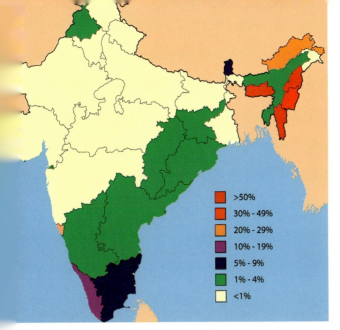

Ausbreitung des Christentums in Indien.

Kein Wort von Strapazen, Todesgefahren, Seuchen. Die Verbreitung des Christentums liest sich wie der Erfolgsbericht eines Handelsvertreters, der eine begehrte Ware zu offerieren hat. Diese Berichte entfachten einen Missionstaumel unter der Jugend Europas. Niemand wollte mehr studieren; »auf den Knien liegend und heiße Tränen vergießend«, drängte die Jugend als Missionare nach Indien.

Manfred Barthel (1924–2007)

❖ Noch wichtiger wurden die Versuche seines Ordensbruders **Roberto de Nobili** (1577–1656), der 1605 nach Indien kam. Er war wahrscheinlich der erste Europäer, der Sanskrit beherrschte. Die heiligen Schriften Indiens las er in der Originalsprache und wurde rasch zu einem der besten Kenner der indischen Religion. Mit der Zeit fühlte er sich selbst wie ein Brahmane. Er kleidete sich in orangefarbene Gewänder, heftete sich das Brahmanenzeichen auf die Stirn, lebte vegetarisch und schor sich das Haar. Wenn er einem Kastenlosen die Kommunion reichte, achtete er darauf, ihn nicht zu berühren, weil er wusste, dass er sich sonst alle Sympathien selbst der getauften Brahmanen verscherzt hätte. Dennoch gründete er auch eine Gemeinde für Kastenlose. Er war davon überzeugt, dass es bei den Hindus wahre Gottesverehrung gebe und das Christentum viele Bräuche der Hindus übernehmen könne, ohne seine eigene Identität zu verlieren (»**Inkulturation**«). Seine Methode der »**Akkomodation**«, d. h. der Anpassung des Christentums an die indischen Landessitten, war zugleich taktisch bestimmt. Er wollte damit Hindus für die Kirche gewinnen. Bei vielen gebildeten Indern fand er Anerkennung. So kam es zu einer fruchtbaren Begegnung, die eine gute Entwicklung für die Zukunft versprach.

❖ Doch wurden seine Experimente von anderen Orden beim Papst in Rom verdächtigt und diffamiert. Man unterstellte ihm, christliche Essentials preiszugeben. Es entstand eine lange, grundsätzliche Auseinandersetzung (»**Ritenstreit**«) um den richtigen Weg der Mission, an dessen Ende 1744 die Methode der Jesuiten von Papst Benedikt XIV. verboten wurde. Seitdem war nur noch eine Missionsarbeit erlaubt, die in Sprache, Lehre und Brauchtum ganz auf römischen bzw. europäischen Vorstellungen fußte.

Protestantische Indienmission

❖ 1706 begann die protestantische Indienmission (→ S. 21). Als die britische Krone 1858 die Oberhoheit in Indien übernahm, kamen viele englische Missionare ins Land. Sie übersetzten die Bibel ins Sanskrit, auch um die Hindulehren besser zu verstehen. Zuerst wandten sie sich an die Brahmanen, weil sie hofften, die anderen Hindus dann gewinnen zu können, wenn ihre Priester und Gelehrten christlich geworden seien. Aber sie mussten feststellen, dass die Brahmanen in Diskussionen oft den Christen überlegen waren. Allmählich kamen sie zu der Überzeugung, der Hinduismus sei eine eher primitive und inhumane Religion. Ihr Überlegenheitsgefühl stieß viele Inder ab. Von vielen wurden sie als Komplizen der Kolonialherren angesehen.

❖ Die **Verflechtung von Mission und Kolonialherrschaft** hat dem Christentum sehr geschadet. Zu einem Glaubwürdigkeitsverlust des Christentums führte auch **die Konkurrenz der verschiedenen christlichen Konfessionen**, die sich im Land gegenseitig befehdeten.

Erfolge bei den Kastenlosen

Die katholischen und protestantischen Missionare hatten seit der Mitte des 19. Jahrhunderts bedeutende Erfolge bei den Kastenlosen, die in großer Zahl zum Christentum übertraten, weil sie sich hier schon für dieses Leben eine Verbesserung ihrer Situation erhofften. Allerdings haben die Konversionen das Leben der Kastenlosen oft kaum verändert, da auch viele sonstige indische Christen in schlechten sozialen Verhältnissen lebten. Der Kontakt mit den Kastenlosen machte das Christentum für die Kastenhindus suspekt.

Grenzen des Verstehens

Raimundo Pannikar (→ S. 105), Sohn eines indischen Vaters und einer spanischen Mutter, befasste sich viele Jahre als Christ mit dem interreligiösen Dialog. In Indien setzte er sich engagiert für ein besseres Verständnis zwischen Christen und Hindus ein. Er kam dabei zu einem bemerkenswerten Ergebnis:

Ein Christ wird den Hinduismus nie »verstehen«, wenn er nicht zum Hinduismus bekehrt ist. Und nie wird ein Hindu das Christentum begreifen, außer er werde ein Christ. Welche der beiden Religionen ist imstande eine solche Umarmung auszuhalten?

Raimundo Pannikar (geb. 1918)

Geringe Ausstrahlungskraft

Dass das Christentum trotz jahrhundertelanger Bemühungen in Indien wenig Ausstrahlungskraft entwickelt hat, liegt vor allem an der **Vitalität des Hinduismus** selbst. Er hat sich schon immer anderen Religionen gegenüber als höchst lebensfähig erwiesen. Weder der Buddhismus noch der Islam konnten ihm sonderlich gefährlich werden. Das musste auch das Christentum erfahren. Dafür gibt es mehrere Gründe.

❖ Die **Anpassungsfähigkeit** des Hinduismus ermöglicht es, wesentliche Momente des Christentums zu integrieren und zu »hinduisieren« (→ S. 15).

❖ Auch seine **Vielfalt** spielt eine Rolle, die von magischen Praktiken über eine bunte Volksfrömmigkeit und einen lebendigen Gottesglauben bis zur tiefsinnigen Mystik reicht. Sie hat für jeden etwas. Da kann das Christentum wenig Neues aufbieten.

❖ Am wichtigsten sind wohl die **sozialen Folgen** einer Zuwendung zum Christentum. Ein Hindu, der Christ wird, verlässt alles, was ihm bisher Lebensinhalt war. Er wird aus seiner Kaste verstoßen und gesellschaftlich und religiös den Unberührbaren gleichgestellt.

Hindu-Fundamentalisten gegen Christen

❖ Die Annäherungen zwischen Hindus und Christen werden heute durch einen neuen Hindu-Fundamentalismus empfindlich gestört, der sich propagandistisch und praktisch gegen die Christen in Indien wendet und dabei vor Gewalt nicht zurückschreckt. Ein besonders krasses Beispiel dafür sind die Ausschreitungen in **Orissa** im Jahr 2008 (→ S. 121).

❖ Trotz weltweiter Proteste geht die Verfolgung von Christen seitdem weiter. Ständig wächst die Zahl der **Übergriffe**:

• Oft werden Priester und Lehrer katholischer Schulen ermordet.

• Katholische Schulen werden gestürmt, ihre Kassen geraubt.

• Mehr als hundert Kirchen und tausende Häuser wurden niedergebrannt oder verwüstet.

• Zahlreiche Bibeln wurden verbrannt und christliche Friedhöfe besetzt.

• Seit Jahren werden immer wieder Nonnen vergewaltigt und ermordet.

• In manchen indischen Bundesstaaten werden Christen schon verhaftet, wenn sie in ihren Häusern beten oder religiöse Schriften verteilen.

❖ Das Recht, frei in einer Religion eigener Wahl leben zu dürfen, ist in der **indischen Verfassung** festgeschrieben, wird aber im Alltag von Hindu-Fundamentalisten Christen gegenüber oft verletzt. Die **Religionsfreiheit der Christen** wird vielfach blockiert und ihre Diskriminierung von den Behörden zumindest da toleriert, wo die **Bharatiya Janata Party** (BJP: → S. 120) politischen Einfluss hat.

Das Innere der Kirche der Thomaschristen in Kottayam.

Nicht allein religiöse Gründe

Manchmal geht es bei den Übergriffen gegen Christen nicht oder nicht allein um die Religion. Wohl wird die Religion oft instrumentalisiert, um die Aggressionen gegen die christliche **Minderheit** zu begründen. Nicht selten kommen die Attacken aus **Rache** dafür, dass Christen gute Geschäfte verhinderten, weil sie gegen soziale Ungerechtigkeit demonstrierten oder sich schützend vor Kastenlose stellten. Andere Motive sind Sicherung der politischen **Macht** oder wirtschaftlicher **Neid**.

Zerstörte Kirche in Indien.

2. Im Gespräch mit dem Hinduismus

❖ Christen erkennen heute vorbehaltlos an, dass der Hinduismus einen beeindruckenden **spirituellen Reichtum** und ein starkes **geistiges Profil** aufweist. Die reichen Gotteserfahrungen, die vielen Wege der Gotteserkenntnis und die tiefsinnigen Erlösungslehren, die Anregungen zu Gebet und Meditation, die Ideen der Gewaltlosigkeit und Toleranz gehören zu den bedeutsamsten religiösen Zeugnissen der Menschheit. Von der Ehrfurcht der Hindus vor Natur und Kosmos können Christen nur lernen. Die großen Gestalten des Hinduismus, darunter Heilige und Mystiker, Asketen und Philosophen, haben eine Ausstrahlungskraft bis in die Mitte des Christentums.

❖ **Christliche Theologen in Indien** bemühen sich seit einiger Zeit, diesen Reichtum in ihre Theologie einzubeziehen. Verstärkt ist das Bemühen zu beobachten, sich nicht nur an der indischen Hochkultur, sondern auch an dem religiösen Leben der Armen und Unberührbaren zu orientieren.

Die Auffassung von Welt und Mensch

❖ Die Lehre vom **Kreislauf der Welten** (»Samsara«), von der **Wiederkehr der Geschichte** (→ S. 34f) und der **Wiedergeburt der Menschen** ist für den Hinduismus fundamental. Christen glauben dagegen, dass Welt und Mensch die einmalige Schöpfung Gottes sind und darum von ihrem Ursprung her gut sind. Auch die Geschichte und das Leben des Einzelnen sind für Christen einmalig. Der Mensch hat seine Würde, weil er als einzigartiges geistiges »**Individuum**«/»**Person**«) in der Welt lebt. Die Zeit verläuft nicht zyklisch wie ein Kreis, sondern erstreckt sich linear wie ein Pfeil von einem Anfang zu einem Ende. Wie ihr Anfang, so wird auch ihr Ende von Gott bestimmt.

❖ Auch das indische **Einheitsdenken** wirft Fragen auf. Wenn die höchste Erkenntnis darin besteht, dass die Seele/Atman mit dem Absoluten/Brahman eins ist (»tat tvam asi«; → S. 26, 102), dann ist alle Wirklichkeit »Maja«, d.h. Illusion. Dann bin auch ich in meiner Individualität, dann ist mein Nächster, dann sind alle Menschen Illusion. Damit wäre die Grundlage für die Nächstenliebe, für soziales Handeln, für Humanität gefährdet. Zur Diskussion des Problems im Hinduismus: → S. 104f.

Der Gottesglaube

❖ Der Reichtum des indischen **Gottesglaubens** (→ S. 44ff) ist faszinierend. In den vielen Göttern manifestieren sich unterschiedliche Seiten des Göttlichen. Sie zeigen, dass Gott überall zu finden, aber nicht in einem einheitlichen Begriff festlegbar ist. Dieselbe Einsicht vermittelt der Hinduismus, wenn er zwischen der Naturpräsenz Gottes und seiner Weltdistanz, zwischen der männlichen und weiblichen Dimension, zwischen der göttlichen Transzendenz und Immanenz keine eindeutigen Grenzen zieht. Von dieser Theologie können Christen viel lernen.

❖ Trotzdem machen Christen – in Übereinstimmung mit manchen Hindus – auch auf einige Probleme aufmerksam. Sie glauben, dass der weit verbreitete **Fetischismus**, die Esoterik und die Magie der Gottesidee nicht gerecht werden.

Erlösung und Erlöser

❖ Der Hinduismus kennt vor allem **drei unterschiedliche Wege** zur Erlösung (→ S. 40ff), die in ihrer Grundstruktur Elemente enthalten, die auch der christliche Glaube als unverzichtbar ansieht. Beide Religionen wissen von der Angewiesenheit des Menschen auf die Hilfe und Gnade Gottes (»Erlösung als Geschenk«), aber auch von seiner eigenen Verantwortung für die Erlösung.

❖ Während die Hindus den endgültigen Ausstieg aus dem ewigen Kreislauf der Wiedergeburten als Ziel der Erlösung anstreben, um mit dem unpersönlichen Brahman eins zu werden oder dem persönlichen Gott nahe zu sein, erwarten Christen von der Erlösung die Vergebung ihrer Schuld, die Aufhebung des Leids und ein ewiges Leben in der Gemeinschaft mit Gott. Bei aller weltbildbedingten Verschiedenheit der Erlösungslehren kommen beide Religionen darin überein, dass sie für den Menschen ein Ende seines Leidens und seiner Schuld in einem Zustand des Glücks erhoffen.

❖ Der Hinduismus kennt viele göttliche **Erlöser**. Die ergreifendste Gestalt ist **Krishna**, wie er sich in der Bhagavadgita (→ S. 30, 54) offenbart. Er ist der achte Avatara unter mehreren Herabkünften des Gottes Vishnu (→ S. 50). Demgegenüber ist für den christlichen Glauben **Jesus Christus**, der in vollem Licht der Geschichte steht, die einmalige Verkörperung Gottes auf Erden. Christen glauben, dass seine Menschwerdung ohne Parallele ist, weil sich in ihm Gott endgültig und vollständig ausspricht.

---

1 Wie sehen Sie die Überlegungen von M. Kämpchen über die **Faszination des Hinduismus**?

2 Welche Hindu-Gruppen können die **christliche Kritik** akzeptieren, welche nicht?

3 »**Kontextuelle Theologie**« und »**Inkulturation**« sind zwei wichtige Begriffe der modernen christlichen Theologie. Was ist damit gemeint?

2. Im Gespräch mit dem Hinduismus

❖ Christen erkennen heute vorbehaltlos an, dass der Hinduismus einen beeindruckenden **spirituellen Reichtum** und ein starkes **geistiges Profil** aufweist. Die reichen Gotteserfahrungen, die vielen Wege der Gotteserkenntnis und die tiefsinnigen Erlösungslehren, die Anregungen zu Gebet und Meditation, die Ideen der Gewaltlosigkeit und Toleranz gehören zu den bedeutsamsten religiösen Zeugnissen der Menschheit. Von der Ehrfurcht der Hindus vor Natur und Kosmos können Christen nur lernen. Die großen Gestalten des Hinduismus, darunter Heilige und Mystiker, Asketen und Philosophen, haben eine Ausstrahlungskraft bis in die Mitte des Christentums.

❖ **Christliche Theologen in Indien** bemühen sich seit einiger Zeit, diesen Reichtum in ihre Theologie einzubeziehen. Verstärkt ist das Bemühen zu beobachten, sich nicht nur an der indischen Hochkultur, sondern auch an dem religiösen Leben der Armen und Unberührbaren zu orientieren.

Die Auffassung von Welt und Mensch

❖ Die Lehre vom **Kreislauf der Welten** (»Samsara«), von der **Wiederkehr der Geschichte** (→ S. 34 f) und der **Wiedergeburt der Menschen** ist für den Hinduismus fundamental. Christen glauben dagegen, dass Welt und Mensch die einmalige Schöpfung Gottes sind und darum von ihrem Ursprung her gut sind. Auch die Geschichte und das Leben des Einzelnen sind für Christen einmalig. Der Mensch hat seine Würde, weil er als einzigartiges geistiges »**Individuum**«/»**Person**«) in der Welt lebt. Die Zeit verläuft nicht zyklisch wie ein Kreis, sondern erstreckt sich linear wie ein Pfeil von einem Anfang zu einem Ende. Wie ihr Anfang, so wird auch ihr Ende von Gott bestimmt.

❖ Auch das indische **Einheitsdenken** wirft Fragen auf. Wenn die höchste Erkenntnis darin besteht, dass die Seele/Atman mit dem Absoluten/Brahman eins ist (»tat tvam asi«; → S. 26, 102), dann ist alle Wirklichkeit »Maja«, d. h. Illusion. Dann bin auch ich in meiner Individualität, dann ist mein Nächster, dann sind alle Menschen Illusion. Damit wäre die Grundlage für die Nächstenliebe, für soziales Handeln, für Humanität gefährdet. Zur Diskussion des Problems im Hinduismus: → S. 104 f.

Der Gottesglaube

❖ Der Reichtum des indischen **Gottesglaubens** (→ S. 44 ff) ist faszinierend. In den vielen Göttern manifestieren sich unterschiedliche Seiten des Göttlichen. Sie zeigen, dass Gott überall zu finden, aber nicht in einem einheitlichen Begriff festlegbar ist. Dieselbe Einsicht vermittelt der Hinduismus, wenn er zwischen der Naturpräsenz Gottes und seiner Weltdistanz, zwischen der männlichen und weiblichen Dimension, zwischen der göttlichen Transzendenz und Immanenz keine eindeutigen Grenzen zieht. Von dieser Theologie können Christen viel lernen.

❖ Trotzdem machen Christen – in Übereinstimmung mit manchen Hindus – auch auf einige Probleme aufmerksam. Sie glauben, dass der weit verbreitete **Fetischismus**, die Esoterik und die Magie der Gottesidee nicht gerecht werden.

Erlösung und Erlöser

❖ Der Hinduismus kennt vor allem **drei unterschiedliche Wege** zur Erlösung (→ S. 40 ff), die in ihrer Grundstruktur Elemente enthalten, die auch der christliche Glaube als unverzichtbar ansieht. Beide Religionen wissen von der Angewiesenheit des Menschen auf die Hilfe und Gnade Gottes (»Erlösung als Geschenk«), aber auch von seiner eigenen Verantwortung für die Erlösung.

❖ Während die Hindus den endgültigen Ausstieg aus dem ewigen Kreislauf der Wiedergeburten als Ziel der Erlösung anstreben, um mit dem unpersönlichen Brahman eins zu werden oder dem persönlichen Gott nahe zu sein, erwarten Christen von der Erlösung die Vergebung ihrer Schuld, die Aufhebung des Leids und ein ewiges Leben in der Gemeinschaft mit Gott. Bei aller weltbildbedingten Verschiedenheit der Erlösungslehren kommen beide Religionen darin überein, dass sie für den Menschen ein Ende seines Leidens und seiner Schuld in einem Zustand des Glücks erhoffen.

❖ Der Hinduismus kennt viele göttliche **Erlöser**. Die ergreifendste Gestalt ist **Krishna**, wie er sich in der Bhagavadgita (→ S. 30, 54) offenbart. Er ist der achte Avatara unter mehreren Herabkünften des Gottes Vishnu (→ S. 50). Demgegenüber ist für den christlichen Glauben **Jesus Christus**, der in vollem Licht der Geschichte steht, die einmalige Verkörperung Gottes auf Erden. Christen glauben, dass seine Menschwerdung ohne Parallele ist, weil sich in ihm Gott endgültig und vollständig ausspricht.

---

1 Wie sehen Sie die Überlegungen von M. Kämpchen über die **Faszination des Hinduismus**?
2 Welche Hindu-Gruppen können die **christliche Kritik** akzeptieren, welche nicht?
3 »**Kontextuelle Theologie**« und »**Inkulturation**« sind zwei wichtige Begriffe der modernen christlichen Theologie. Was ist damit gemeint?

Indische Christen entdecken heute aus ihrer Begegnung mit dem Hinduismus an der Christusgestalt neue Dimensionen. Sie sehen Christus mehr in kosmischer Perspektive. Er ist das Alpha und das Omega der Welt. Seine Spiritualität erscheint ihnen in vielen Punkten mit indischer Religiosität verwandt. Die Lehre von seiner Präexistenz und Inkarnation findet in Indien mehr Verständnis als das Bemühen um die einmalige Lebensgeschichte Jesu. Von Christus aus suchen sie Wege zur Versöhnung der Weltreligionen. Das Bild zeigt eine viergestaltige Christusfigur im Lotossitz in einem Ashram in Nordindien. Die Gestalt ist sichtlich von indischen Traditionen geprägt

Menschenrechte

Das **Kastenwesen** (→ S. 86 ff), die religiös begründete Ungleichheit der Menschen, widerspricht der biblischen Grundauffassung von der Gleichheit und Würde aller Menschen. Darum können Christen dieses System nicht akzeptieren.

Religion und Religionen

Der Gedanke von der **Gleichberechtigung aller Religionen**, der im Neohinduismus (→ S. 107) vertreten wird, ist vor allem eine Errungenschaft gegen die Tendenz von Religionen, sich ausschließlich und allein im Besitz der Wahrheit zu wähnen. Er kann und soll Toleranz fördern, hat aber auch eine problematische Seite. Alle Religionen für gleichwertig zu erklären, kann blind für die Einsicht machen, dass eine Religion den Blick auf das Göttliche verstellen kann, dass sie statt Freiheit Angst bewirkt und statt Gerechtigkeit Unmenschlichkeit fördert. Der Maßstab, an der Religionen zu beurteilen sind, darf nichts anderes als Liebe und Menschenwürde, Freiheit und Gerechtigkeit sein. Wo Religionen dagegen verstoßen, haben sie keinen Anspruch auf Gleichberechtigung und Anerkennung.

Was an Indien fasziniert ...
Zu Martin Kämpchen: → *S. 118.*

... Einheitsdenken

Im Mittelpunkt der indischen Gedankenwelt steht bis heute ihr radikales Einheitsdenken, das Gott, Mensch und Welt als das Eine Göttlich-Absolute (Brahman) definiert. So wird die komplexe und komplizierte, für die abendländischen Menschen stets dualistisch aufgebrochene Welt in eine suggestive Einheitsformel zusammengefasst. Diese erlaubt und verlangt sogar, »Spiritualität« – ohne die Vermittlung von Riten und Institutionen, von Geschichte und moralischen Gesetzen – unmittelbar zu erfahren. Diese Erkenntnis der Einheitsphilosophie, dass alles göttlich ist und nichts außerhalb des Göttlichen besteht, empfinden viele westliche Menschen als eine innere Befreiung. Die Erkenntnis beglückt und beseelt, sie macht aber auch einsam, weil sich diese Einheitserfahrung schwer kommunizieren lässt. Europäer und Amerikaner, die sich auf diese Einheitsphilosophie einlassen, sind darum gefährdet, den Halt in der realen Welt zu verlieren, ähnlich wie Drogensüchtige. (...)

... Kosmosfrömmigkeit

Die Inder, insbesondere Hindus, leben noch in einem beseelten Kosmos, in dem Sonne und Mond, die Sterne, die Berge und die Meere, die Bäume und die Blumen, die Flüsse und die Felder ihre spirituelle Bedeutung besitzen. Der Kosmos ist im spirituellen Sinn hierarchisch geordnet. Die Sonne als größter leuchtender Körper, dessen die Menschen gewahr sind, gilt als das bedeutendste Symbol Gottes. Morgens treten fromme Hindus als erstes ins Freie, wenden sich zur aufgehenden Sonne mit gefalteten Händen und grüßen sie als das leuchtende Symbol Gottes (→ S. 58, 66 f). Ihre rituellen Gebetszeiten sind nicht der Uhr, sondern dem Lauf der Sonne angepasst. Die Gebetszeiten sind die Morgendämmerung, die Abenddämmerung und der Mittag, wenn die Sonne im Zenit steht. Das sind also die kosmischen Übergangszeiten.

... Staunen vor den Geheimnissen des Lebens

Die Inder sind fähig, die Geheimnisse des Lebens zu bestaunen. Sie haben die Gabe, Geheimnisse nicht aufschlüsseln und enträtseln zu wollen, sondern gerade als Geheimnisse zu verehren und zu mythologisieren. Als Menschen des Rationalismus hält unser (westlicher) Wissenstrieb erst dann ein, wenn wir ein Geheimnis auf sein vernunftmäßiges Gerüst reduziert haben. In Indien ist das »Unaussprechbare« – das, »wohin Worte nicht reichen« – die letzte axiomatische Instanz. Um das Unaussprechbare fasslich, anschaulich zu machen, wird es in Geschichten gehüllt. Daraus entsteht der bis heute im Volk so lebendige Mythos.

Martin Kämpchen (geb. 1948)

3. Fragen an das Christentum

❖ Im Hinduismus gibt es **unterschiedliche Auffassungen vom Christentum**. Harte Kritik und Gleichgültigkeit, aggressive Gewalt und sympathisches Interesse, Unverständnis und Verständnis bestehen nebeneinander.

❖ Heute wird von aufgeschlossenen Hindus ein **religiöser Dialog** mit den Christen gefordert und geführt.

Keine einheitliche Stellungnahme

❖ **Orthodoxe Hindus** sehen in den Christen »**Mlecchas**«, d. h. Leute, mit denen man nicht in Berührung kommen darf. Als Nichthindus zählen sie zu den Kastenlosen und sind darum unrein. Sie dürfen nicht berührt werden, weil sie sich nicht an die Reinheitspflichten halten, die für alle Kastenangehörigen gelten. Zwar verweigern die meisten Hindus heute Christen beim Gruß nicht mehr die Hand. Aber sie müssen sich eigentlich nach der Berührung die Hand waschen, um wieder rein zu werden.

❖ Völlig entgegengesetzt ist die Einstellung der modernen **Reformer** wie Ramakrishna, Gandhi oder Radhakrishnan, die alle Religionen achten und in ihnen verschiedene Wege zu Gott sehen (→ S. 108 ff). Die indische **Verfassung** enthält das Grundrecht der Religionsfreiheit.

❖ **Fundamentalisten** (→ S. 120) sehen im Hinduismus die Religion Indiens, die allein legitimiert ist, in Indien ihren Platz zu haben. Alle anderen Religionen, die von außen nach Indien gekommen sind, vor allem das Christentum und der Islam, haben in Indien keine Daseinsberechtigung und sollen wieder dahin gehen, woher sie gekommen sind. Um das zu erreichen, darf auch Gewalt angewandt werden.

❖ Vielen modernen Hindus, besonders solchen, die mit Christen und Muslimen **keinen Kontakt** haben oder **säkularen Ideen** anhängen, dürfte es **gleichgültig** sein, was Christen und Muslime glauben oder ob andere Religionen im Land verbreitet sind.

Kritik an Kirche und der Mission

❖ Für die **Kirche(n)** zeigen die Hindus wenig Verständnis. Ihren theologischen Sinn und erst recht ihre historische Gestalt lehnen sie ab. Der Hinduismus, der selbst nicht institutionell verfasst ist, der keine feste Liturgie, keine regelmäßigen Gemeindegottesdienste, kein Kirchenrecht, keine Hierarchie und kein einheitliches Dogma kennt, sieht in den Kirchen eine Verfremdung der Religion durch Institution und Organisation.

❖ Am meisten kritisieren die Hindus den **Absolutheitsanspruch** des Christentums, wenn er so radikal vertreten wird, als gäbe es außerhalb der Kirche(n) kein Heil. Dies ist für sie eine unerträglich intolerante Haltung, die dem gegenseitigen Verständnis und dem Frieden abträglich ist. Dabei haben viele Hindus noch nicht bemerkt, dass die Kirchen von diesem Standpunkt weithin Abschied genommen haben.

❖ Brahmanen können nicht verstehen, dass Christen bei der **Eucharistiefeier** in der Gestalt von Brot und Wein den Leib Christi essen und »unreinen« Wein trinken.

Maria mit dem Kind, Miniatur aus der Moghulzeit (→ S. 134), um 1600.

❖ Die **christliche Mission** sieht sich einem dreifachen Vorwurf ausgesetzt:
(1) Die Missionare hätten häufig **lieblos** und sogar **gewaltsam** gehandelt.
(2) Sie hätten versucht, Menschen, die in einer völlig anderen Tradition aufgewachsen sind, von ihren Wurzeln abzuschneiden und ihnen europäische Formen überzustülpen (»**Eurozentrismus**«).
(3) Zu oft habe die Mission die Interessen der **Kolonialherren** vertreten, ihre Macht gestützt und sich mit deren Überheblichkeit identifiziert.

❖ Die Kritik des Hinduismus am Christentum lässt sich in dem Vorwurf zusammenfassen, dass die christlich-abendländische Welt nur **wenig Verständnis für Religion** entwickelt habe. In der Neuzeit sei der Sinn für das Göttliche und Heilige zunehmend verdrängt und vergessen worden. An die Stelle seien Politik, Recht, Philosophie, Kunst, Wissenschaft und Technik getreten.

Einseitigkeiten des Abendlandes
Zu Rabindranath Tagore: → S. 107.

Wir sehen, wie im Abendland der Mensch hauptsächlich darauf bedacht ist, sich nach außen hin auszudehnen. Das freie Feld der Macht ist sein Gebiet. Er hat nur Sinn für die Welt der räumlichen Ausdehnung und mag mit der Welt des inneren Bewusstseins, der Welt, wo seine Vollendung liegt, nichts zu tun haben, ja, er glaubt nicht einmal daran. Es ist so weit gekommen, dass es für ihn nirgends Vollendung zu geben scheint. Seine Naturwissenschaft redet immer von der nie endenden Entwicklung der Welt. (...) Die ausschließliche Betonung des Tuns und Werdens ist es, was im Abendland den Machtrausch erzeugt. Es ist, als ob diese Menschen entschlossen wären, alles mit Gewalt zu ergreifen und auszuplündern. Sie wollen immer nur *tun* und nie *sein*.
Rabindranath Tagore (1861–1941)

Anerkennung und Achtung
Viele Inder erkennen dankbar an, dass die christliche **Kritik an primitiven religiösen Lebensformen** und am Kastenwesen, die Beseitigung der Witwenverbrennung und die Ächtung der Kinderehe, der Ausbau von Schulen und Krankenhäusern für Indien notwendig war und bis heute berechtigt ist. Der Gedanke der Nächstenliebe, der auch der indischen Tradition nicht fremd ist, könne nicht eindringlich genug von allen Religionen verkündet werden.

❖ Viele Hindus zeigen eine tiefe Verehrung für **Jesus**. Sie erblicken in ihrer Lehre von den **Avataras** (→ S. 50) eine Parallele zum christlichen Glauben, dass Gott selbst in Christus in die Welt gekommen und Mensch geworden ist. Darum halten einige Hindus Jesus sogar für den zehnten Avatara. Er gehört für sie in ein großes mythologisches Panorama und ist einer der großen Vermittler Gottes zur Welt. Vor allem aber ist er der großartige Verkünder der Bergpredigt und der mutige Mann, der mit seiner Lehre von Liebe und Gewaltlosigkeit selbst am Kreuz ein Opfer der Gewalt geworden ist. Sie fragen sich aber, warum die menschenfreundliche Lehre Jesu bei **Christen** so unwirksam geblieben ist. Jesus passe darum nicht zu den Christen, letztlich gehöre er doch Asien, dem Ursprungskontinent aller Weltreligionen.

Jesus – einer der größten Propheten
Zu Gandhi: → S. 111ff.

Meine Zuneigung zu Jesus ist wirklich groß. Seine Lehre, seine Einsicht und sein Opfertod bewegen mich zur Verehrung. Aber ich muss die orthodoxe Lehre, dass Jesus eine Inkarnation Gottes im feststehenden Sinne des Wortes gewesen oder dass er der einzige Sohn Gottes ist, ablehnen… Sein Opfertod ist Vorbild und Beispiel für uns. Jeder von uns muss sich um seines Heiles willen kreuzigen lassen… Ich kann die Einschränkungen nicht gutheißen, die der Bergpredigt gegenüber geltend gemacht werden. Ich finde im Neuen Testament keine Rechtfertigung des Krieges. In meinen Augen ist Jesus einer der größten Propheten und Lehrer, die der Welt je gegeben wurden.
Mahatma Gandhi (1869–1948)

Die Religion Jesu
Zu Sarvapalli Radhakrishnan: → S. 23, 45, 106.

Wenn die christlichen Denker zugeben, dass die Menschen Zugang zu Gott haben und gerettet werden können und auch auf andere Weise als durch die Mittlerschaft Jesu, dann wird der Hindu gern die wesentlichen Züge der Religion Jesu annehmen.

Allumfassendes Verständnis
Indien ist das einzige Land, in dem wir Tempel, Kirchen und Moscheen in friedlichem Nebeneinander finden. Ich selbst habe in Hindutempeln, buddhistischen Klöstern, christlichen Kirchen und in Moscheen gesprochen, ohne mein intellektuelles Gewissen zu gefährden, ohne meine geistigen Überzeugungen zu vergewaltigen. Der Geist des allumfassenden Verständnisses gehört zur religiösen Tradition Indiens.
Sarvapalli Radhakrishnan (1888–1975)

---

1 In welchen Punkten könnte ein aufgeschlossener Christ die **Kritik des Hinduismus akzeptieren,** in welchen nicht?
2 Wo liegen Chancen, wo **Schwierigkeiten** eines Dialogs zwischen beiden Religionen?

4. Der Islam in Indien

❖ Der **Islam** ist neben dem **Christentum** die zweite Religion, die schon seit vielen Jahrhunderten im Kernland des Hinduismus lebt. Während diese beiden Religionen auf Grund ihres universalen **religiösen Anspruchs** nach Indien gekommen sind, werden sie von vielen Hindus als **fremde Religionen** wahrgenommen, die widerrechtlich in das Land eingedrungen sind.

❖ Seit dem Eindringen des Islam nach Indien gab es immer wieder heftige **Auseinandersetzungen** zwischen Hindus und Muslimen, bei denen Hass und Fanatismus dominieren. Dabei wurden zahlreiche wertvolle Hindutempel und Moscheen zerstört sowie unzählige Muslime und Hindus ermordet oder vertrieben. Doch näherten sich beide Religionen in manchen Epochen auch einander an und knüpften freundschaftliche Verbindungen.

❖ Positive **Spuren des islamischen Einflusses** in Kunst, Architektur und Brauchtum des Hinduismus sind unübersehbar. Umgekehrt hat sich ein **Hindu-Islam** entwickelt, der in seinen Bauwerken, in der Malerei und Literatur deutliche Einflüsse der Hindu-Kultur aufweist.

❖ Heute leben die meisten Hindus und Muslime als gute Nachbarn zusammen und wollen von Gewalt gegeneinander nichts wissen. In fast allen Städten und in vielen Dörfern stehen Moscheen und Hindu-Tempel friedlich nahe beieinander.

❖ Heute (2011) leben in Indien ca. **160 Millionen Muslime,** d. h. 13,3 Prozent der indischen Gesamtbevölkerung. Etwa 140 Millionen sind Sunniten, die restlichen 20 Millionen Schiiten. Damit ist der Islam **die zweitgrößte Religion** im Land. Nach Indonesien und Pakistan hat Indien die weltweit drittgrößte islamische Bevölkerung.

Ein Rückblick auf die Geschichte

Die ersten Jahrhunderte (712–1526)

❖ Schon kurz nach Mohammeds Tod (632) kamen arabische Kaufleute an die Malabarküste im Südwesten Indiens. Wenige Jahre später erreichten 712 arabische Heere die Grenzen der indischen Provinz Sind im nördlichen Industal. Die rauen Kämpfer aus der arabischen Wüste fanden in Nordindien Landschaften, Flüsse, Blumen und Frauen, die ihnen gefielen, und eine Religion, die ihnen nicht gefiel.

❖ Einen Einschnitt in die Geschichte mit Jahrhunderte langen Nachwirkungen bildeten erst die Eroberungszüge des türkischen Herrschers **Mahmud von Ghazni (998–1027)**, der plündernd und mordend durch Nordindien zog und erstmals sakrale Zentren und Schriften der Hindus zerstörte sowie auf den Fundamenten von Hindu-Tempeln Moscheen errichten ließ. Als 1192 **Mahmud von Ghur** die Hindus besiegte und weite Teile Indiens eroberte, begann die Erfolgsgeschichte des Islam in Indien.

❖ Nach seiner Ermordung konnte sein Nachfolger das **Sultanat von Delhi (1206–1290)** errichten. Die Sultane, die ihren indischen Untertanen hohe Steuern auferlegten, festigten die Macht des Islam vor allem im Norden, während kleinere indische Fürsten im Süden den Sultanen dauernd schwer zu schaffen machten. Die damalige Teilung zwischen Nord und Süd blieb bis heute für die Verbreitung des Islam in Indien typisch.

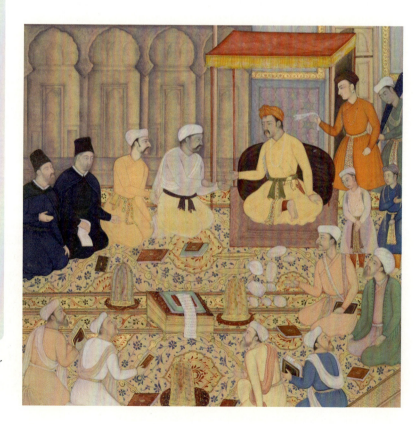

Akbar während einer Diskussion in seiner »Halle der Andacht« in Fatehpur-Sikri. Zwei Jesuiten sind unter den Teilnehmern, um 1605.

Taj Mahal, Agra, 1631–1648. Der Großmogul Shah Jahan, ein Enkel des Akbar, erbaute für seine Lieblingsfrau Mumtaz Mahal das Grabmal, das ein Meisterwerk der indo-islamischen Baukunst ist und zu den Höhepunkten der Weltarchitektur zählt.

Die Blütezeit der Großmogule (1526–1858)

❖ Eine erneute Festigung der islamischen Herrschaft trat 1526 ein, als der Muslim **Babur**, der von Kabul aus nach Indien eindrang, den letzten grausamen Sultan von Delhi besiegte und das islamische **Mogulreich** begründete, das bis zur britischen Kolonialherrschaft im 19. Jahrhundert Bestand hatte. Wiewohl diese Epoche im Vergleich mit der langen Geschichte Indiens nicht lange währte, hat sie Indien mit ihren großartigen Bauten und edlen Bräuchen unverkennbar ihren Stempel aufgedrückt. Damals entstand auch der stark vom Islam beeinflusste **Sikhismus**, den Nanak (1469–1539) gegründet hatte (→ S. 100f).

❖ Der bedeutendste Herrscher dieser Zeit war der Großmogul (etwa: »Kaiser«) **Akbar** (1542–1605), der schon mit 14 Jahren 1556 seine Regierungszeit begann. Als erfolgreicher Feldherr konnte er sein Herrschaftsgebiet bis nach Afghanistan, Kaschmir und Bengalen ausweiten. Selbst im härtesten Kampf war er außerordentlich wagemutig und zeigte sich nach einem Sieg den Besiegten gegenüber großzügig, um sie an sich zu binden. Er konnte aber auch verheerende Massaker anordnen. Den Hindus gegenüber war er auf Verständigung bedacht, indem er sie von unerträglichen Steuerlasten befreite, ihnen Zutritt zu wichtigen Ämtern ermöglichte und Ehen zwischen muslimischen Würdenträgern und indischen Prinzessinnen stiftete. Um religiöse Spannungen in seinem Land zu mindern, versuchte er, eine neue synkretistische Religion des Lichtes zu begründen, die für Hindus und Muslime gleichermaßen verlockend sein sollte. Damit hatte er aber keinen großen Erfolg, zumal er von den orthodoxen Muslimen heftig kritisiert wurde. 1583 erließ er ein neuartiges Edikt, das Toleranz zwischen den Religionen gebot und dabei auch das Christentum einbezog. Er förderte religionsübergreifende Annäherungen zwischen den Bhakti-Freunden (→ S. 30f, 43) aus dem Hinduismus und den Sufis, den muslimischen Mystikern, von denen schon kurz zuvor der berühmte indische Dichter Kabir (→ S. 85) fasziniert war. Auch mit Jesuiten diskutierte Akbar über beide Religionen. Ihm ist auch eine Blütezeit der indisch-muslimischen Kunst und Kultur zu verdanken. An seinem prachtvollen Hof wirkten Musiker, Architekten, Philosophen und Maler.

Unter britischer Herrschaft (1858–1947)

❖ Im 19. Jahrhundert beendeten die Briten die Mogulherrschaft und machten das Land 1858 zur britischen Kronkolonie. Da sich nun sowohl die Hindus wie die Muslime von den Engländern ausgebeutet fühlten, schlossen sie sich zu einer gemeinsamen Befreiungsbewegung zusammen und gründeten den **Indischen Nationalkongress** (INC), der sich für die Unabhängigkeit Indiens einsetzte. Als aber die Hindus die Führung beanspruchten, kam es zu einer Spaltung, aus der die **Muslimliga** entstand. Sie wurde von 1916 an von **Mohammed Ali Jinnah** geführt, der zunächst zusammen mit Mahatma Gandhi kämpfte, dann aber in Gegensatz zu ihm geriet, weil Gandhi sich für die Einheit ganz Indiens mit allen Hindus und Muslimen einsetzte, während Ali Jinnah eine selbstständige islamische

Freitagsmoschee in Neu-Delhi

Republik wollte, die auch 1947 errichtet wurde und den Namen **Pakistan** (d. h. »Land der Reinen«) annahm. Seitdem gilt Jinnah als der »**Vater Pakistans**«. 1971 erklärte der neue Staat **Bangladesch** gegenüber Westpakistan seine Unabhängigkeit, ebenfalls mit überwiegend muslimischer Bevölkerung. So sind aus der Spaltung des ehemaligen britischen Kolonialreiches die beiden muslimischen Staaten Pakistan und Bangladesch sowie der mehrheitlich von Hindus bewohnte Staat Indien hervorgegangen.

❖ Über die äußerst **blutigen Unruhen** der Anfangszeit: → S. 112.

Der Staat Indien (seit 1947)

❖ Nach der Staatsgründung Indiens 1947 nahmen die **Auseinandersetzungen** und die **blutigen Kriege** zwischen Indien und Pakistan kein Ende, weil beide Seiten Anspruch auf Kaschmir, einem im Himalaya liegenden Land mit überwiegend muslimischer Bevölkerung, erhoben und weil die damals vereinbarte Grenzziehung nicht eindeutig war. Internationale Verhandlungen haben bislang keinen durchschlagenden Erfolg gehabt. Noch 2008 kamen bei einem Anschlag pakistanischer Islamisten auf mehrere Luxushotels in Bombay 166 Menschen ums Leben. Die Gefahren, die dem Weltfrieden aus dieser Spannung drohen, sind groß, weil beide Staaten über **Atomwaffen** verfügen.

❖ Die indische Verfassung gewährt allen Religionen und damit auch dem Islam **Religionsfreiheit**. In Ehe- und Familienangelegenheiten dürfen die Muslime nach eigenem Recht leben und dürfen sich kleiden, wie es in ihrer Tradition üblich ist. Selbst Ehen zwischen Angehörigen unterschiedlicher Religionen sind gestattet, kommen aber immer noch selten vor. Tatsächlich haben sich viele indische Politiker um die **Integration** der in Indien lebenden Muslime bemüht. Muslime haben sogar dreimal das Amt des indischen Staatspräsidenten eingenommen. In Wirtschaft, Kultur und Sport haben viele Muslime erfolgreich Karriere gemacht.

❖ In den neunziger Jahren wurde der Frieden zwischen beiden religiösen Lagern empfindlich gestört, als sich in Indien ein neuer **Hindu-Fundamentalismus** ausbreitete, der ideologisch den Islam als störende Fremdreligion ansieht und seitdem viele blutige Anschläge gegen Muslime inszenierte. Als Symbol grausamer Intoleranz bleibt die Zerstörung der **Babri-Moschee in Ayodhya** 1992 durch Hindu-Fanatiker in Erinnerung (→ S. 120 f.). Dieser Terrorakt wurde von Muslimen mit Überfällen auf Hindus beantwortet. Seitdem hat es viele weitere Anschläge gegen Muslime und islamische Einrichtungen gegeben, die ihrerseits heftige islamische Reaktionen auslösten. Bis heute hat die Spirale der Gewalt kein Ende gefunden.

Hindu-Terrorismus

Arundhati Roy, Tochter einer indischen Thomas-Christin und eines Hindu-Vaters, ist eine politische Aktivistin und erfolgreiche Schriftstellerin, die scharf und unbequem öffentlich Missstände anklagt. Engagiert hat sie sich gegen die atomare Aufrüstung und große Staudämme in Indien, gegen Terrorismus, Globalisierung, Kapitalismus und den von den USA begonnenen Irak-Krieg gewandt. Allerdings musste sie sich gelegentlich unseriöse Recherchen vorwerfen lassen. Mit ihrem Buch »Der Gott der kleinen Dinge« erzielte sie Weltruhm. Unmissverständlich hat sie auch den Hindu-Terrorismus gegenüber den Muslimen kritisiert:

Hinduismus – Christentum – Islam

Der (Hindu-)Terrorismus ist das Produkt einer historischen Entwicklung. Doch jeder Versuch, den Terrorismus zu erklären, wird als Rechtfertigung verunglimpft. Schweigen herrscht darüber, was den Muslimen in Indien, in Kaschmir und international angetan wurde – und wie das zusammenwirkt. Wir müssen verstehen: Das Massaker von Gujarat 2002, wo über tausend Muslime von Hindu-Nationalisten abgeschlachtet wurden, ist nicht einfach aus dem Bewusstsein verschwunden, sosehr auch versucht wird, es unter den Teppich zu kehren. Es konnte stattfinden, weil der 11. September 2001 in den USA, die Islamophobie und die gesamte Rhetorik gegen Muslime Wasser auf die Mühlen der Hindu-Chauvinisten waren. Sie fühlten sich ermutigt. Sie dachten, in der vorherrschenden Atmosphäre könnten sie Muslime massakrieren, ihre Frauen vergewaltigen, sie bei lebendigem Leibe verbrennen und müssten dafür höchstens etwas Kritik einstecken, aber sie würden keine großen Konsequenzen zu spüren bekommen, sondern Wahlerfolge einfahren. Es war eine Art hindu-nationalistische Wahlkampagne im Windschatten des 11. September. …

Die nationale Freiwilligenorganisation (der Indischen Volkspartei: → S. 120 f) … orientierte sich bei ihrem Aufbau am italienischen Faschismus. Ihre Texte drücken eine große Bewunderung für Hitler aus.
Arundhati Roy (geb. 1961)

Differenzen zwischen Hinduismus und Islam

❖ **Theologisch:** Der Islam hat manche ähnliche Einwände gegen den Hinduismus wie das Christentum (→ S. 132 f.) Als monotheistische Religion lehnt er entschieden die Götterwelt der Hindus ab und sieht in ihr eine durch Mohammed endgültig überwundene primitive Stufe der Religion. Der Glaube, dass Gott die Welt und den Menschen einmalig am Anfang aller Zeiten geschaffen und am Ende ihrer Tage zu einem Ende führen wird, verbietet es den Muslimen, die Welt als ewigen Kreislauf zu deuten oder an die Karmalehre und die Wiedergeburt aller Wesen zu glauben (→ S. 34 ff).

Aus dem islamischen Glauben mit seinem doppelten Bekenntnis zu Allah als einzigem Gott und zu Mohammed als dessen letztem Propheten ergeben sich viele andere Differenzen, die im Alltag spürbar werden, z. B. wenn Muslime das tägliche Pflichtgebet sprechen, im Monat Ramadan fasten, nach Mekka pilgern und eine kritische Stellung zur Bilderverehrung einnehmen.

❖ **Religiös-kulturell:** Muslime und Hindus leben auch kulturell in verschiedenen Welten. Orthodoxe Hindus sehen noch heute in den Muslimen »Mlecchas« d. h. eine Art »Heiden« oder »Barbaren«, die für sie unreine Kastenlose sind, mit denen man nicht in Berührung kommen darf. – Muslime kennen keine tägliche Bewirtung der Götter und keine Bäder in heiligen Flüssen, die Erlösung schenken. Die Sonne halten sie nicht für eine göttliche Kraft und die Kühe nicht für unantastbare Tiere. Sie führen nicht singend und tanzend ihre Götterbilder auf blumengeschmückten Wagen durch Städte und Dörfer, und sie haben keine Parallele zum Kastensystem. Die strengen indischen Wanderasketen und kahlgeschorenen Mönche (»Sannyasin«) sind den Muslimen eher fremd. Obwohl beide Religionen rechtlich und praktisch eine Benachteiligung der Frauen bis in die Gegenwart hinnehmen, sind verwitwete Muslimas jedoch nie mit dem Leichnam ihres Mannes verbrannt worden.

Indische Muslima auf dem Weg zu einem Wahllokal, das von einem Soldaten vor Anschlägen geschützt werden soll.

Religiöse Annäherungen

Trotz aller politischen, religiösen und kulturellen Differenzen gibt es auf religiösem Gebiet auch Annäherungen. Die Muslime zeigten sich schon in früheren Phasen der Geschichte für die indische **Bhakti-Lehre** aufgeschlossen, die die Liebe zu Gott und den Menschen fördert. Für die **Sufis**, die islamischen Mystiker, empfanden auch die Hindus große Sympathie. Von deren anspruchslosem und zugleich fröhlich-frommem Leben strahlte eine Faszination auch auf die Hindus aus, zumal die Sufis nicht verlangten, dass die Hindus Muslime werden müssten, wenn sie an ihren religiösen Erfahrungen teilhaben wollten. Selbst manche **Heilige** des Islam werden von den Hindus verehrt. Noch heute pilgern sie scharenweise zu deren Gräbern und verehren sie gemeinsam mit den Muslimen. Denker des Neohinduismus wie Ramakrishna oder Ghandi konnten auch im Islam einen **Weg zu Gott** sehen.

---

1. Stellen Sie **Grundzüge der islamischen Lehre, des Ethos und Brauchtums** dar und prüfen Sie, ob und wie diese mit dem Hinduismus zusammenpassen.
2. Fertigen Sie einen kurzen **Überblick zur indisch-muslimischen Geschichte** anhand der historischen Skizze an: → S. 17 f.
3. Entwerfen Sie ein **Lebensbild Akbars** und seiner Zeit und zeigen Sie, wie er das Gesicht Indiens geprägt hat.
4. Analysieren Sie ein Problem, das sich aus dem gegenwärtigen **Zusammenleben der Hindus und Muslime** in Indien ergibt, von dem Sie in letzter Zeit aus den Medien erfahren haben.
5. Zu **Nanak und dem Sikhismus** und deren Beziehung zum Islam: → S. 100 f.

5. Ein schwieriger Dialog

Eine christliche Stimme
Zu Martin Kämpchen: → S. 118 f.
Der indische Subkontinent ist Heimat fast aller großen Religionen; ihre Mitglieder haben oft Jahrhunderte lang miteinander gelebt, und ihre Kulturen haben sich vermischt. Doch einen bewussten Dialog haben die Vertreter der Religionen niemals miteinander geführt. Es gab ehrlich ausgetragene theologische Wettstreite, es gab auch das Ringen darum, den Einfluss einer fremden Religion abzuwehren, indem man die eigene reformierte, wie es der Hinduismus in der Begegnung mit dem Buddhismus tat. Doch der Dialog ist eigentlich eine europäische »Erfindung«.

Die begrenzte Bereitschaft von Hindus, sich mit Christen auszutauschen, hat u. a. historische Ursachen. Einerseits ist die Wunde, die der Hindu-Psyche durch Jahrhunderte lange aggressive Bekehrungsversuche der Christen geschlagen wurde, längst nicht verheilt. Hindus argwöhnen, hinter der christlichen Dialogbereitschaft verberge sich eine neue Bekehrungstaktik. Andererseits stehen viele Hindus auf dem Standpunkt, dass die Universalität ihrer Religion auch das Christentum mit einbeziehe, dass man es also nicht gesondert zu studieren brauche. Dem stehen zahlreiche Bemühungen von christlicher Seite gegenüber, sich den Gepflogenheiten des Landes anzupassen und Akzeptanz zu gewinnen.

In Südindien gründeten um 1930 protestantische Missionare Ashrams, klosterähnliche Lebensgemeinschaften rund um einen Guru, die im Hinduismus eine lange Tradition besitzen. Dort war ein Dialog auf natürliche Weise möglich. Katholische Missionare folgten in den 1950er Jahren. In ihre Ashrams nahmen sie Schüler auf, mit denen sie äußerlich und innerlich wie Hindu-Mönche lebten. Damit setzte die Inkulturation des christlichen Lebens ein. Kirchen wurden nach dem Muster von Hindutempeln gebaut. Die kirchlichen Sakramente und Riten, die Kleidung und die Gesten, die Kunst und die Musik wurden vorsichtig der Hindu-Umgebung angepasst, wobei Ritualismus oder magische Praktiken ausgespart blieben. Es entstanden auch Dialogzentren, in denen christliche und hinduistische Theologen über die Gottesvorstellung in beiden Religionen und über das Leben nach dem Tod diskutieren oder sich mit den Begriffen Sünde und Gnade auseinandersetzen. Einige suchen auch nach Wegen zu einem harmonischen Zusammenleben der beiden Glaubensgemeinschaften, etwa durch gemeinsame soziale, kulturelle und religiöse Aktivitäten. Allerdings stellt das vor allem von der katholischen Kirche vertretene Dogma, die Menschen könnten allein durch Christus erlöst werden, ein Hindernis für ein besseres Verständnis dar.
Martin Kämpchen (geb. 1948)

Eine indische Stimme
Ravindra H. Dave ist Delegierter Indiens bei der UNESCO. Seit Jahren arbeitet er an Projekten über die Behandlung des Hinduismus und der anderen Religionen im Unterricht.
Die gegenwärtige Weltgesellschaft verlangt religiöse Koexistenz, Pluralismus, Toleranz, gegenseitiges Vertrauen und sozialen Frieden. Religiöse und ethnische Differenzen wirken manchmal gegen diese Bedürfnisse einer allgemeinen Gesellschaft aller Menschen, welche heute bereits ein weltweites Dorf (a global village) geworden ist. Deshalb müssen diese Einstellungen von früh an gelernt und im erwachsenen Leben verstärkt werden. Wenn das Ziel des Dialoges der Weltreligionen auf die formale Bildung beschränkt bleibt, kann es nicht erfolgreich angestrebt werden. Es braucht Unterstützung, Verstärkung und Rollenmodelle von Eltern, Verantwortlichen der Religionen und anderen in der Gesellschaft. (...) (Es wird) Bestandteil des lebenslangen Lernens.
(...)
Kognitiv gesehen kann ein (innerreligiöser und interreligiöser) Dialog in voller Übereinstimmung, teilweiser Übereinstimmung oder völliger Uneinigkeit enden. Ungeachtet dieses Ergebnisses muss jeder zivilisierte Dialog eine freundliche Atmosphäre, Verständnis und Wertschätzung für andere Standpunkte, gegenseitiges Vertrauen und menschenwürdiges Verhalten schaffen.
Ravindra H. Dave (geb. 1929)

❖ Da der Hinduismus aus vielen religiösen Richtungen und einem System unterschiedlich wertiger Klassen/Kasten besteht, ist ein Dialog für Christen und Muslime mit dem Hinduismus **höchst schwierig**. Zu verschieden sind die Einstellung möglicher Dialogpartner, so dass niemand von ihnen für den Hinduismus verbindlich sprechen kann.

❖ Trotzdem ist der Dialog **notwendig**. Er hat schon auf verschiedenen Ebenen gute Ergebnisse gehabt. Dabei ist darauf zu achten, dass der Dialog nicht nur in Gesprächen, sondern durch die jeweilige Lebenspraxis stattfindet. An ihr kann besser noch als an Worten abgelesen werden, was die anderen glauben und wie sie handeln. Wo dies überzeugend gelingt, werden die Menschen Wege zu Gott und Wege zueinander finden.

---

1 Wodurch kommen sich Religionen **nahe**? Was **trennt** sie voneinander?
2 Wie beeinflusst der religiöse **Pluralismus** des Hinduismus die Gespräche mit den Christen?
3 **Weitere Texte** zum Dialog: → S. 133.

6. Auf dem Weg zu einem Weltethos

Erklärung zum Weltethos

*Vertreter vieler Religionen trafen sich 1993 in Chicago, weil sich in diesem Jahr die Aufsehen erregende Rede von Vivekananda vor dem Weltparlament der Religionen zum hundertsten Mal jährte (→ S. 110). Ihr Ziel war es, die Menschenrechtserklärung der Vereinten Nationen von 1948 ethisch zu begründen. In ihrer **Erklärung zum Weltethos** einigten sie sich auf folgende Weisungen:*
(1) Du sollst nicht töten: Verpflichtung auf eine Kultur der Gewaltlosigkeit und der Ehrfurcht vor allem Leben
(2) Du sollst nicht stehlen: Verpflichtung auf eine Kultur der Solidarität und eine gerechte Wirtschaftsordnung
(3) Du sollst nicht lügen: Verpflichtung auf eine Kultur der Toleranz und ein Leben in Wahrhaftigkeit
(4) Du sollst nicht die Ehe brechen: Verpflichtung auf eine Kultur der Gleichberechtigung und die Partnerschaft von Mann und Frau.
Die **Grundforderung** lautet: Jeder Mensch muss menschlich behandelt werden.
Die **Goldene Regel** ist eine weitere Gemeinsamkeit.
❖ Statt die wirtschaftliche und politische Macht in rücksichtslosem Kampf zur Herrschaft zu missbrauchen, ist sie zum **Dienst an den Menschen** zu gebrauchen. Wir müssen einen Geist des Mitleids mit den Leidenden entwickeln und besondere Sorge tragen für die Armen, Behinderten, Alten, Flüchtlinge, Einsamen.
❖ Statt eines puren Machtdenkens und einer hemmungslosen Machtpolitik soll im unvermeidlichen Wettbewerb der **gegenseitige Respekt**, der vernünftige Interessenausgleich, der Wille zur Vermittlung und zur Rücksichtnahme herrschen.
❖ Statt einer unstillbaren Gier nach Geld, Prestige und Konsum ist wieder neu der **Sinn für Maß und Bescheidenheit** zu finden. Denn der Mensch der Gier verliert seine »Seele«, seine Freiheit, seine Gelassenheit, seinen inneren Frieden und somit das, was ihn zum Menschen macht.

> **Hans Küng** (geb. 1928) hat durch seine Schrift zum **»Projekt Weltethos«** (1990) weltweite Diskussionen ausgelöst. Mehrere **internationale Konferenzen** haben sich seitdem mit dem Thema befasst.
> Er selbst fasst sein Projekt Weltethos in drei Basissätzen so zusammen:
> (1) Kein menschliches Zusammenleben und Überleben ohne ein **Weltethos**.
> (2) Kein **Weltfrieden** ohne **Religionsfrieden**.
> (3) Kein Religionsfrieden ohne **Religionsdialog**.

Menschenrechte – Menschenpflichten

*An der Konferenz über Menschenrechte und Menschenpflichten, die 1997 in Neu-Delhi stattfand, nahm der ehemalige deutsche Bundeskanzer **Helmut Schmidt** teil, der darüber in seinem Buch »Allgemeine Erklärung der Menschenpflichten« berichtet.*
Über 50 Wissenschaftler und Aktivisten aus den verschiedenen Teilen Indiens versammelten sich am India-International-Centre in New Delhi vom 23.–24. November 1997 zu einer Konsultation, um eine indische Antwort zu formulieren auf die Erklärung zum **Weltethos** des Parlamentes der Weltreligionen (1993) und auf die Allgemeine Erklärung der **Menschenpflichten** (1997), wie sie vom InterAction Council vorgeschlagen wurde. Die Teilnehmer bejahten einmütig die Bedeutung und Weisheit der beiden historischen Initiativen. Die Konsultation stellte fest, dass die Erklärung der **Menschenrechte** sich in den letzten fünfzig Jahren als ein Segen erwiesen hat, insofern sie einen objektiven und verpflichtenden Bezugsrahmen schuf, um repressive Regime zu beurteilen und einzuschränken.
Im Lichte des aufkommenden globalen Szenarios besteht eine drängende Notwendigkeit, die Sorge um die Menschenrechte auszubalancieren mit einer entsprechenden Betonung der **Menschenpflichten**, wenn wir die Grundlage sichern wollen, um die Rechte selber für alle Menschen real und bedeutungsvoll zu machen. Das ist in der Tat ein bedeutsames Charakteristikum der indischen Verfassung, wie aus deren Artikel 51 (zur Religionsfreiheit) deutlich hervorgeht. (…)
Ethische Prinzipien, die sich nur auf den ethischen Bereich beziehen und sich nur von ihm her begründen, reichen wohl nicht aus, um die Erfüllung ethischer Pflichten sicherzustellen. Es ist die **Spiritualität, die Dynamik des Glaubens**, die durch die Zeitalter hindurch Individuen und Gruppen bestärkt und angespornt hat, ethischen Maßstäben gerecht zu werden. Teilnehmer erinnerten daran, dass die Völker des Ostens wesentlich **religiöse** Menschen sind. In Indien haben eine Anzahl von Reformern die Lehren unserer Religionen durch Anwendung mit neuem Sinn erfüllt und haben so einer enormen Masse von Menschen bewusst gemacht, was sie anderen verdanken. Sie haben sie dazu inspiriert, anderen und der Gemeinschaft zu dienen. *Helmut Schmidt (geb. 1918)*

> 1 Welche **Chancen** geben Sie dem Projekt »Weltethos«?
> 2 Welche ethischen Werte kann der **Hinduismus** in ein Weltethos einbringen? Welche seiner ethischen Ideen sind eher hinderlich?
> 3 Wie könnte der Beitrag des Christentums und Europas zum Weltethos sein?

Glossar – Von Advaita bis Yuga

In das Glossar sind bis auf wenige Ausnahmen nur Begriffe aus der Welt des Hinduismus aufgenommen worden. Die meisten kommen in diesem Arbeitsbuch vor. Geographische Bezeichnungen und Personennamen sind nicht berücksichtigt.

Advaita: »Nicht-Zweiheit«, die Lehre, dass alle Wirklichkeit (Brahman und Atman) eine Einheit ist; Grundkonzept des Vedanta, das viele als die bedeutendste Richtung im Hinduismus ansehen

Agni: vedischer Feuergott

Ahimsa: »Nicht-Töten-Wollen«, Gewaltlosigkeit

Arier: »Gastfreunde«, Nomaden, die vor ca. 4000 Jahren aus den Steppen Russlands nach Indien kamen und die Ureinwohner entweder unterwarfen oder assimilierten; ihre Sprache Sanskrit wurde zur heiligen Sprache Indiens

Ashram: Einsiedelei oder klosterähnliche Anlage, in der ein Guru mit seinen Schülern lebt

Ashrama: Lebensstufe in der Abfolge von vier Lebensabschnitten: Schüler, Hausvater, Ruhestand, Asket

Atman (verwandt mit »atmen«): das Selbst, die unsterbliche Seele

Avatara: Herabstieg eines Gottes in die sichtbare Welt; bedeutsam sind die 10 Avataras Vishnus

Ayurveda: indische Praxis des Heilens

Bhagavadgita: heilige Schrift, in der Krishna seine Lehre offenbart, von den Indern geliebt und verehrt

Bhakti: Liebe, Hingabe, Teilhabe

Brahma: vedisch-brahmanischer Schöpfergott, Gestalt der Trimurti

Brahman: in den Veden Gebet, heiliges Wissen, Zauberformel; seit den Upanishaden Quelle allen Seins, schöpferischer Ursprung, Urgrund, das Göttliche oder Absolute

Brahmanas: gelehrte Erörterungen, alte heilige Texte

Brahmane: höchste Kaste, Priester, Kenner und Lehrer der heiligen Schriften

Chakra: Rad; ursprünglich Wurfscheibe (Waffe) und Sonnensymbol; auch Symbol des Kreislaufs und der Wiedergeburten; im Tantrismus gibt es sechs oder sieben Chakras als Nerven- und Energiezentren entlang der Wirbelsäule

Dalits (Pl.): »Unterdrückte«, »Ausgebeutete«; Selbstbezeichnung der Unberührbaren

Darshanas: »Sicht«, »Vision«, »Perspektive«; die sechs philosophischen Schulen des Hinduismus

Deva: Gott oder göttliches Wesen

Devi: Göttin

Dharma: »das, was trägt« in allen Lebensbereichen vom Universum bis zur Familie; »Sitte«, »Recht«, »Wahrheit«, »Ordnung«, »Gesetz«, »Kult« und »Pflicht«; Sanatana Dharma

Durga: höchste Göttin, die »Unzugängliche«, Shakti Shivas

Ganesha: populärer elefantenköpfiger, dickbauchiger, bewegungsfauler Gott; Gott der Weisheit, der Macht und des Reichtums

Ganga: Flussgöttin; Personifikation des Gangesflusses

Gayatri-Mantra: beliebtes Gebet an das göttliche Licht

Gopis (Pl.): schöne Hirtinnen

Guru: religiöser Lehrer, geistlicher Vater seiner Schüler

Hanuman: Affengott; Held im Ramayana, Ideal der Hilfsbereitschaft

Hari: Name Vishnus und Krishnas, auch Gott; »**Hare**« ist der Vokativ

Hinduisierung: Fähigkeit des Hinduismus, fremde Einflüsse in sich aufzusaugen

Hinduismus: Name der vielen Religionen Indiens, abgeleitet vom Fluss »Indus«

Holi: Fest zum Neujahrsbeginn

Indra: vedischer Wetter- und Kriegsgott, Welthüter

Jainismus/Jinismus: indische Religion, die auf Mahavira zurückgeht

Jati: »Geburt«, »geboren«; ind. Bezeichnung für Kaste; Unterkaste

Kali: indische Göttin, die »Schwarze«, Ehrfurcht gebietend und schrecklich zugleich; Shakti des Shiva

Kamasutra: erotisches Lehrgedicht der Liebeskunst

Karma: Handlung Tat, Werk, auch die Folgen einer Handlung

Krishna: der »Dunkle«; beliebter indischer Gott, Verkünder der Bhagavadgita, Herzensbrecher

Kshatriya: zweithöchste Kaste der Krieger, Könige, Fürsten, Adeligen

Lakshmi: Gemahlin Vishnus, Göttin der Erde, der Schönheit, des Reichtums und des Glücks

Linga(m): Phallus, indisches Fruchtbarkeitssymbol, Gestalt, unter der Shiva verehrt wird

Mahabharata: indisches Epos vom legendären Kampf zwischen den verwandten Fürstendynastien der Kauravas und Pandavas

Mahatma: »große Seele«, Ehrentitel für vollkommene Asketen; Titel Gandhis

Mandala: Kreis, Kosmogramm mit vielfacher symbolischer Bedeutung; deckt Beziehungen zwischen der göttlichen Dimension, der Welt und den Menschen auf

Mantra: Vers aus den Veden; später eine symbolträchtige Lautfolge, die bei Wiederholung psychisch-spirituelle Wirkungen auslöst

Marga: Weg, Heilsweg, Erlösungsweg

Maya: »Illusion«, die eine plurale Wirklichkeit vorgaukelt und die Einheit (»Advaita«) verschleiert; auch Trick, Täuschung

Mlecchas (Pl.): Barbaren, Heiden, Ausländer, Nichthindus, mit denen orthodoxe Hindus nicht in Berührung kommen dürfen

Moksha, Mukti: »Erlösung«, »Befreiung«

Mudra: Handhaltung, zeigt auf Götterbildern die Absicht der Götter an, z. B. Schutz oder Abwehr

Nataraja: »König des Tanzes«, Name Shivas als göttlicher Tänzer

OM (AUM): berühmtestes Mantra, das Entstehen, Bestehen und Vergehen symbolisch enthält und für die Gesamtheit der Wirklichkeit steht

Parvati: indische Göttin, freundliche und zarte Shakti Shivas

Puja: Gottesdienst, die Verehrung/Anbetung eines göttlichen Bildes oder Symbols in Tempel und Haus

Punarajati: Wiedergeburt

Puranas: alte Erzählungen, die die Veden ergänzen

Radha: Hirtin, Geliebte Krishnas

Rama: Held des Ramayana, Gatte der Sita, avanciert zu einem der Hauptgötter Indiens heute

Ramayana: indisches Epos; Kunstdichtung; Geschichte des Prinzen Rama und seiner Gattin Sita

Sadhu: »Guter«, Wanderasket, oft auch Bettelmönch

Samadhi: Trancezustand, letzte Stufe der Meditation, auf der höchste Weisheit und Erleuchtung zuteil wird

Samsara: ewiger Kreislauf der Welt

Sanatana Dharma: »ewiges Gesetz«, »ewige Ordnung«, »ewige Wahrheit«; Begriff für »Religion«

Sannyasin: Wandermönch, Asket

Sanskrit: heilige (Arier-)Sprache der Hindus

Sati: die »wahre« und »gute« Frau; Witwe, die sich verbrennen lässt

Satyagraha: »Festigkeit in der Wahrheit«, ethisches Grundprinzip Gandhis

Shakti: »Kraft«, »Energie«, Partnerin eines Gottes; Geleiterin zur Erlösung, Gott-Mutter

Shiva: indischer Gott, der in vielen Aspekten verehrt wird

Shivaiten (Shaivas): Anhänger Shivas, heute die zweitgrößte religiöse Gruppe Indiens

Smriti: »Erinnerung«, heilige Schriften menschlichen Ursprungs

Shudras (Pl.): vierte Kaste der Diener, Arbeiter, Sklaven

Shruti: »Hören«; heilige Worte und Schriften von göttlicher Autorität

Sita: die treue Gattin Ramas; Vorbild indischer Frauen

Sikhismus: religiöse Gemeinschaft, monotheistische Religion, gegründet von Nanak

Sri: Glück, Reichtum; heute Titel wie »Herr«

Tantrismus: System esoterischer Lehren und Praktiken; sucht Kontakt mit der göttlichen Welt und Erlösung; Mittel sind Zaubersprüche, Bilder, Tänze, gelegentlich auch erotische Handlungen

tat tvam asi: »Das bist du selbst«, höchster mystischer Ausdruck für die Einheit von Brahman und Atman

Trimurti: Dreigestalt der drei Götter Brahma, Vishnu und Shiva

Upanishaden: alte philosophisch-meditative heilige Texte

Vaishyas (Pl.): dritte Kaste der Ackerbauern, Viehzüchter, Handwerker, Geschäftsleute

Varna: »Farbe«, Kaste

Varnashrama: Kastenwesen

Vedanta: Bezeichnung für die Upanishaden; Lehrsystem/Schule (»Darshana«); Richtung der indischen Philosophie, die Advaita vertritt

Veden: »Wissen«; die ältesten heiligen Lieder der Hindu-Religion

Vishnu: neben Shiva der Hauptgott des Hinduismus, Gestalt der Trimurti, Gatte der Lakshmi; ihm werden 10 Avataras zugeschrieben

Vishnuiten (Vaishnavas): Anhänger Vishnus, größte religiöse Gruppe im heutigen Indien

Yaksha: männlicher Geist, Glücksbringer, Fruchtbarkeitsdämon

Yakshi: weibliches Pendant der Yakshas

Yoga: Lehrsystem; praktische Ergänzung zu den anderen eher lehrhaften Systemen (»Darshana«); durch Anspannung und Training von Leib und Seele sollen alle körperlichen Hemmungen des Geistes auf dem Weg zur erlösenden Erkenntnis beseitigt werden

Yoni: der weibliche Schoß, in dem sich die Vielfalt der Wesen entfaltet; mit dem Linga(m) wichtiges Symbol im Shivaismus

Yuga: großer Zeitabschnitt im kosmischen Weltenverlauf

Textverzeichnis

Die namentlich nicht gekennzeichneten Texte stammen vom Herausgeber. Die anderen Texte wurden zur besseren Verständlichkeit und Lesbarkeit manchmal leicht gekürzt, schwierige Fachbegriffe wurden übersetzt, Dubletten gelöscht, ohne dass dies jeweils angemerkt wurde.

14 Mahatma Gandhi, zitiert nach: Helmuth von Glasenapp, Indische Geisteswelt, Emil Vollmer Verlag, Wiesbaden o. J., S. 278 f. (Dausien Verlag, Hanau 1986) – **20** Heinrich Heine, Buch der Lieder, Deutscher Taschenbuch Verlag, München 1975, S. 78. – Friedrich Schlegel, zitiert nach: Verena Kade-Luthra, Sehnsucht nach Indien, becksche Reihe, München 2006, S. 69. – **21** Arthur Schopenhauer, Ein Lesebuch, hg. von Arthur und Angelika Hübscher, F. A. Brockhaus, Wiesbaden 1980, S. 51 f. – William Ward, zitiert nach: Peter Schreiner, Begegnung mit dem Hinduismus, Herder Verlag, Freiburg i. Br. 1984, S. 29. – Wolfgang-Peter Zingel, Indien auf dem Weg vom Schwellenland zur globalen Wirtschaftsmacht, in: zur debatte, Heft 4/2009, Themen der kath. Akademie Bayern, München 2009, S. 10. – **22** Rabindranath Tagore, zitiert nach: Helmuth von Glasenapp, Indische Geisteswelt, Emil Vollmer Verlag, Wiesbaden o. J., S. 284. (Dausien Verlag, Hanau 1986) – **22–23** Swami Vivekananda, Vedanta. Der Ozean der Weisheit, Barth, Bern-München-Wien 1989, S. 44–47. Aus dem Engl. v. Kurt Friedrichs. © 2010 Droemer-Knaur Verlag. – **23.1** Sarvapalli Radhakrishnan, zitiert nach: Monika und Udo Tworuschka, Denkerinnen und Denker der Weltreligionen im 20. Jahrhundert, Gütersloher Verlagshaus, Gütersloh 1994, S. 135 f. – **23.2** Sarvapalli Radhakrishna, Religion in West und Ost. Aus dem Englischen von Stephan Wilms. Gütersloher Verlagshaus, Gütersloh 1961. – **23** Ram Adhar Mall, Der Hinduismus, Primus Verlag, Darmstadt 1997, S. 99 f. – **25** Rigveda 10. 117, aus: Alfred Hillebrandt: Lieder des Rigveda übersetzt. Vandenhoeck & Ruprecht, Göttingen 1913, S. 148 f. – Atharvaveda 9, 12, 19, zitiert nach Olivier Germain-Thomas, Indien: Impressionen eines Landes, aus dem Franz. von Sylvia Höfer, Hirmer, München 2004, S. 281. – **27** Chandogya-Upanishad VI, 12,1–13,3, frei nacherzählt nach Paul Thieme, Upanischaden, Stuttgart 1974, S. 52. – Chandogya-Upanishad VIII, 12, 1, aus: Paul Deussen: Sechzig Upanishad's des Veda. Aus dem Sanskrit übers. u. m. Einl. u. Anm. versehen. Wissenschaftliche Buchgesellschaft, Darmstadt 1963, S. 196–201. (Fotomech. Nachdruck der 3. Aufl. Brockhaus, Leipzig 1921). – Brhadaranyaka-Upanishad I 3, 30, aus: Paul Thieme, Upanischaden, Reclam Verlag, Stuttgart 1974, S. 93. – **29** Aus den Puranas, zitiert nach: Helmuth von Glasenapp, Indische Geisteswelt, Emil Vollmer Verlag, Wiesbaden o. J., S. 104. (Dausien Verlag, Hanau 1986) – **31** Bhagavadgita XIV 1.25–27, aus: Bhagavadgita. Wege und Weisungen, übersetzt und eingeleitet von Peter Schreiner, Benziger Verlag, Zürich 1991, S. 116, 118. – Bhagavadgita XII,12–14, aus: Bhagavadgita. Wege und Weisungen, übersetzt und eingeleitet von Peter Schreiner, Benziger Verlag, Zürich 1991, S. 111. – **33** »Der Natur folgen«, aus: Gertrude und Thomas Sartory, »Ich sah den Ochsen weinen«, Herder Verlag, Freiburg i. Br. 1979. – **34** Konrad Meisig, Shivas Tanz. Der Hinduismus, Herder Verlag, Freiburg i. Br. 2003, S. 40 f. – **37** »Indisches Gedicht«, aus: Otto von Glasenapp, Indische Gedichte, in: Helmuth von Glasenapp, Indische Geisteswelt, Emil Vollmer Verlag, Wiesbaden o. J., S. 155. (Dausien Verlag, Hanau 1986) – **38** Brhadaranyaka-Upanishad 4.5, aus: Paul Deussen: Sechzig Upanishad's des Veda. Aus dem Sanskrit übers. u. m. Einl. u. Anm. versehen. Wissenschaftliche Buchgesellschaft, Darmstadt 1963, S. 474 f. (Fotomech. Nachdruck der 3. Aufl. Brockhaus, Leipzig 1921). – Bhagavadgita II 22.26, aus: Bhagavadgita. Wege und Weisungen, übersetzt und eingeleitet von Peter Schreiner, Benziger Verlag, Zürich 1991, S. 60 f. – Aus dem alten Gesetzbuch des Yajnavalkya, zitiert nach: Helmuth von Glasenapp, Indische Geisteswelt, Emil Vollmer Verlag, Wiesbaden o. J., S. 156. (Dausien Verlag, Hanau 1986) – **39** Swami B. H. Bon Maharaj, zitiert nach: Gerhard Szczesny: Die Antwort der Religionen, Rowohlt, Reinbek bei Hamburg 1971, S. 99 © Szczesny-Verlag, München 1964. – **41** Bhagavadgita II 67.70–72, aus: Bhagavadgita. Wege und Weisungen, übersetzt und eingeleitet von Peter Schreiner, Benziger Verlag, Zürich 1991, S. 65 f. – **42** Bhagavadgita IX 26–28, aus: ebd., S. 96. – **43** Bhagavadgita IX 29–32, aus: ebd., S. 96 f. – **45** Sarvapalli Radhakrishnan, Weltanschauung der Hindu, übers. v. Rudolf Jockel, Holle Verlag, Baden-Baden 1961, S. 29–31. – Mahatma Gandhi, »Young India« vom 5. 3. 1925, zitiert nach: Religionsunterricht an höheren Schulen 5/94, S. 289. Übersetzung unbekannt. – **47** Rigveda X 152, zitiert nach: Helmuth von Glasenapp, Indische Geisteswelt, Emil Vollmer Verlag, Wiesbaden o. J., S. 17. (Dausien Verlag, Hanau 1986) – Rigveda X 129, zitiert nach: Karl Friedrich Geldner, Vedismus und Brahmanismus (Religionsgeschichtliches Lesebuch 9), J. C. B. Mohr Verlag, Tübingen 1928, S. 88 f. – Ram Adhar Mall, Der Hinduismus, Primus Verlag, Darmstadt 1997, S. 9. – **48** Brhadaranyaka Upanishad III, 8 5–12, zitiert nach: Paul Thieme, Upanishaden, Reclam Verlag, Stuttgart 1974, S. 67 f. – **52** Lalla, zitiert nach : Helmuth von Glasenapp, Indische Geisteswelt, Emil Vollmer Verlag, Wiesbaden o. J., S. 237 f. (Dausien Verlag, Hanau 1986) – **54** Bhagavadgita XI,14–19, aus: Bhagavadgita. Wege und Weisungen, übersetzt und eingeleitet von Peter Schreiner, Benziger Verlag, Zürich 1991, S. 103 f. – **55** Harivans, zitiert nach: Helmuth von Glasenapp, Indische Geisteswelt, Emil Vollmer Verlag, Wiesbaden o. J., S. 221. (Dausien Verlag, Hanau 1986) – **57** Ramakrishna, zitiert nach: Das Oxford-Lexikon der Weltreligionen. Hg. von John Bowker, übers. v. Karl-Heinz Golzio, Patmos Verlag, Düsseldorf 1999, S. 515. – Cornelia Mallebrein, aus: Hinduismus verstehen, hg. vom Studienkreis für Tourismus und Entwicklung, Ammerland 2003, S. 7. – **68** Mahatma Gandhi, Freiheit ohne Gewalt, übers. v. Klaus Klostermaier, Kösel-Verlag, Köln 1968, S. 112. – **69** Gorakhnath, zitiert nach: Helmuth von Glasenapp, Indische Geisteswelt, Emil Vollmer Verlag, Wiesbaden o. J., S. 234. (Dausien Verlag, Hanau 1986) – **70** Meher Baba, zitiert nach: Stephan Schuhmacher, Indische Weisheiten, Deutscher Taschenbuch Verlag, München 2006, S. 106, dort aus: Meher Baba, Darlegungen über das Leben in Liebe und Wahrheit, O. W. Barth Verlag, Bern 1991. Lizenz des Scherz-Verlages, Bern. – **72** Maha-Nirwana-Tantra, 4. Kapitel, zitiert nach: Helmuth von Glasenapp, Indische Geisteswelt, Emil Vollmer Verlag, Wiesbaden o. J., S. 130 f. (Dausien Verlag, Hanau 1986) – **74** Aus dem Mahabharata 12, Santi Parva X10–11, zitiert nach: Herbert Schultze, Werner Trutwin (Hg.): Weltreligionen Weltprobleme, Patmos Verlag/Verlag Vandenhoeck & Ruprecht, Düsseldorf/Göttingen 1973, S. 80. – **75** Ram Adhar Mall, Der Hinduismus, Primus Verlag, Darmstadt 1997, S. 73 – Indische Sprüche, zitiert nach: Helmuth von Glasenapp, Indische Geisteswelt, Emil Vollmer Verlag, Wiesbaden o. J., S. 169. (Dausien Verlag, Hanau 1986) – **78** Martin Kämpchen, Verneigung vor dem Fernseher, FAZ Nr. 292 vom 14.12.1996. – **80** Yajnavalkya, zitiert nach: Helmuth von Glasenapp, Indische Geisteswelt, Emil Vollmer Verlag, Wiesbaden o. J., S.161f. (Dausien Verlag, Hanau 1986) – **81** Herbert Kühn, Das Antlitz Indiens, Schwabe Verlag, Basel 1963, S. 99f. – **82** Eigene Übersetzung. – **83** Maitreyi Devi, It does not die, Chicago 1976, S. 104; zitiert nach: Peter Schreiner, Im Mondschein öffnet sich der Lotos, Patmos Verlag, Düsseldorf 1996, S. 42f. – Urvashi Butalia, in: »Handeln und den Kopf nicht verlieren«, übers. v. Angela Schrader, Neue Zürcher Zeitung 16./17.8.1997. – **84** Sarojini Naidu, zitiert nach: Udo und Monika Tworuschka, Denkerinnen und Denker der Weltreligionen im 20. Jahrhundert, Gütersloher Verlagshaus, Gütersloh 1994, S. 130. – **85** Kabir, zitiert nach: Stephan Schuhmacher, Indische Weisheiten, Deutscher Taschenbuch Verlag, München 2006, S. 56. – Sri Aurobindo, zitiert nach: ebd., S. 76. – Meher Baba, zitiert nach: ebd., S. 57. Aus: Darlegungen über das Leben in Liebe und Wahrheit. O. W. Barth Verlag, Bern u. a. 1991. Avatar Meher Baba Perpetual Public Charitable Trust, Ahmednagar, India. – Paramahansa Yogananda, zitiert nach: ebd., S. 115. Aus: Worte von paramahansa Yogananda. Hrsg. von Self-Realization Fellowship, Los Angeles 2003. – **88** Aus dem Milindapanha, frei nacherzählt nach: Heinrich Zimmer: Philosophie und Religion Indiens, Frankfurt am Main 1973, S. 154f. – **89** Rigveda X 90, 11 f., zitiert nach: Ulrich Schneider, Einführung in den Hinduismus, Wissenschaftliche Buchgesellschaft, Darmstadt 1989, S. 44. – **90** Aus den Brahmanas/Darshanas, zitiert nach: Udo und Monika Tworuschka, Religionen der Welt, Bertelsmann, Gütersloh/München 1992, S.262, 264. – **93** Mulk Raj Anand, Der Unberührbare, aus den indischen Engl. v. Joseph Kalmer, Unions-Verlag, Zürich 1984, S. 56. – **94** Mahatma Gandhi, zitiert nach: Helmuth von Glasenapp, Indische Geisteswelt, Emil Vollmer Verlag, Wiesbaden o. J., S. 314f. (Dausien Verlag, Hanau 1986) – Indische Verfassung, zitiert nach: ebd., S. 317f. – **95** Ambedkar: Herkunft des Zitats unbekannt. – **97** Samyutta-Nikaya IV 251 f., zitiert nach Edward Conze, Im Zeichen Buddhas, übersetzt von Marianne Winder, S. Fischer Verlag, Frankfurt/Hamburg 1957, S. 85f. – **99** »Nichttöten«, zitiert nach: aus Monika und Udo Tworuschka, Religionen der Welt, Bertelsmann, Gütersloh/München 1992, S. 339. – **100** Der Anfang des Adi-Granth, zitiert nach: Peter Antes, Die Religionen der Gegenwart, übers. v. Monika Horstmann, C. H. Beck Verlag, München 1996, S. 148. – **101.1** Guru Nanak, zitiert nach: Monika und Udo Tworuschka, Religionen der Welt, Bertelsmann, Gütersloh/München 1992, S. 282. – **101.2** Guru Nanak, zitiert nach: Roland und Sabrina Michaud, Olivier Germain-Thomas, Indien: Impressionen eines Landes, aus dem Franz. von Sylvia Höfer, Hirmer, München 2004, S. 178. – **103** Shankara, Strophen aus seinen Lehrgedichten; zitiert nach: Helmuth von Glasenapp, Indische Geisteswelt, Emil Vollmer Verlag, Wiesbaden o. J, S.195. (Dausien Verlag, Hanau 1986) – **105.1** Ramanuja, zitiert nach: ebd., S. 204. – **105.2** Helmuth von Glasenapp, Die Philosophie der Inder – eine Einführung in ihre Geschichte und ihre Lehren, Kröner, Stuttgart 1985, S. 119. – **107.1** Rabindranath Tagore, Am Ufer der Stille, hg. und übers. v. Martin Kämpchen, Benziger Verlag, Solothurn und Düsseldorf 1995, S. 38. – **107.2.3** Rabindranath Tagore, Wo Wege sich scheiden, in Christ in der Gegenwart 32/95, S. 282, Herder Verlag, Freiburg i. Br. 1995 (dort zitiert aus »Flüstern der Seele«, übersetzt von Helene Meyer-Franck, Hyperion-Verlag, München 1921). – **108** Solange Lemaitre, Ramakrishna, rowohlts monographien 60, übers. v. R. Grimm, Rowohlt Verlag, Reinbek bei Hamburg 1963, S. 59. – **109** Ramakrishna, zitiert nach: Religionsgeschichtliches Lesebuch, hg. von Alfred Bertholet, Heft 14: Der Hinduismus von Friedrich Otto Schrader, J. C. B. Mohr Verlag, Tübingen 1930, S. 82–84 i. A. – **110** Vivekananda, zitiert nach: Helmuth von Glasenapp, Indische Geisteswelt, Emil Vollmer Verlag, Wiesbaden o. J, S. 295. (Dausien Verlag, Hanau 1986) – **111** Mohandas Karamchand Gandhi, Mein Leben. Hg. v. C.F. Andrews, aus dem Engl. von Hans Reisiger, Suhrkamp Verlag, Frankfurt am Main 1983, S. 70. – **112–113** Mahatma Gandhi, zitiert nach: Helmuth von Glasenapp, Indische Geisteswelt, Emil Vollmer Verlag, Wiesbaden o. J, S. 281. (Dausien Verlag, Hanau 1986) – **113** Mahatma Gandhi, Gewaltfrei leben, ausgewählt, aus dem Engl. übers. u. eingel. v. Detlef Kantowsky, Benziger Verlag, Zürich/Düsseldorf 1992, S. 70. – **117** Swami B. H. Bon Maharaj, zitiert nach. Gerhard Szczesny, Die Antwort der Religionen, Rowohlt, Reinbek bei Hamburg 1971, S. 123. © Szczesny-Verlag, München 1964. – **118–119** Martin Kämpchen, Verneigung vor dem Fernseher, FAZ 14.12.1996. – **120** Fundamentalistische Parolen, zitiert nach: Gabriele Venzky, »Brigade des Affengottes«, Die Zeit, 9.1.1998, S. 19. – **121** Reiner Hörig, in: Hinduismus verstehen. Sympathie-Magazine, Studienkreis für Tourismus und Ammerland/Starnberger See 2003, S. 47. – Ram Adhar Mall, Der Hinduismus, Primus Verlag, Darmstadt 1997, S. 150f. – **123** Tobias Schmitz, aus: Der Stern – Aktuelles Wochenmagazin, Ausgabe 4.2.2004. – **126–127** Manfred Barthel, Die Jesuiten, Econ Verlag, Düsseldorf/Wien1982, S. 208. – **127** Raimundo Pannikar, Christus, die Unbekannte im Hinduismus, aus dem Engl. v. Paul Kretz, Räber Verlag, Luzern/Stuttgart 1965, S. 29. – **131** Martin Kämpchen, aus: Was westliche Menschen an Indien fasziniert in: Zur Debatte. Themen der Katholischen Akademie in Bayern. Heft 4, München 2009, S. 5. – **133** Rabindranath Tagore, zitiert nach: Helmuth von Glasenapp, Indische Geisteswelt, Emil Vollmer Verlag, Wiesbaden o. J, S. 285f. (Dausien Verlag, Hanau 1986) – Mahatma Gandhi, zitiert nach: ebd., S. 280. – Sarvapalli Radhakrishnan, zitiert nach: Helmuth von Glasenapp, Die fünf Weltreligionen, Eugen Diederichs, Düsseldorf 1969, S. 368. – **137** Arundhati Roy, »Indien verkommt«, übers. v. Gerhard Klas, Publik-Forum, kritisch – christlich – unabhängig, Ausgabe 10/2009, S. 16. – **138** Martin Kämpchen, Interreligiöser Dialog, in: Hinduismus verstehen, SympathieMagazine, Studienkreis für Tourismus und Entwicklung Ammerland/Starnberger See 2003, S. 35. – Ravindra H. Dave, zitiert nach: Manfred Kwiran, Peter Schreiner, Herbert Schultze, Dialog der Religionen im Unterricht, übers. v. Dorothée und Herbert Schultze, Comenius Institut, Münster 1996. – **139** Erklärung zum Weltethos 1993: Eigene Zusammenfassung. Helmut Schmidt (Hrsg.), Allgemeine Erklärung der Menschenpflichten. Ein Vorschlag, Piper Verlag, München 1998, S. 107–111.

Abbildungsverzeichnis

Umschlag + 3: Prisma / Dinodia – **4. 1:** R. & S. Michaud / Agentur Focus – **4.2:** Foto: Jenner Zimmermann, Studio Berlin – **4.3 + 5 + 7:** R. & S. Michaud / Agentur Focus – **9.1:** Eberhard Thiem, Lotos Film, Kaufbeuren – **11:** Fotolia.com – **13:** Foto: Jenner Zimmermann, Studio Berlin – **14.1:** Cornelia Mallebrein – **15.1:** F. Daske, Ladakh / 2009 – **15.2:** © KIRCHE IN NOT – **15.3:** F. Daske, Indien / Delhi 2009 – **16.1:** bridgemanart.com – **16.2:** Photo Scala, Florence – **16.3:** Eberhard Thiem, Lotos Film, Kaufbeuren – **17.1:** Fotolia.com – **17.2:** akg-images / British Library – **17.3:** mauritius images – **18.1:** UPPA / Photoshot – **18.2:** Getty Images – **18.3:** dpa picture-alliance / Mark Henley – **19:** Ernst Klett Verlag GmbH – **20.1:** bpk / Hamburger Kunsthalle / Elke Walford – **20.2:** Interfoto / A. Koch – **21.1:** bpk – **21.2:** Image supplied courtesy Derby Local Studies Library, Derby City Council – **21.3:** Dr. Wolfgang-Peter Zingel – **22.1:** bpk – **22.2:** www.vivekananda.net – **23.1:** Interfoto / Archiv Friedrich – **23.2:** dpa picture-alliance / ZB – **24:** Eberhard Thiem, Lotos Film, Kaufbeuren – **26/27:** agenda / Joerg Boethling – **29:** bpk / Museum für Asiatische Kunst, SMB – **31:** The Trustees of the Chester Beatty Library, Dublin / bridgemanart.com – **33:** mauritius images – **34:** akg-images / Bildarchiv Steffens – **35:** bpk / Museum für Asiatische Kunst, SMB / Iris Papadopulos – **36:** ullstein bild / heritage – **39:** Hermann-Josef Frisch, Lohmar – **40:** © Olivier Föllmi – **41:** Torsten Andreas Hoffmann – **42:** Cornelia Mallebrein – **43:** Getty Images – **44:** Rainer Hörig – **45:** Foto: Peter Keilhauer, Salzburg – **44/45:** iStockphoto – **46/47:** Zeichnungen von Eva Rudy Jansen, aus: Die Bildersprache des Hinduismus. Reproduced by kind permission of Binkey Kok Publications, Haarlem / Holland – **49.1:** ullstein bild / Reitz – **49.2:** bpk / Museum für Asiatische Kunst, SMB / Iris Papadopulos – **50:** mauritius images – **51:** bpk / Museum für Asiatische Kunst, SMB – **52.1:** © Rainer Binder / Helga Lade – **52.2:** Dinodia Photo – **53:** bpk / Lutz Braun – **054:** Artwork »Krishna Reveals His Two-Armed Form To Arjuna« by Ramdas Abhiram Das courtesy of ©The Bhaktivedanta Book Trust International, Inc. www.Krishna.com. Used with permission. – **55:** mauritius images – **56.1:** bpk / Museum für Asiatische Kunst, SMB – **56.2:** akg-images / Bildarchiv Steffens – **57:** Christina Kundu – **58:** Philipp Gogg und Gabriele Doll / www.fairtour.at – **58/59:** iStockphoto – **59.1+2:** iStockphoto – **60:** Uwe Dürigen – **61:** bpk / Museum für Asiatische Kunst, SMB / Jürgen Liepe – **62+63:** iStockphoto – **64.1+2:** Dinodia Photo – **65.1:** Getty Images – **65.2:** Dinodia Photo – **66.1:** MEV Verlag, Augsburg – **66.2:** Getty Images – **66/67:** MEV Verlag, Augsburg – **67:** Peter Menzel / Agentur Focus – **68:** Fotolia.com – **70:** R. & S. Michaud / akg – **71.1:** Werner Trutwin – **71.2:** Reinhard Eisele / eisele photos – **72:** Dani Friedman / vario images – **73:** iStockphoto – **75.1–76.4:** iStockphoto – **77.1:** Roland & Sabrina Michaud / akg – **77.2:** La Collection / Jean-Louis Nou – **78/79:** iStockphoto – **79:** Dinodia Photo – **80:** Dinodia Photo – **81:** picture-alliance / dpa – **82:** ullstein bild / Ludwig(L) – **83.2:** Ulf Andersen / GAMMA / laif – **83.3:** R. & S. Michaud / Agentur Focus – **84:** picture-alliance / dpa – **89:** The Shelley and Donald Rubin Private Collection – **90:** Cornelia Mallebrein – **91.1:** Johann Scheibner – **91.2:** Dirk Eisermann / laif – **91.3:** Jahreszeiten Verlag / Jürco Börner – **93.1:** KNA-Bild – **93.2:** ullstein bild / SIPA – **94:** Dinodia Photo – **95:** Bettmann / CORBIS – **96:** Stockphoto – **98:** bpk / Museum für Asiatische Kunst, SMB / Iris Papadopulos – **99:** Francois LE DIASCORN / RAPHO / laif – **100.1:** akg-images / British Library – **100/101+101.1–2:** MEV Verlag, Augsburg – **103–104:** Roland & Sabrina Michaud / akg – **105:** bpk / Museum für Asiatische Kunst, SMB / Jürgen Liepe – **106.1:** akg-images – **106.2:** picture alliance / dpa – **107:** bpk – **108:** reprinted with permission of Advaita Ashrama – **109:** Dinodia Photo – **110:** mauritius images – **111:** Dinodia Photo – **113:** picture-alliance / dpa – **114.1–2:** iStockphoto – **115.1:** Fotolia.com – **115.2:** Laura Lean – **116 o.l.:** Johann Rousselot / laif – **116 o.r.:** iStockphoto – **116 u.:** Dinodia Photo – **117:** Martin Roemers / laif – **118.1:** privat – **118.2:** Getty Images – **119:** ullstein bild / Still Pictures – **121:** Pablo Bartholomew / Netphotograph – **122.1:** Fotolia.com – **122.2:** iStockphoto – **123:** Hulton Archive / Getty Images – **124:** ddp images / dapd / Michael Gottschalk – **125.1:** http://www.prabhupada.de/ – **125.2:** JP Laffont / Sygma / Corbis – **126.1:** P. Babu Kalathingal – **126.2:** akg-images / Gilles Mermet – **127:** Wikimedia Commons – **128.1:** mauritius images – **128.2:** picture-alliance / dpa – **129.1:** picture-alliance / Dinodia Photo – **129.2:** Deshakalyan Chowdhury / AFP / Getty Images – **131:** Christus im Lotussitz, Sat-Chit-Ananda Ashram Shantivanam, Tamil Nadu / Süd-Indien, Copyright: Roland Ropers – **132:** The San Diego Museum of Art, Edwin Binney 3rd Collection – **134:** The Trustees of the Chester Beatty Library, Dublin – **135.1:** MEV Verlag, Augsburg – **135.2:** Margaret Bourke-White / Time Life Pictures / Getty Images – **136:** Reuters / Corbis – **137:** ARKO DATTA / Reuters / Corbis – **138–139:** Alex Holland / cultura / Corbis –

Trotz entsprechender Bemühungen ist es nicht in allen Fällen gelungen, den Rechteinhaber ausfindig zu machen. Gegen Nachweis der Rechte zahlt der Verlag für die Abdruckerlaubnis die gesetzlich geschuldete Vergütung.

© 2011 Bayerischer Schulbuch Verlag, München
Alle Rechte vorbehalten
1. Auflage 2011
Druck 14 13 12 11
ISBN 978-3-7627-0434-8
www.oldenbourg-bsv.de